JN078964

現代行政法を問う

小 林 博 志

尚学社

はしがき

　本書のタイトルを『現代行政法を問う』と命名した理由は，掲載した7つの論文が行政法の領域で重要でありながら，ほとんど検討されていないという理由からである。ということから，本書は行政法の研究者向けの本といえよう。しかしながら，行政に関わる公務員にとっても，重要な問題を扱っていることも事実である。

　それでは，論文の出自，論文を執筆した意図を説明しておこう。掲載されている7つの論文は，3つに分けることができる。1つは，前著『自治体の出訴の歴史的研究』(中川書店，2018年)で残された問題を扱ったものである。これには，まず第1章の「合併と分町・分村」と「市町村合併，分村・分町と住民投票制度」の2本の論文が挙げられる。この2本は，前著の戦後直後に市町村から提起された境界訴訟の紹介の中で少しだけ触れていた住民投票制度を，行政法理論で触れられていない分村，分町の手続との関係を郷土史の資料を中心に分析，検討したものである。資料の収集については，福岡市総合図書館や大阪府立中央図書館(東大阪市)等を利用した。ただ残念なことに，「合併と分町・分村」については，掲載誌に字数制限があり，当初の論文をかなり削っているので，読みづらい箇所がある。もう1つは，第6章の「不明所有者と裁定——土地所有者不明問題から」である。この論文には，市町村の境界訴訟に関する戦前の学説，とくに当事者訴訟に関する学説の中で議論され，戦後には行政法学説から消えた「裁決(裁定)の申請」の手続を検討するという意図があった。論文を書く中で，同じように行政法学説から消えた「代理行為」，さらには損失補償についても検討することとなった。

　本書に掲載したもう1つのグループは，筆者が福岡市固定資産評価審査委員会の委員を務めていたときに，委員会の審査業務において疑問を感じた問題について検討したものである。第5章「裁決主義」と第4章「行政活動における台帳，名簿及び帳簿」の2つの論文がこれに該当する。前者は，固定資産評価審査委員会の審査が裁決主義，とくに部分的裁決主義になっていることに焦点を当て，検討したものである。後者の台帳に関するものであるが，これも固定資産

税が台帳に基づいて行われていることから，台帳とは何か，という問題意識から書いたものである。他方，この論文は，「不明所有者と裁定」で言及した農地台帳や林地台帳というものも視野においていた。ただし，検討した内容は，台帳というもの全般についてであり，いわゆる固定資産税との関係で問題となる台帳課税については検討していない。

3つ目のグループは，これは許認可の申請に関わるもので，第3章「許認可又は免許の更新」と第2章「経由機関の研究」がこれに該当する。たぶん，「裁決の申請」を検討する中で，申請の意義及び申請の手続に関わる，2つの問題を考えたと思われる。とくに後者の論文については，私の最初の研究が行政組織法，行政庁に関するものであったことから，少し力が入ったものとなった。

以上の7本の論文は，行政法で研究されていない領域について検討したものであるが，その意味で，試論的な内容を多く含んでいる。これらの試みが成功しているのかどうかについては読者の批判を乞いたい。

本書を作成しようと考えたのは，昨年の2月頃であった。今回は上田和夫福岡大学名誉教授（専門：イデッシュ語，ドイツ語，ドイツ文学）から励ましを受けた。先生とは，愛媛大学時代からのお付き合いで，5年前に再会して以来，いろいろアドバイスを受けている。先生からの激励はこの本を書くにあたって，大きな力であった。また，今回も妻・千津子に校正を手伝ってもらった。かなりのスピードで書いた論文には，誤字，脱字が少なからずあったようである。感謝に尽きない。そして，今回の出版は，尚学社の苧野圭太さんにお世話になった。とくに用語の統一などでは，苧野さんに検討していただいた。それから，西南学院大学の先生方，とくに公法の先生方には，研究環境を与えて頂き，感謝している。最後に，私の学業については，やはり，父・洌（たけし）と母・賀美子（かみこ）の支えがなければ続かなかったと思う。

以下本書に掲載した論文を記しておく。

第1章 第1節 「合併と分町・分村」西南学院大学法学部創設50周年記念論
　　　　　　　文集編集委員会編『変革期における法学・政治学のフロン

ティア』(日本評論社) 2017年11月

　　　第2節　「市町村合併，分村・分町と住民投票制度」西南学院大学法学
　　　　　　　論集第50巻第1号，2017年8月

　第2章　　　「経由機関の研究」西南学院大学法学論集第53巻第1号，2020
　　　　　　　年9月

　第3章　　　「許認可又は免許の更新」早稲田法学第95巻第3号，2020年3
　　　　　　　月

　第4章　　　「行政活動における台帳，名簿及び帳簿」西南学院大学法学論
　　　　　　　集第53巻第4号，2021年3月

　第5章　　　「裁決主義」西南学院大学法学論集第52巻第1号，2019年8月

　第6章　　　「不明所有者と裁定──土地所有者不明問題から」行政法研究
　　　　　　　第26号，2018年9月

　なお，第4章の論文については，本書で加筆修正している。また，全体を通し
て注について少し直しているが，注番号は枝番を含めそのままとしている。

目　次

第1章　分村，分町及び分市と住民投票

第1節　合併と分町・分村

はじめに

　最近，私は，戦後からいままで提起された市町村の廃置分合と境界に関する訴えについての判例を整理した論文を書いた[1]。この論文を書く中で，合併した市町村が分町又は分村の手続を行い，分離独立を勝ち取ったということを知った。戦時中行われた合併が強制的であったことから，認められたようであるが，この手続は改めて合併の是非を住民に問うものであり，住民投票で勝ち取ったということを含めて，分町又は分村の法的手続の内容，実際行われた分町又は分村の実態はどうであったのか，など解明されていないことが多い[2]ので，本

1）拙稿「市町村の合併及び境界に関する訴え（1），（2完）」西南学院大学法学論集2・3号，4号（2017年），拙著『自治体の出訴の歴史的研究』（中川書店，2018年）295頁以下。

2）例えば，「昭和の大合併では，強制合併の性格がより強かったためか，合併したものを，もう1回分離して元に戻すという動きがありました」（第36回「都市問題」公開講座他『市町村合併——その功罪を考える』（東京都市研究所，2014年）60頁）の中の「元に戻す」というのは，分離手続や実態が知られていないための誤解に基づくものであろう。ただし，昭和の合併でも合併した町村の一部地域の分離独立が認められた事例はある。島田恵司は，長野県宮田村，神奈川県渋谷村及び兵庫県東浦町の3件を挙げている（島田恵司「消された町村——平成の大合併の結末」自治総研434号（2014年）46頁注2）。昭和の合併における分村又は分町の分析，検討については，【本書第1章第2節】を参照されたい。なお，分町又は分村を扱った研究として，和田英夫の「分町問題の理論と實態」（同『地方行政の構造』（三和書房，1954年）164頁以下）がある。この論文は，夕張市における鹿島南部地区の分町問題を扱ったものであり，本論文で扱う戦前の強制合併に伴う分町を扱ったものではない。和田は，北海道の自治体の区域が広大であること，夕張市が北炭経済圏と三菱経済圏に分離していることを理由に分町に賛成しているが，分町は住民投票で認められたが昭和28年11月の市議会で否決された（同書・187頁）。ただし，砂川町から上砂川町の分離は，地方自治法7条に従い砂川町

稿で，それを明らかにしたいと考えた。それは，同時に平成の大合併には，問題があるという指摘があり，さらには，そのことから合併した市町村に分市又は分町を認めるべきであるという指摘があるからである[3]。

　以下では，最初に，平成の合併についての研究者の整理をみていく。次に，戦後に行われた分町又は分村の手続について，法制度の内容，実際に行われた分町又は分村の実態についてみていき，最後に，平成の合併についての1つの方向性としての分市又は分町の手続について言及していきたい。

I　平成の合併の経過と問題点

　明治維新から，地域の行政を預かる自治体は，合併を繰り返し現在に至っている。1888年に行われた明治の合併は，小学校を村が維持することを考慮し，300戸を基準として合併がなされ，町村7万が1万5,000となる。そして，昭和の合併では，町村が中学校を維持するため住民8,000人を基準として合併がなされ，市町村9,868が3,965となっている。そして，平成の合併では，3,232（1999年）あった市町村は1,719（2012年）になった。しかし，その目的は明確ではない。本稿は，平成の合併の経過及びその結果を分析することが目的ではないので，合併の理由や結果については，先行研究を纏めるだけに留めたい。

　2008年に『「平成大合併」の政治学』を書いた今井照は，平成の合併が進んだ原因について，「市町村合併への道を開いた自治体理論は，『総合行政主体』論であった。この考え方が『分権の受け皿』論を先導したといってよい。[4]」と述べ，一方，上の考え又は合併は規模を追求することになり，それは自治体にとって不可欠な「民主主義社会とコミュニティ社会」の共感を希薄化させたとする[5]。また，合併市議会議員選挙において，いままで旧町村で議員を選出していた住民がその代表を送ることができなくなったことを「平成の大合併」の本質をあ

議会及び北海道議会で認められている（同書145頁注2）。本稿脱稿後，以下の先行研究があることが分かった。鹿谷雄一「住民投票と市町村合併」大東法政論集9号（2001年）242頁。ただし，本稿とは検討対象及び視点の置き方などが相当異なる。

3）今井照『「平成大合併」の政治学』（公人社，2008年）231頁，島田恵司・前掲注2）72頁。

4）今井照・前掲注3）256頁。

5）今井照・前掲注3）266頁。

らわす象徴的な事柄であるとする[6]。また，柏村秀一は議員に対する調査結果等を踏まえて，「実態調査によれば，少なくとも福島県内の市町村では，合併後，自治体政治，自治体行政，市民との相互関係が希薄化しているようすがうかがえる。同じような各種の調査報告をみても，市町村合併が市民自治にとって後退であったことは明らかである[7]」と結論づけている。

　全国町村会も道州制に関する研究会による『「平成の合併」をめぐる実態と評価』（2008年10月）を公表し，平成の合併に関する実態調査をまとめている。これによれば，合併によるプラスの効果として財政支出の削減が挙げられているが，非合併市町村との対比ではプラスではないとする。合併によるマイナスの効果として，「行政と住民相互の連帯の弱まり」や予定していた「財政計画との乖離」があり，後者について合併市町村は厳しい財政運営に苦しんでおり，また，周辺部となった農山村地域の衰退が明らかとなり，国土の荒廃のおそれがあるとする。また，今後の課題として，合併市町村には財政の再構築，地域共同社会の実現の方策が必要であるとし，また，合併をしなかった自治体を評価すべきであるとし，財政力だけで評価しないこと，身の丈に合った地域経営，広域行政の再評価を挙げている[8]。

　次に，後藤・安田記念東京都市研究所が纏めた『平成の市町村合併——その影響に関する総合的研究』（2013年）は，各種調査やヒアリング，そしてデータベースの構築と分析を行っている。まず，職員数の変化について，合併自治体では行政改革によって職員が急速に減少しているが，専門職員の維持又は増加が確認され，また，非合併自治体においても，職員数の急激な減少がみられるとする[9]。合併を契機として設置された出先機関について，これを廃止するという動きはみられないが，出先機関の課数が2以下という市町村も少なくなく，形式上は出先機関は維持されているが，実質的には大幅な削減が行われた結果であるとする[10]。そして，合併自治体における「分権」について，あくまで合併

6）今井照・前掲注3）227頁。

7）今井照・前掲注3）272頁。

8）道州制に関する研究会『「平成の合併」をめぐる実態と評価』（全国町村会，2008年）97〜108頁。

9）後藤・安田記念東京都市研究所『平成の市町村合併——その影響に関する総合的研究』（2013年）59〜60頁。

を実現するための，そして合併直後の激変を緩和するための方策であり，したがって，一定期間を過ぎると，それは本庁への「集権」に転じるとする[11]。次に合併のメリットとして挙げられた財政の効率化や使用料等の低額化について，2008年時点では，むしろ非合併自治体が合併自治体より財政が効率化しているとする[12]。家庭ごみ処理手数料は，非合併自治体の方が高く，合併自治体の方が低いが，保育料は双方において低下し，下水道使用料について双方とも差異はないが上昇しているとする[13]。最後に，議員の選挙など地域政治の変化について，合併に際して旧市町村の人口の少ない地域から議員が選出されないとして，合併特例や定数特例を整備していたが，それらは第1回目の選挙では一定の役割を果たしたが，2回目の選挙ではそれらの廃止などを受け，結局人口のシェアにより選出されることとなっている。

　合併自治体における住民自治との関係で問題とされているのが，区域の拡大による住民自治の形骸である。市町村合併によって，区域が広がった自治体においては，直接請求制度が機能しなくなったのではないか。例えば，高山市は2005年の合併によって2,177.61km²となったが，これは東京都とほぼ同じ広さであり，住民の居住地区は限定されているとはいえ，今井照[14]が指摘するように，議会の解散請求や首長の解職請求については有権者の3分の1以上の署名が必要である（自治76条1項）が，この要件を満たすのは至難の業ではなかろうか。また，島田恵司は，合併した市町村を回り，周辺地域が廃れたことから，平成の合併は失敗であったと結論づける[15]。平成の合併以前において，小規模自治体は合併しなければ地方交付税が減少して，自治体として運営できないのではなかろうか，人口減少は必至といわれていたが，どうなのであろうか。人口の減少という点で，非合併自治体と合併自治体とを比較した場合に非合併自治体とくに小規模自治体の健闘という数字がみられるのである。例えば，岡山県

10）後藤・安田記念東京都市研究所・前掲注9）69頁。
11）後藤・安田記念東京都市研究所・前掲注9）78頁。
12）後藤・安田記念東京都市研究所・前掲注9）93頁。
13）後藤・安田記念東京都市研究所・前掲注9）114頁。
14）今井照「市町村合併検証研究の論点」自治総研373号（2009年）47〜48頁。
15）島田恵司・前掲注2）62頁。

における人口推計では，合併しなかった早島町や西粟倉村など小規模自治体の人口が減っていないという数字[16]がある。

　東日本大震災において平成の合併がどういう問題を生じさせたのか，を検討するのが室崎益輝＝幸田雅治『市町村合併による防災力空洞化——東日本大震災で露呈した弊害』(ミネルヴァ書房，2013年) である。とりわけ，その中で，幸田雅治は，1市と旧6町村が合併した石巻市の対応を分析している。幸田は，行政の対応を①応急対応，②復旧段階，③復興段階の3つに分け，①については，旧河北，雄勝，北上の各地区では情報の伝達が十分でなかったが，これは支庁化したことやそのために職員が減少したことが影響しているとし，また，②については，自己決定力が重要であるが，本庁ではなくて支庁ではそれができず，周辺地域ではかなり遅れたと指摘し，また，③についても，石巻市の中心部を軸にして復興計画がなされ，周辺の旧町村ではリーダーも不在であることも影響し，街の復興は容易でないとする。旧雄勝などが町村であったら，3つの段階の対応も随分異なったものになったのではないか，としている[17]。

　社会学や農業経済の立場から村落の研究をしている，村落研究学会も，平成の合併の結果について『検証・平成の大合併と農山村』(農山漁村文化協会，2013年) を出している。その中で，山本努と高野和良は，合併した大分県中津江村などの調査を行い，合併によって「厳しくなった」と回答したのが住民の8割であるとし，そして，住民の生活を支えてきた地域組織の弱体化が住民の生活を不安定化させているとする[18]。

　以上のように，平成の市町村合併については，様々な分野からの検討が進められ，結局良い結果は出ていないのであり，失敗ということである。そして，現実に，合併した市からの分離運動もみられるのである[19]。

---

16) 第36回「都市問題」公開講座他・前掲注2) 19頁。

17) 幸田雄治「市町村合併による震災対応力への影響」室崎益輝＝幸田雄治『市町村合併による防災力空洞化』(ミネルヴァ書房，2013年) 80〜85頁。

18) 山本努＝高野和良「過疎の新しい段階と地域生活構造の変容」年報村落社会研究『検証・平成の大合併と農山村』(農山漁村文化協会，2013年) 83頁，107頁。

19) 滋賀県近江八幡市や熊本県菊池市では，旧自治体の分離運動が起きているとのことである。参照，小原隆治「平成大合併と地域コミュニティのゆくえ」(室崎益輝＝幸田雄治・前掲注17) 229頁。

Ⅱ　分町・分村の法制度と事例

　本項では，戦時中に行われた市町村合併について戦後認められた分離の手続の内容を概観し，その手続を行った地域とその手続により分町や分村を勝ち取った町村についてその概要を見ることにする。

1　分町・分村の法制度

　分町・分村の手続は，地方自治法の一部を改正する法律（1948（昭和23）年法律179号）の附則第2条によって以下のように，規定されていた。

　　「第2条　昭和12年7月7日から同20年9月2日に至るまでの間において，市町村の区域の変更があったときは，その変更に係る区域の住民は，第7条の規定にかかわらず本条の定めるところにより，従前の市町村の区域でその市町村を置き，又は従前の市町村の区域の通りに市町村の境界変更をすることができる。

　　前項の処分は，政令の定めるところにより，市町村の選挙管理委員会に対し，変更に係る区域の住民で選挙人名簿に登載されている者の総数の3分の1以上の者の連署を以て，その代表者から，これを請求しなければならない。

　　前項の請求があったときは，選挙管理委員会は，請求を受理した日から30日以内に，当該区域が従前属していた市町村の選挙人の投票に付さなければならない。

　　第2項の規定による区域が現に存する他の市町村に属していた場合においては，前項の投票に関する事務は，同項の規定にかかわらず，その市町村の選挙管理委員会がこれを管理する。この場合において必要な事項は，政令でこれを定める。

　　第3項の投票において有効投票の過半数の同意があったときは，委員会の報告に基づき都道府県知事は，当該都道府県議会の議決を経て市町村の配置分合又は境界変更を定め，内閣総理大臣に届け出なければならない。

　　前項の場合において第1項の市町村の区域変更に伴い処分した財産があるときは，現に存する市町村は，これが現に存する限度において，議会の議決を経てその変更に係る区域が従前属していた市町村に返還しなければならない。

　　前項の財産処分に不服がある市町村は，裁判所に出訴することができる。

　　第5項の規定による届出を受理したときは，内閣総理大臣は，直ちにその旨を告示しなければならない。

　　政令で特別の定めをするものを除く外，地方自治法第二編第四章の規定は，第3項の規定による投票にこれを準用する。

第2項の請求は，この法律施行の日から2年以内に限り，これを行うことができる。」
「附則1条　この法律は，昭和23年8月1日から，これを施行する。」

この手続の目的は，昭和12年〜20年の戦争中における軍事目的から強制的に市町村合併がなされたことから，それを今回の手続によって是正，復元するものである。したがって，旧の町村に復することに限定されており，旧町村と異なった形態にすること，例えば，旧の町村の一部の分離とかは認められていなかった[20]。そのため，恒久的な制度にはしないで，手続には2年間という期間の限定がなされていた。1948（昭和23）年4月27日の衆議院の治安及び地方制度委員会において，地方自治法改正案の提案理由の中で，苫米地国務大臣は次のように述べている[21]。

　「最後のいわゆる戦時中の町村の市への編入等は，御承知のごとく戦時において軍需工業施設が随所に大拡張を遂げ，そのため附近町村を編入して大都市の出現を見たというような例が少なくないのでありますが，終戦後においてはこれらの都市は，工業施設を灰塵と化し，あるいは予定の工業等の設置を見ないこととなり，またあるいは賠償の対象物の指定を受ける等，少なくともその当初の存立の基盤の大半を喪失した実情に立ち至った次第でありますので，この現実の事態を率直に認めまして，編入せられた町村のうち，旧に復することを希望するものがありますれば，それらの者の請求に基づき，関係住民の一般投票を行い，その結果，過半数の賛成がありましたならば，その希望を叶えるようにした次第です。」

大臣の趣旨説明からは，分離独立の手続を認めた理由は合併の「存立の基盤」を喪失したということである。こうした理由により手続を正当化する者もいる[22]が，合併が強制的であったということから，今回自主的な判断を住民に求めたという者[23]もおり，また，実際分離を求めた町村の運動もこの理由に力点がおかれており，後者の方が今日通用する理由であろう。住民投票は「当該区

20）鈴木俊一「第4次地方自治制度の改正」自治研究24巻6号（1948年）10頁，高辻正巳「地方自治法の改正について」自治研究26巻6号（1950年）13頁。
21）第二回国会衆議院治安及び地方制度委員会第24号4〜5頁。
22）高辻正巳・前掲注20）13頁。
23）例えば，鈴木俊一は，「自主開放」という言葉を使っている。参照，座談会「地方自治の在り方」自治研究25巻8号（1949年）6頁。

域が従前属していた市町村の選挙人」により行われるため，吸収合併のときは現に特定市町村の一部をなしている変更に係る区域の選挙民に限定されるが，一部編入のときは変更に係る区域の選挙人とその区域が属していた区域が隣接の市町村の選挙人全体の投票に付することになる[24]。

ところで，分町・分村の手続で問題となったのは，都道府県議会の議決である。住民投票で分離が認められても，県議会がそれを否決する事例が多かったのである。分離賛成派は，解職請求と同じように，住民投票で決定されればそれでよい，として県議会の議決の削除を要求したが，分離反対派も，県議会の議決の重要性を指摘し，双方から陳情や請願を受けた国会はどのような改正案を纏めるか相当苦労したようである[25]。その結果，以下の改正案（1950（昭和25）年5月4日の昭和25年法律143号）が成立している。

「第3項の投票において，有効投票の3分の2以上の同意があったときは，委員会は，都道府県知事及び都道府県議会に報告し，都道府県知事は，当該報告に基き第6項に定める期間の経過後に市町村の廃置分合又は境界変更を定め，内閣総理大臣に届け出なければならない。」

「都道府県の議会に前項の報告があった日から30日以内に，当該都道府県の議会において，その議員の発議により，出席議員の4分の3以上の多数でこれに同意すべきでないとの議決があったときは，都道府県知事は，市町村の廃置分合又は境界変更を定めることができない。」

2 分町・分村の事例

1937（昭和12）年から1945（昭和20）年までの戦時中に行われた市町村合併については，およそ1,000の合併が確認される[26]。それらは，海軍の鎮守府や工廠（軍需工場）などが置かれた横須賀市，呉市及び舞鶴市の合併に代表されるように，

24）鈴木俊一・前掲注20）11頁。

25）長野士郎によれば，13の案が審議されたとのことである。参照，長野士郎「解説 地方自治法の一部改正について」地方自治30号（1950年）106頁。

26）昭和5年の市町村の数が11,929で，昭和15年の数が11,498であり，昭和20年10月の数が10,520であることから，該当数は1,400～980となる。参照，横道清孝＝村上靖「市町村合併の実証的分析（1）」自治研究69巻6号（1993年）67頁表2。

軍事的な目的の下に，強制的に行われたものと思われるが，すべてがそうである訳でないようである。戦後，こうした合併について分町又は分村の手続が認められるのであるが，合併した市町村がすべてその手続を行っている訳でなく，手続を行った市町村の数は49である[27]。さらに，分離手続において，住民投票で分離が認められたが，県議会により否決されたものも多いようである[28]。また，以上の分町・分村の手続により，成功した事例は，1951年3月時点では，住民投票によるもの34，市町村議会の議決によるもの5の計39とされる[29]。

　分町・分村の制度の典型的な適用事例と考えられるのが，軍都横須賀市，呉市及び舞鶴市に合併された町村が分離独立する場合である。その中でも，神奈川県の事例が重要であることが分かる。神奈川県では，戦前に合併して旧相模原町を新設した旧座間町と横須賀市に編入されていた旧逗子町が戦後分離独立している[30]。座間町の分離独立の方が早く，どうやら，分離独立の制度をつくるきっかけとなったようである[31]。戦時中，座間町は，陸軍との関係で合併させられている[32]。1937年に陸軍士官学校が座間町に移転し，さらに演習場や練兵場，さらには，陸軍病院や相模兵器製造所が造られ，陸軍との関係が増していく。そして，1939年12月23日に「高北地方開発進展を図り理想的軍都の建設を期せんが為，大沢村，相原村，田名村，上溝町，大野村，麻溝村，新磯村，座間町を以て軍都建設連絡委員会」が設置され，これにより合併が進められる。こ

27) 参照，読売新聞1951（昭和26）年9月25日夕刊。
28) 35地区が住民投票で分離を認められたが，その内28が県議会で否定されたという神奈川新聞の報道（25年3月25日刊）がある。参照，逗子市『逗子市史　通史編』（1997年）879頁。
29) 読売新聞1951（昭和26）年9月25日夕刊。ただし，この措置により19団体が分離しているとの指摘もある。横道清孝＝村上靖・前掲注26）68頁。なお，鹿谷雄一の研究によれば，実施された住民投票は50件で，分離した町村は20件である。参照，鹿谷雄一・前掲注2）245頁，改正地方自治資料5部28頁。
30) 神奈川県県民部県史編纂室『神奈川県史　通史編5　近代・現代（2）』（神奈川県，1982年）676頁。
31) なお，住民の意思で帰属を決めるということでは，片瀬町が住民投票を行い，藤沢市又は鎌倉市との合併について決めた事例がある。この住民投票は1947年1月に行われ，有権者の57%の3,463名が投票し，藤沢市との合併を選択している。この住民投票は地方自治法に根拠のないものであるが，こうした住民運動も座間町や逗子の住民運動に影響を与えたようである。参照，神奈川県県民部県史編纂室・前掲注30）575～576頁。
32) 以下の記述は，座間市『座間市史5　通史編下』（座間市，2014年）295～303頁，368～370頁によっている。

れは，軍の意向を受けたものであった。合併に関して，座間町は当初反対していた[33]が，合併は強行された。1941年4月29日に，前記8カ町村が合併して相模原町が新設される。戦後，1945年11月に合併した旧町村が集い，そこで，大野，相原及び座間町が分離の意思を示す。その後大野，相原の分離は立ち消えたが，旧座間町の分離独立は，相模町役場が遠かったこともあり，翌年には分離の請願が衆議院に提出される。さらに，11月には分離独立案が相模原町会に提出されたが，これは反対多数で否決されている。しかし，座間町の分離独立は止むことなく続けられ，引き続き衆議院に請願をし，1948年には衆議院で請願が採択され，地方自治法の改正（分離制度の導入）が行われることとなる。これを受けて，相模原町会の議員の動きが変わり，6月8日に座間町分離案が町会で19対11で可決される。これには，分離の動きをみせていた大野，相原地区の議員も賛成し手助けをしたようである。8月30日に県議会に上程され可決され，座間町が9月1日に発足する。座間町の分離独立は，住民投票ではなくて町議会で決まったのであるが，前述のように，分町・分村の法制度づくりに貢献したのである。一方，旧逗子町が横須賀市と合併したのは，海軍が要望する大軍港都市横須賀市を建設するためのものであった。1935年頃から旧逗子町には横須賀の海軍基地や海軍工廠に通う軍人や技術者が多く住むようになり，また，1937年からは池子に火薬庫の移転が進められるなど横須賀市との関係を密にしていた。合併の話は，横須賀市が1941年4月1日に「世界最大の軍港都市の実現を期す」という「市是」を定めたところから始まるが，これは横須賀鎮守府の意向を受けたものであった[34]。それは，1942年9月1日に三浦郡の関係町村等に出された横須賀鎮守府の「横須賀市及三浦郡各町村ハ速カニ合併スルヲ要ス[35]」によく体現されている。「当鎮守府ハ帝国海軍戦力充実ノ一翼トシテ予テ慫慂シツツアリタル三浦半島一帯各市町村合併ノ急速実現ヲ要望ス」「三浦郡一帯ハ地域防衛上合併ヲ要ス　横須賀市及三浦郡ハ横鎮防空管区ノ一部ニシテ且戒厳宣告ノ場合横鎮長官ガ戒厳司令官タルベキ地域ナリ　本地域ハ特ニ帝都

33）座間市・前掲注32）366頁。

34）逗子市・前掲注28）828～829頁。

35）横須賀百年史編さん委員会『横須賀百年史』（横須賀市役所，1965年）172～175頁。

海面ノ重要関門ニシテ本府長官ガ防衛業務ヲ遺憾ナク達成スル為ニハ行政・警察・交通等ノ諸機関ガ必要ニ応ジ神速機敏且有機的ニ運営セラレ得ル如キ強力且統制アル一行政地域タルヲ要ス」と。ところが，旧逗子町は，横須賀市が多くの赤字を抱えていたことからこの合併に利益はないと考えており，また，鎌倉町との合併を望む者が多かったようである。しかし，合併は鎮守府，内務省及び県内政部の主導の下に進められ，御用邸のある葉山町を除いて，逗子，浦賀，長井，大楠の4町と北下浦，武山の2村，6か町村が横須賀市と合併させられる [36]。戦後において，その内，逗子町が住民投票を行い，承認され，分離独立している [37]。逗子町の分離独立運動は，当初医師会の独立運動に触発されたようで，1950年1月17日に選管に提出された署名数は1万2,845で，選管はこの内9,339を有効とし，その数は3分の1の6,646を軽く超えていた。そして，同年3月19日に行われた住民投票の結果は，投票総数8,824（有権者の48.7％）で，分離賛成6,990，反対1,722であり，投票率は低かったが，住民は圧倒的に分離を望んでいたといえる。逗子町の分離独立を支えた論理は，①合併が不合理なものであった，②逗子と横須賀では都市の性格が違う，③横須賀市の赤字により逗子住民が不利益を被る，等であった。一方，逗子の分離独立に，横須賀市議会は全会一致で反対していた。4月18日の県議会では，特別委員会が設けられ審議するが，住民投票の結果は重く分離に賛成する流れとなるが，反対派により採決が5月1日に延ばされる。県議会の採決は，投票総数56，分離賛成29，反対24，白票1であった。1950年7月1日に，逗子町が発足する。発足前に，横須賀市議会は，逗子町に移譲されるべき財産を調査し，6月末に議決している。また，町長選挙と町議会選挙は発足に間に合わず，7月23日に行われており，横須賀市長がそれまで逗子町長代理を務めている。なお，逗子町は1954年4月に単独で市制に移行する。

　次は，呉市のある広島県をみていくことにする。広島県では，戦時中に呉市に編入された賀茂郡旧広村と賀茂郡西条町に編入された同郡旧寺西村が分離手

36）この合併は，神奈川県の文書「横須賀市ニ三浦郡浦賀町外五ヶ町村合併ニ関スル経過」（逗子市『逗子市史　資料編Ⅲ　近現代』（1991年）656頁）でも，既に三者で決まっていたことが確認される。
37）分離独立に関する以下の記述は，逗子市・前掲注28）865～690頁によっている。

続を進めたが，後者だけが認められている[38]。呉市と広村との合併[39]は，大正14年に呉市都市計画区域が決定されたときに既に明確にされていたようである。ただ，広村は，独自の都市計画を持っていたので，合併には容易に応じなかった。1930年に呉市は阿賀町，警固屋町と吉浦町の3町と合併するが，その後に，広村と仁方町との合併を考えたようである。海軍工廠を抱える呉市と隣町であり海軍航空隊のある広村は上下水道や教育などのことで一緒に解決すべき問題が多々あったし，呉市の商港としての期待があったようである。それらの解決は，海軍の意向でもあったようである。1940年になると，合併は急速に進み，合併が強制されることになる。それは，宇垣参謀長と広村長との会見で，宇垣から「高度国防国家建設の見地より，呉，広，仁方の一元化，単一化せざるを得ない軍側の要望があり，若し広村民が合併しない事になれば，広村民は今日の時局を解しない，高度国防国家建設，国土防衛，国防計画を無理解，協力しない村民だと断定せざるを得ないと，言明」され，それでも決心しない広村に対して，翌年の相川広島県知事と村長の会見で「海軍力が発動」と最後通牒を突き付けられ，広村は合併を承諾する。1941年4月21日に，広村と仁方町は呉市に編入される。戦後，広町と仁方町は呉市から分離独立を求めて運動を始めるが，それは1946（昭和21）年から始まっている。この運動は一時期停滞するが，1948年に地方自治法の改正で分離が認められたことを受けて，再燃する。分離独立の理由は，合併が強制であったこと，合併により利益を受けていないこと等であった。1949年に広分離期成同盟会が結成されて分離運動は組織的に行われることとなる。期成同盟会は，5月に町民大会を開催して運動を盛り上げ，署名活動を開始し，6月23日に，署名8,683（有権者1万9,207）を得て，選管に手続を請求した。一方，分離反対派の運動は，呉市及び同市議会を中心に進められ，広町民に感情的ではなく大所高所からの判断を求めた。広町出身の市議会議員や県会議員は，どうやら分離に反対であった。また，反対派から広島民事部への照会に対して，ギャズウェル行政課長は呉に産業はあるが広には産業はなく分離に反対であるという趣旨の回答をし，これが広町に配布されている。

38）広島県総務部地方課『広島県市町村合併史』（1961年）119頁。
39）合併の経過は，呉市史編纂委員会『呉市史 第6巻』（呉市役所, 1988年）744〜750頁によっている。

しかし，1949年9月11日の広町の分離住民投票では，投票総数1万4,817，有効投票数1万4,683，分離賛成8,459，分離反対6,224であった。投票の結果，広町の分離が現実的になると，仁方町の動向が注目されることとなった。というのは，広町を挟んで呉市と仁方町があり，広町が独立すると，仁方町は呉市の飛地になるからであった。仁方町は分離を求めなかったが，このことも県議会の動向に影響を与えたようである。県議会は特別委員会を設置し慎重に審議する。特別委員会の結論は，分離反対であり，分離派を説得するが成功しなかった[40]。1950年3月23日の県議会の議決は分離賛成14，分離反対33で分離案は否決される。分離派は，県議会の再議を求めたり，さらには，広島地裁[41]に取消訴訟を提起して抵抗を試みるが，いずれも拒否され，分離運動はこれで終結する。

一方，旧寺西村の西条町からの分離については[42]，1950年1月6日に住民投票が行われる。その結果は，分離賛成1,997，反対131で圧倒的多数で分離は認められた。県議会でも，この住民の意思を尊重して分離することを可決し，同年4月1日に西条町大字寺家地域と同町東が西条町から分離して賀茂郡寺西町として発足する。

次は，舞鶴市をみていく[43]。舞鶴町は，城下町として京都府加佐郡の中心であったが，1936年四所村，高野村，中筋村，池内村及び余内村を編入し，人口2万5千人となり，そして，1938年8月1日に市となる。一方，隣にあった中舞鶴町及び新舞鶴町は，海軍の町として発展してきたが，1937年頃から倉梯村，与保呂村，志楽村，潮来村，東大浦村，西大浦村の加佐郡東部8カ町村で合併の話合いを始めたが，これについては，「本合併は軍港のため必要」として海軍の要請に基づくものであったようである。しかし，8カ町村の合併は頓挫し，潮来，東大浦と西大浦を除いた5カ町村で合併することとなり，その結果，1938年8月1日に東舞鶴市が誕生する。そして，1939年に舞鶴港に鎮守府が復活し，舞

---

40) 広島県民や識者は，広町の分離には大方批判的であったという指摘がある。広島県総務部地方課・前掲注38）119頁。

41) 広島地裁判決については，拙稿・前掲注1）「市町村の合併及び境界に関する訴え（1）」23頁（拙著『自治体の出訴の歴史的研究』315頁）を参照されたい。

42) 広島県総務部地方課・前掲注38）120頁。

43) 戦時中の合併については，舞鶴市役所『舞鶴市史　通史編（下）』（1982年）487～604頁による。

鶴に工業施設が拡大したことから，1942年8月1日に東舞鶴市に潮来，東大浦と西大浦も編入合併される。そして，海軍は戦争への突入に際し舞鶴港の整備を意図して，舞鶴市と東舞鶴市との合併を進め[44]，その結果，1943年5月27日に大「舞鶴市」が誕生する。戦後，舞鶴市の分離運動[45]は，1950年4月に西地域すなわち元舞鶴市の3人の住民の署名活動により開始される。署名活動の理由は，①舞鶴市と東舞鶴市との合併が舞鶴海軍の強要によるものであった，②両市は山岳によって東西に分離しており，一行政区画とすることは不自然である，であったが，東西間の感情の対立や公共施設などの分布，税や使用料の負担の東西の格差問題などが影響していた。12月に提出された署名は，署名8,063，有効署名6,710，無効1,353であり，請求に要する法定数5,995を超えていたので，住民投票が実施されることとなった。分離派は舞鶴市分離期成同盟を発足させ運動を組織的に行うことになるが，一方，舞鶴市議会や市長は，分離は市の行政能力を削ぎ，舞鶴市の発展を損なうものであるとして分離反対運動を展開することとなる。1950年3月26日に住民投票が行われ，その結果，投票率は74.7％で投票総数13,230，分離賛成7,046，分離反対6,070，無効114で，分離が小差で勝利した。府会は特別委員会を設置し，現地調査を行ったりしたが，結局，7月4日に採決を行い，49の内分離賛成12，反対36で分離を認めなかった。これには，舞鶴市の発展が港としての発展しかないという判断があったためのようである。分離派は，議会の議決や知事の行った処分等の取消を求めて裁判所に提訴する。これに対して，市長など分離反対派は，分離派との調整に腐心する。そして，舞鶴市の機関を東地域と西地域に二分する案で西地域の市議会議員と一致し，これで分離運動は収束する。

　次に大分県では，3つの地区[46]で分離手続が進められ，その中の1つが分離独立している。1つ目は，北海部郡旧丹生村であり，隣の旧坂ノ市町（現大分市）は東京陸軍第二造兵廠坂ノ市製造所が設置された地域であり，その便宜のため

44) 海軍の合併工作は，昭和17年10月から翌年の5月まで行われており，参謀長と両市長の懇談などは20数回に及んでいる。参照，舞鶴市役所・前掲注43）558〜559頁。

45) 分離運動は，舞鶴市役所『舞鶴市史　現代編』（1988年）739〜808頁による。

46) 合併に関する記述は，大分県総務部総務課『大分県史　近代編Ⅳ』（大分県，1988年）の81〜90頁と，大分県総務部総務課『大分県史　現代編Ⅰ』（大分県，1990年）150〜156頁に依拠している。

1941（昭和16）年11月3日に坂ノ市町と小佐井村とが合併させられたようである。2つ目は，直入郡豊岡村であり，1942年4月1日に同郡の明治村と岡本村と一緒に竹田町と合併したようであるが，これは当時の国策にしたがった合併であるようである。3つ目は，大分郡旧三佐村であり，隣の大分郡旧鶴崎町（現大分市）には，軍需に直結した大化学工場＝日本染料製造株式会社鶴崎工場（住友化学工業株式会社大分工場）を核とした工業地帯の形成が進み，それに伴い，1943年4月に鶴崎町に編入合併される。戦後における分離運動は，町制施行，郡制変更に触発されたようである。旧三佐村の分村についての住民投票が最初の1948年10月12日に行われ，分村に賛成1,608，反対191であり，また，旧丹生村の分村についての住民投票が同年10月21日に行われ，分村に賛成1,186，反対489であり，そして，旧豊岡村の分村についての住民投票も同年11月5日に行われ，賛成1,456，反対280であった。いずれも分離派が圧倒的多数を占めたといえる。この3件とも，翌年3月29日の県議会で採決が行われる。旧三佐村の分離は賛成20，反対24，無効1で，旧丹生村の分離は賛成19，反対25，無効1で，旧豊岡村の分離は賛成19，反対25，無効1でそれぞれ否決されている。当時の大分県議会は，町村の細分化に反対する意見が過半数を占めていたといえるが，同日に3つの案件を審議したことも，否決されたことの要因の一つと思われる。その後，3つの分村運動は引き続いて行われるが，旧三佐村と旧丹生村の分村運動は，県地方課のあっせんにより鎮静化に向かうが，旧豊岡村の分村運動は続けられる。これは，「市街地と農村部という民情の違い」[47]が分村運動に影響したようである。ただ，分離運動の切っ掛けは，中学校の位置と負担をめぐる意見の違いであったが，それが町議会の議長（旧豊岡村出身）の解任と町長（竹田町出身）のリコールという問題に発展し，旧豊岡村民は分離運動を進める。前述した地方自治法の改正により，分離の条件が変更されたことが効果を発揮した。1950年7月23日に再び住民投票が行われ，賛成1,367，反対517であり，これを受けて行われた8月24日の県議会では，賛成必要数の12票を上回る17票の賛成があり，分村が認められたのであった。同年9月1日に豊岡村は復活するが，昭和の合併で竹田町等7カ町村と合併し竹田市となる（1954年3月31日）。

47）大分県総務部総務課・前掲注46）『大分県史　現代編』153頁。

次に，岡山県において，分町・分村が成功した事例は，3つある[48]。1つ目は，神島村からの白石島の分離，2つ目は，勝山町からの月田村の分離であり，3つ目は以下説明する加茂町の分離である[49]。戦前において，加茂町と東加茂村，西加茂村が1942年5月27日に合併し，加茂町を新設している。これは，岡山県が1931年6月24日に市町村会議で決議した「町村ノ合併ニ関スル件」に応じたものと位置付けられる。長期に亘って議論された結果による合併のため，強制されたのかが問題とされることになる。戦後1949年1月22日に旧加茂町の住民たちから分離を求める署名が提出されている。その原因は，6・3制の教育制度にあったようである。すなわち，3村にある小学校を廃止することについて，とくに旧加茂町の小学校を廃止することに旧加茂町の住民から強い反対があった。それは，被差別部落問題に関わっている。すなわち，旧加茂町の住民にとって，子供を被差別部落の小学校には行かせることができないということであった。中学校については，容認するということであったようである。住民投票の前日の3月17日には，岡山軍政部からプラット中佐が来町し，シャウプ勧告の主旨から分離に反対を訴えている。1950年3月18日に行われた住民投票では，1,472名の投票（有権者の82%）の内，分離賛成1,083，反対415，無効19で分離が承認された。一方，加茂町議会は，教育予算を可決し，1942年の合併は強制ではなかったとして，分離に反対の決議を採択する。岡山県議会でも仲裁案が出されたが，分離派はこれを拒否する。同年8月30日に行われた県議会の採決では，49名中，分離賛成30，反対16で，分離が認められた。同年11月4日の告示681号によって，苫田郡に新加茂町が誕生する。その施行は翌年4月1日であった。しかし，加茂町と新加茂町の間には，解決しなければならない問題があった。その1つは6・3制実施に伴う小学校と中学校の配置をどうするのかという問題であった。もう1つは，学校建設の費用を捻出するために売却をしようとした村有林について新加茂町から出された異議で，それは訴訟となって現れる。3つ目として，統合されていた農協の固定資産の分配の問題があった。さらには，新加茂町には庁舎ねん出費用の問題もあった。学校の配置の問題は，

48）参照，加茂町史編纂委員会『加茂町史　本編』（加茂町，1975年）517頁。
49）以下の記述は，加茂町史編纂委員会・前掲注48）505〜525頁による。

生徒の学校での教育に関わっており（1つの学校が小学校及び中学校として共用され，そのため，教室が不足していた），早急に解決しなければならない問題であった。学校配置の問題は，引き続き加茂町，新加茂町及び上加茂村の間で協議され，結局協議が整い，3町村は加茂町として合併することになる。1954年4月1日に合併した加茂町が発足する。

　熊本県では，2件ないし3件が認められている。1つは，1944（昭和19）年2月11日に城山村，池上村と高橋町が合併して三和町が新設されたが，この合併について戦後分離手続が行われ，認められている。まず，1948年10月1日に池上校区（旧池上村）の住民から署名による分離の請求がなされ，同年10月4日には城山校区（旧城山村）の住民から署名による分離の請求がなされている。そして，2つの住民投票が10月30日に行われ，池上地区では有権者総数1,929，投票総数1,395，分離賛成1,150，反対180，無効65で，城山校区では有権者総数2,263，投票総数1,375，分離賛成1,056，反対74で，それぞれ分離が認められた。県議会においては，特別委員会を設けて検討した結果，翌年6月30日に決議を行ったが，それは池上校区の分離を認めるが，城山校区の分離は認めないものであった。そして，池上村の分離は1949年9月1日に施行された[50]。一方，城山地区では，県議会の決議に不服であったが，三和町議会において，同年12月11日に地方自治法7条に基づく分村の決議を行い，知事に分村の申請を行った。この申請は，翌年3月25日に県議会で認められ，5月1日から城山村と高橋村が設置されている。もう1つは，1943（昭和18）年4月1日に八代市に編入された郡築村であり，1950年3月25日に行われた住民投票で分離賛成926，反対744となり，さらに県議会でもこれが承認され，1950年7月1日に都築村が発足している。ただし，郡築村住民の意思により1954年7月1日に郡築村は八代市に再び編入合併される[51]。

　その他の都道府県では，例えば，山口県では，戦時中徳山市と合併していた，旧富田町と旧福川町が，戦後分離手続を行い，旧富田町は1949年8月1日に，旧

50）池上村の分離成立は，全国で最初の地方自治法の附則2条による分離のようである。参照，熊本県総務部地方課『熊本県市町村合併史』（1969年）453頁。

51）熊本県総務部地方課・前掲注50）465頁。

福川町は同年9月1日に分離独立している[52]。高知県では，現在土佐市に属している，旧宇佐町と旧新居村が1942年4月に合併し新宇佐町となっていたが，戦後の1949年4月に2つの村に分離している[53]。また，秋田県[54]では，1942年3月24日に大久保村，飯田川村と豊川村の3つが昭和町となったが，これが1950年7月1日に豊川村が分離し，また，同年9月28日に飯田川村が分離し[55]，1942年3月24日に和田町に吸収合併された豊島村が1950年7月1日に分離している。長崎県でも大村市からの分離した村があった[56]ようである。また，鎮守府が置かれていた佐世保市についても，1942年5月に早岐町，大野町，中里村や皆瀬村が軍の意向で編入合併されるが，戦後分離独立の動きはないようである[57]。

　以上，分町や分村に関する事例を個別的にみたのであるが，署名活動といい，住民投票といい，また，その結果を導き出した住民運動には，戦後の民主主義及び自治の原点を見出すことができると思う。広島県の広町や舞鶴市のように分離が県議会で否決されたものもあるが，分町又は分村に成功したものにも，①住民投票ではなくて，町議会の議決そして県議会の議決でなされたもの，②住民投票そして県議会で認められたもの，③県議会で否決されたが，町議会そして県議会で認められたもの，④県議会で否決されたが，再度の住民投票を得て，県議会で認められたもの，の類型が区別される。以下では分離制度の法的な論点等を挙げ，検討することにする。

　第一に問題となるのは，分町や分村に関する手続が適用される市町村合併の範囲である。大臣の改正の趣旨にある軍事目的で行われた合併の「存立の基盤」がなくなった又は軍官憲により強制的に行われた合併が対象となり，それ以外のものは除外すべきという議論[58]はあったようである。しかし，そういう要件

---

52) 徳山市史編纂委員会『徳山市史　下巻』（徳山市，1985年）249～250頁。

53) 土佐市史編纂委員会『土佐市史』（1978年）862頁。

54) 秋田県『秋田県史　資料　大正昭和編』（1980年）92頁以下の「町村分合沿革表」によった。

55) 長野士郎は，3つの町を「現在の町を雲散霧消せしめて自治体警察の維持と残務整理の煩わしさから逃れようとするもの」と紹介している。参照，長野士郎「地方自治の二つの問題」自治研究25巻7号34頁。

56) 長野士郎・前掲注55) 34頁。

57) 佐世保市総務部総務課『佐世保市　政治行政編』（1962年）223～262頁など。

58) 長野士郎・前掲注55) 34頁。

も法律にはなく，また，目的から無効である分町又は分村手続であるという判断はなかなか難しく，実際に無効であると判断しても，住民投票などの手続が行われれば，効果はなくこれは実際住民の判断に任されていたといえよう。個別事例では，岡山県の加茂町の合併や大分県の豊岡村の合併については疑問が付されており，軍事目的があったのか，強制的であったのか確認できなかったのである。

　第二に問題となったのは，（請求の署名数を含めた）住民投票と議会の議決との関係である。この問題は，分町又は分村手続における署名と住民投票の意義，その重みに関わる。住民投票を廃置分合の手続における市町村議会の議決と同等と考えるのか，それとも議会の解散や首長の解職請求の住民投票と同等と考えるのか，という問題に収斂する。前者であるとすれば，都道府県議会の議決は必要であり，右議決は都道府県や国の視点によりなされるものということになる。後者であれば，都道府県議会の議決は必要でなく削除されるべきことになる。しかし，市町村の合併に県議会の議決や長の判断は必要と思われる。というのは，市町村の廃置分合や境界の変更は都道府県にとっても重要な問題であり，都道府県の関与も必要と思われるからである。

　私は，署名の手続と住民投票という制度はやはり後者に近いと考える[59]。したがって，県議会には拒否権（3分の2以上又は4分の3以上の賛成）を与えれば足りると考える。また，昭和25年の法改正により，都道府県議会の議決に「議員の発議」という要件が加わったが，この要件のため実際都道府県議会で採決しない場合もあったようである[60]。こうした要件も加えてよいと思われる。

　第三に問題とされるのは，投票率である。この要件は法律上規定されていない。これは，議会の解散請求や長の解職請求の住民投票制度と同じように考えたためと思われる。住民投票の実態をみてもそれほど問題となる事例はなかったと思われるが，投票率が大幅に下がった場合には，問題となる。この点で，都道府県議会の議決（拒否権）をその歯止めと考えることも可能であり，したがって別に規制を設ける必要はないと思う。

59）長野士郎・前掲注55）33頁。
60）鹿谷雄一によれば，4件について議会の議決がなく，分離独立が認められている。参照，鹿谷雄一・前掲注2）245頁表1。

第四に，分村又は分町をする場合，地理的条件も問題となる。広島県における呉市からの分離を求めた広町の場合，合併した仁方町の処遇が問題となった。要するに，広町が分離した場合には，仁方町が飛地になるのである。分町又は分村では，こうした条件をも考慮しなければならないのである。この判断は住民と県議会に委ねられると思う。

　第五に，分町又は分村が決まった段階で問題となるのは，いかにスムーズに問題なく分町又は分村の手続を進めていくのか，である。岡山県の加茂町の例や逗子市の例にあるように，財産や公の施設などの移譲，長や議員の選出，新しい事務所の設置など考えるべきことは多い。

おわりに

　平成の合併は，行政サービスの低下や住民自治を形骸化する制度になっていると多く論者から指摘があり，また，合併した地域でもそのように考えられている。これを改善する道は，合併自治体を元に戻す分町又は分村以外方法はないように思われる。

　分町又は分村をする場合，現行の地方自治制度でも理論的には可能である。市（又は町）議会で分町又は分村を決め，そして，それを都道府県議会で承認し，知事もこれに従い，総務大臣に届出を行えば可能なのである。前節で検討した，座間町の相模原町からの分離独立や熊本県三和町からの城山地区の分離がその例である。しかし，これは現実には不可能であると思われる。その理由の1つは，市議会で合併に加わった旧町又は旧村の出身の議員が頑張っても議会の多数派を形成することは困難であると思われるからである。合併市の議員の定数が減らされ，旧町又は旧村出身議員は1名や2名などの少数になる場合もあり，その場合には分離案は市議会では認められない[61]。さらに，市議会を納得させるための材料が必要であり，それは住民投票ということにならざるを得ないのである。もちろん，次に予定されている都道府県議会の議決についても，住民投票による承認があれば，議会の多数派を動かすことの可能性が高いといえよう。したがって，分村又は分町を認める場合には，地方自治法を改正して，住民投

61）参照，今井照・前掲注14）44頁。

票による分離独立の手続を認めるより方法はないように思われる。とりわけ住民投票と都道府県議会の関係であるが、住民投票で過半数の賛成があれば議会の議決には3分の2以上の賛成による拒否権を与え、住民投票で3分の2以上の賛成があれば県議会の4分の3以上の賛成による拒否権という案ではどうであろうか。そうだとしても、住民投票から議決は1カ月という期間の制約は必要であろう。

　戦後直後の分村又は分町の運動には、住民の地域における自己決定権の発露をみたように思われる。今同様の分市又は分町の制度を整備したら、平成の合併でもその制度を使い、住民自治の充実した自治体を取り戻すことができるのではないかと期待して、本稿を終える。

第2節　市町村合併，分村・分町と住民投票制度

はじめに

　現行法で認められている住民投票制度としては，①憲法95条の地方自治特別法に対する住民投票，②地方自治法が認めた，議会の解散，長・議員の解職に対する住民投票，③条例による，原発，産業廃棄物処理場又は市町村の合併などの重要事項についてなされる住民投票，④市町村合併特例法で認められた合併協議会設立のための住民投票の4つがあり，それぞれ実施されている。そして，⑤2013（平成25）年に，大阪都構想を実現するため制定された「大都市地域における特別区の設置に関する法律」（2012（平成24）年法律80号）でも住民投票が認められ，住民投票が実施された[1]。本稿で扱う住民投票制度は，これらとは異なり，現在では廃止されているが，地方自治法などの法律が認めた制度であり，投票に法的な一定の拘束力があり，また，内容としては市町村の合併又はその結果の後始末としての分町・分村を決める住民投票制度[2]である。この制度に関する分析，研究は，行政学においては，1978年に坂田期雄[3]がその制度が存在したことを紹介していた程度であったが，2000年代になって鹿谷雄一がようやく附則2条による戦時中に強制合併された事例とくに富山県高岡市からの新湊町の分離や横須賀市からの逗子町の分離等の実態分析を行い，制度の概要を明らかにし[4]，さらに続編でも昭和の合併における住民投票制度に

1）2015年5月17日に実施されたもので，大阪市を廃止して6つの特別区にするものであるが，反対705,585，賛成694,844（有権者数2,104,076）で特別区の構想は実現しなかった。

2）住民投票制度は，表決，発案，罷免の3つの型に区別される（参照，武田真一郎「住民投票法制化への視点——住民投票立法フォーラムの私案を中心として」愛知大学法経論集157号（2001年）3頁）。本稿で検討するものは，表決型に属するものであるが，投票により手続がすべて完了するものではない。

3）坂田期雄『新しい都市政策と市民参加』（ぎょうせい，1978年）319頁。坂田は，住民投票を憲法95条に基づく住民投票，現在廃止された住民投票，事実上の住民投票（欧米の住民投票制度）に区別し，そして，現在廃止された住民投票の中で，自治体の重要財産の独占的使用許可，自治体警察の廃止そして本稿で扱う町村の分離における住民投票に言及している。

4）鹿谷雄一「住民投票と市町村合併」大東法政論集9号（2001年）242頁以下。

言及している[5]。これに対し，行政法学においては，研究資料もなかったことも
あり，坂田期雄の紹介を受けて，「将来，地方自治法上に住民投票制度を復活す
る際の，重要な素材をなしているといえようか」という指摘[6]がなされていた
が，制度の紹介，研究はなされていない。概して，以上の研究からは，戦後直後
に市町村合併，分村及び分町について導入された住民投票制度について，市町
村合併の問題点を踏まえて住民投票制度を検討する，しかも法的な問題点を踏
まえながら検討したものはないといえよう。

　本稿は，市町村の合併とくに分村・分町に関わって導入された住民投票制度
について，戦後からの変遷を追い，その法的意義を確認し，なぜ住民投票制度
が法制度として消滅したのかという問題設定を行い，市町村合併の難しさなど
を踏まえながらそれに解答を与えたいというものである。そして，そうした検
討を踏まえて，住民投票制度の制度化の議論[7]に寄与したいと思うのである。

　ところで，本稿が検討する住民投票制度であるが，後述するように，それは
分村又は分町の手続の中で認められている。したがって，分村・分町という言
葉の意味を探求することも本稿の目的の中で重要であり，それをまず確認して
おきたい。分町・分村には，歴史的には2つの意味があるようである。1つは，
現在所属する町村からある地区が分離して独立し，新しい町村を創設するもの
である。これは，1948（昭和23）年の地方自治法の改正で認められたもので，戦
前に強制合併させられた町村が独立するものである。もう1つは，複数の町村
が合併を進めているが，その町村の1つに所属する地域がこの合併に反対し別
の市町村と合併するものであり，町村合併促進法や新市町村建設促進法が適用
された時代すなわち昭和の合併の時に登場するものである。いわば，合併の前
段階に位置する分村・分町である。

5）鹿谷雄一「住民投票の歴史的展開」『地方自治叢書20　合意形成と地方自治』（敬文堂，2008年）72
　頁以下。また，自治体警察の廃止と住民投票制度との関係を分析した鹿谷雄一「住民投票と自治
　体警察」大東法政論集10号（2002年）187頁以下も参考になる。
6）真砂泰輔「住民投票制度の推移と現状」法と政策1982年11月号15頁以下。
7）2001年に「住民投票立法フォーラム」が「住民投票に関する特別措置法案」を発表し，それ以降住
　民投票制度化の議論はないようである。参照，武田真一郎・前掲註2）31頁以下。

I　戦後から町村の分村，分町について認められた住民投票制度

　戦後から，法律によって認められた分村又は分町に関する住民投票制度は，以下の3つの制度である。1つは，1948（昭和23）年の地方自治法の改正で認められたもので，1937（昭和12）年～1945（昭和20）年の戦争中において軍事目的から強制的に市町村合併がなされたことから，それを住民投票によって分町又は分村して元の町や村に復元するものである。もう1つは，1953（昭和28）年の「町村合併促進法」で認められたもので，合併する町村の中で特定の地域・部落が別の町村へ移りたいと希望する場合の手続として実施された住民投票であるが，知事の勧告の中で認められた制度である。3つ目は，1956（昭和31）年の「新市町村建設促進法」で認められたもので，内容は前者と同じように，合併を行う町村の特定の地域・部落が別の町村と合併を希望し分離をする手続であるが，新たに設けられた合併調整委員の手続又は知事の判断により認められるものである。

1　戦時中に強制合併された町村の復元手続の中の住民投票制度

　最初の分村・分町の手続と住民投票制度は，地方自治法の一部を改正する法律（1948（昭和23）年法律179号）の附則第2条によって以下のように，規定されていた。

　「第2条　昭和12年7月7日から同20年9月2日に至るまでの間において，市町村の区域の変更があったときは，その変更に係る区域の住民は，第7条の規定にかかわらず本条の定めるところにより，従前の市町村の区域でその市町村を置き，又は従前の市町村の区域の通りに市町村の境界変更をすることができる。

　前項の処分は，政令の定めるところにより，市町村の選挙管理委員会に対し，変更に係る区域の住民で選挙人名簿に登載されている者の総数の3分の1以上の者の連署を以て，その代表者から，これを請求しなければならない。

　前項の請求があったときは，選挙管理委員会は，請求を受理した日から30日以内に，当該区域が従前属していた市町村の選挙人の投票に付さなければならない。

　第2項の規定による区域が現に存する他の市町村に属していた場合においては，前項の投票に関する事務は，同項の規定にかかわらず，その市町村の選挙管理委員会が

これを管理する。この場合において必要な事項は，政令でこれを定める。

　第3項の投票において有効投票の過半数の同意があったときは，委員会の報告に基づき都道府県知事は，当該都道府県議会の議決を経て市町村の配置分合又は境界変更を定め，内閣総理大臣に届け出なければならない。

　前項の場合において第1項の市町村の区域変更に伴い処分した財産があるときは，現に存する市町村は，これが現に存する限度において，議会の議決を経てその変更に係る区域が従前属していた市町村に返還しなければならない。

　前項の財産処分に不服がある市町村は，裁判所に出訴することができる。

　第5項の規定による届出を受理したときは，内閣総理大臣は，直ちにその旨を告示しなければならない。

　政令で特別の定めをするものを除く外，地方自治法第二編第四章の規定は，第3項の規定による投票にこれを準用する。

　第2項の請求は，この法律施行の日から2年以内に限り，これを行うことができる。」

　「附則1条　この法律は，昭和23年8月1日から，これを施行する。」

この制度は，1950年に以下のように改正されている（1950（昭和25）年法律143号）。

附則第2条第5項を次のように改める。

　「第3項の投票において，有効投票の3分の2以上の同意があったときは，委員会は，都道府県知事及び都道府県議会に報告し，都道府県知事は，当該報告に基き第6項に定める期間の経過後に市町村の廃置分合又は境界変更を定め，内閣総理大臣に届け出なければならない。」

同条第6項中「前項」を「第5項」に改め，同項を第7項とし，以下1項ずつ繰り下げ，第5項の次に次の一項を加える。

　「都道府県の議会に前項の報告があった日から30日以内に，当該都道府県の議会において，その議員の発議により，出席議員の4分の3以上の多数でこれに同意すべきでないとの議決があったときは，都道府県知事は，市町村の廃置分合又は境界変更を定めることができない。」

附則2条の制定は，占領軍の指示によりなされた[8]ということであるが，戦後，

8）戦後，静岡県富士宮の出身の森という人がアメリカから帰ってみると，富士宮が強制合併させられなくなっており，これを不満として，民政局のティルトン中佐の所へ訴え，占領軍がこれを認め，町村の復元を指示したということである。参照，自治大学校研究部『戦後自治史第4巻』（文生書院，

戦前とくに戦時中における強制合併を不満に思う住民からの要請[9]もあってそれが占領軍などを動かし制度化がなされたと考えるべきと思われる。そして，制度化にあたっては，占領軍が示した，①過去10年間に実施された町村の合併で，②元の地域の有権者住民の6割の署名による分離の請求，③分離について関係地域の住民投票により多数の賛成を得たときに分離独立の効力が生ずる，という案[10]に対して，政府は，⑦期間を昭和12年から昭和20年までに短縮し，㋺署名数も3分の1以上に緩和し，㋩住民投票の賛否について，3分の2以上という要件とする案もあったが，過半数にし，結局，地方自治法の廃置分合又は境界変更の手続に繋いで，住民投票を市町村議会と同等の地位に置き，都道府県知事への分離独立の申請とみなしたのであった。すなわち，分離独立の制度化に際して，住民投票制度の位置づけをかなり下げたのである。これは，地方自治法の制定直後，占領軍から廃置分合又は境界変更について住民投票制度の導入の要求に対して，それに反対した[11]ことと平仄が合うといえよう。ただし，やはり住民投票制度を軽くみる制度には批判があり，1950（昭和25）年の改正法では，住民投票の要件を厳しくし住民投票制度にほぼ決定権を与える制度に変えている。なお，分離投票を求める直接請求の制度が，分村又は分町を求める機関を一般住民以外の者，例えばその地区を代表する議員たちに求めることは議員本人が分村又は分町を理解していない場合があり，その場合には不適切なので，必要と思われる。また，その地域で分村又は分町の意見が住民の中に多ければ，署名も当然集まることとなろう。

　なお，この制度における住民投票の実態分析等は，本書**第1章第1節**[12]をみて

　1977年）306頁，同旨，鹿谷雄一・前掲注5）「住民投票の歴史的展開」83頁注5。

9）例えば，神奈川県相模原町からの座間町の分離の要求の請願は1946（昭和21）年になされている。これについては，拙稿「合併と分村・分町」『西南学院大学法学部創立50周年記念論文集・変革期における法学・政治学のフロンティア』【本書**第1章第1節**】を参照されたい。

10）自治大学校研究部・前掲注8）304頁。

11）自治大学校研究部・前掲注8）51～52頁，原野翹「地方公共団体の区域決定の法理」『現代行政法と地方自治』（法律文化社，1999年）17頁。ただし，占領軍の当初の案は，裁判所に決定させるという案であった。これについては，アメリカの裁判所とは異なるということで拒否したようである。参照，自治大学校研究部・前掲注8）53頁注1）。

12）また，鹿谷雄一の研究もある。参照，鹿谷雄一・前掲注4）245頁以下。

頂きたい。

2　町村合併促進法（1953（昭和28）年法律258号）の分町・分村手続の中の住民投票制度

2つ目の分村又は分町の手続と住民投票制度は，町村合併促進法で以下のように規定されていた。しかも，該当する条文は3回の改正で，補足されたり変更されたりしている。

（市町村の境界変更に関する特例）

第10条　地方自治法第8条の2第2項の規定により，都道府県知事が関係町村に対し，町村合併に関する同条第1項の計画について意見を求めたときは，当該町村の長は，直ちにその旨を告示し，且つ，公衆の見やすい方法により公表しなければならない。

2　前項の告示があつたときは，当該町村の議会の議員及び長の選挙権を有する者は，政令の定めるところにより，当該町村の区域内の町，字その他政令で定める基準に基く地域に属するその総数の5分の3以上の者の連署をもつて，その代表者（以下「代表者」という。）によつて町村長に対し当該地域に係る市町村の境界変更に関する意見を提出することができる。

3　前項の意見の提出があつたときは，町村長は，直ちにその要旨を公表しなければならない。

4　町村長は，第2項の意見を受理した日から60日以内に，その意見に当該町村の意見を附して都道府県知事に提出するとともに，あわせてその旨を代表者に通知しなければならない。

5　前項の期間内に同項の通知がないときは，代表者は，第2項の意見を都道府県知事に提出することができる。

6　地方自治法第74条第4項の規定は，第2項の議会の議員及び長の選挙権を有する者につき準用する。

第11条　地方自治法第8条の2第1項の規定による町村合併に関する都道府県知事の勧告が前条第2項の意見を採用している場合において，当該地域に係る市町村の境界変更に関し当該町村の議会が当該勧告と異なる議決をしたときは，町村長は，直ちにその要旨を告示し，且つ，公衆の見やすい方法により公表しなければならない。

2　前項の告示があつたときは，代表者は，政令の定めるところにより，当該町村の選挙管理委員会に対し，告示のあつた日から30日以内に，当該地域に係る市町村の境界変更に関し，これを当該地域内の選挙人の投票に付することを請求するこ

とができる。

3　選挙管理委員会は，前項の請求があつたときは，政令の定めるところにより，請求のあつた日から30日以内に同項の投票に付さなければならない。

4　前項の投票において，選挙人の5分の4以上の賛成があつたときは，当該投票は，当該地域に係る市町村の境界変更に関する当該町村の議会の議決に代る効力を有する。

（町村合併に関する内閣総理大臣の処分）

第33条　町村合併に関する地方自治法第7条第1項の申請があつた場合において，都道府県知事が当該申請の日から6箇月以内に同項の規定による処分を行わないときは，関係町村は，議会の議決を経て当該期間の経過後6箇月以内に内閣総理大臣に対し審査の請求をすることができる。

2　前項の規定による請求があつたときは，自治庁長官は，当該都道府県知事について当該事件に関する事情を聴取するとともに，参与の意見を聴いた後その意見を附して，これを内閣総理大臣に上申するものとする。

3　内閣総理大臣は，審査の結果当該都道府県知事が処分を行わないことが町村合併による町村の規模の適正化の趣旨に反すると認めるときは，地方自治法第7条第1項の規定にかかわらず，自ら当該申請に係る町村の廃置分合又は境界変更の処分を行うことができる。

4　前項の規定による処分をしたときは，内閣総理大臣は，直ちにその旨を告示するとともに，これを国の関係行政機関の長に通知しなければならない。

5　第3項の規定による処分は，前項の規定による告示によりその効力を生ずる。

6　地方自治法の適用については，第3項の規定による処分は，同法第7条第1項の規定による処分とみなす。

7　前6項の規定は，この法律の適用又は準用を受けない市町村の廃置分合で町村の数の減少を伴うものについても適用があるものとする。

町村合併促進法の一部を改正する法律　法律287号（昭和28年12月14日）

町村合併促進法（昭和28年法律第258号）の一部を次のように改正する。

　　第11条の次に次の二条を加える。

　　　第11条の2　第10条第4項又は第5項の規定により提出された意見が都道府県の境界にわたる市町村の境界変更に関するものであるときは，都道府県知事は，直ちに当該意見を内閣総理大臣に提出するとともに，あわせてその旨を代

表者に通知しなければならない。

2　前項の規定による通知がないときは，代表者は，第10条第2項の意見を内閣総理大臣に提出することができる。

3　内閣総理大臣は，第1項又は前項の意見の提出があつたときは，関係のある市町村及び都道府県に対して，期限を定めて当該境界変更に関する意見を求めなければならない。

4　内閣総理大臣は，当該境界変更が市町村の区域を合理化するために必要であると認めるときは，関係のある市町村及び都道府県に対して，当該境界変更に関し勧告することができる。

5　前条の規定の適用については，前項の規定による市町村に対する勧告は，地方自治法第8条の2第1項の規定による町村合併に関する都道府県知事の勧告とみなす。

6　都道府県知事は，都道府県の境界にわたる市町村の境界変更に関し前条第5項の規定による届出を受理したときは，直ちに内閣総理大臣に報告しなければならない。

7　前条第4項の規定により都道府県の境界にわたる市町村の境界変更に関する議会の議決に代る効力を有する投票の結果が確定したときは，当該地域に係る市町村の境界変更に関し地方自治法第7条第3項の規定による当該町村の申請があつたものとみなす。

8　第3項の市町村及び都道府県の意見については，当該市町村又は当該都道府県の議会の議決を経なければならない。

（都道府県の議会の議員の選挙区に関する特例）

第11条の3　〔略〕

第33条第1項中「6箇月」を「4箇月」に改め，同条第3項中「処分を行うことができる。」の下に「この場合において，当該処分が郡の境界にわたつて町村を設置するものであるときは，内閣総理大臣は，あわせて当該町村の属すべき郡の区域を定めるものとする。」を加え，同条第6項中「第3項」を「第3項前段」に改める。

第4章中第33条の次に次の一条を加える。

（町村合併による都道府県の境界にわたる町村の設置に関する内閣総理大臣の処分）

第33条の2　町村合併による都道府県の境界にわたる町村の設置は，関係のある町村及び都道府県の申請に基き，内閣総理大臣が定める。この場合におい

ては，内閣総理大臣は，あわせて合併町村の属すべき都道府県及び郡の区域を
定めるものとする。

2　前項の規定により内閣総理大臣が合併町村の属すべき都道府県及び郡の区域
を定めたときは，関係のある都道府県及び郡の境界は，これに伴い変更するも
のとする。

3　第1項の申請については，当該町村又は当該都道府県の議会の議決を経なけ
ればならない。

4　第1項の規定による町村の設置に関する関係町村の申請があつた日から4箇
月以内に関係のある都道府県の当該町村合併に関する申請がないときは，自
治庁長官は，期限を定めて関係のある都道府県の意見を求めるとともに，参与
の意見を聴いた後その意見を附してこれを内閣総理大臣に上申するものとす
る。

5　前項の場合において，内閣総理大臣は，関係町村の申請に係る町村合併が町
村の規模の適正化の趣旨に適合すると認めるときは，第1項の規定にかかわら
ず，関係町村の申請のみに基いて，当該町村合併の処分を行うことができる。

6　第4項の都道府県の意見については，当該都道府県の議会の議決を経なけれ
ばならない。

7　地方自治法の適用については，第1項又は第5項の規定による処分は，同法第
7条第3項の規定による処分とみなす。

8　前4項の規定は，都道府県の境界にわたる町村の境界の変更に関し地方自治
法第7条第3項の規定による関係町村の申請があつた日から4箇月以内に関係
のある都道府県のこれに関する申請がない場合に準用する。

町村合併促進法の一部を改正する法律　法律79号（昭和29年4月30日）

町村合併促進法（昭和28年法律第258号）の一部を次のように改正する。

第10条第2項中『（以下「代表者」という。）』を『（以下第11条の2までにおいて単
に「代表者」という。）』に改め，「意見を提出することができる。」の下に次のように
加える。

当該町村が他の都道府県内の町村に隣接するときは，当該隣接町村の議会の議員
及び長の選挙権を有する者も，また同様の手続により，当該町村と当該隣接町村とに
係る境界変更に関する意見をその属する町村の長に対し提出することができる。

第11条第2項中「前項の告示があつたときは，」を「前項の告示があつたとき，又は
同項の勧告がされた後4箇月以内に当該町村の議会が当該勧告に係る市町村の境界

変更に関し議決をしないときは，」に改め，「告示のあつた日」の下に「又は当該四箇月を経過した日」を加える。

　第11条の3を第11条の5とし，第11条の2の次に次の二条を加える。

　　第11条の3　都道府県知事は，町村合併が行われた後，特に必要があると認めるときは，町村合併促進審議会の意見を聴いて，合併町村の一部の地域に係る市町村の境界変更に関し，地方自治法第8条の2第1項の規定により，当該合併町村その他の関係市町村に対し勧告をすることができる。

　　2　前項の勧告があつた場合において合併町村の議会が当該地域に係る市町村の境界変更に関し当該勧告と異なる議決をしたときは，合併町村の長は，直ちにその要旨を告示し，且つ，公衆の見やすい方法により公表しなければならない。

　　3　前項の告示があつたとき，又は第1項の勧告がされた後4箇月以内に合併町村の議会が当該地域に係る市町村の境界変更に関し議決をしないときは，合併町村の議会の議員及び長の選挙権を有する者は，政令の定めるところにより，当該勧告に係る地域に属するその総数の5分の3以上の者の連署をもつて，その代表者によつて，合併町村の選挙管理委員会に対し，告示のあつた日又は当該4箇月を経過した日から30日以内に，当該地域に係る市町村の境界変更に関し，これを当該地域内の選挙人の投票に付することを請求することができる。

　　4　地方自治法第74条第4項の規定は前項の議会の議員及び長の選挙権を有する者につき，第11条第3項から第7項までの規定は前項の投票につき準用する。

　　第11条の4　第11条第1項，第11条の2第4項又は前条第1項の勧告に基く市町村の境界変更による町村の区域の変動は，町村合併に伴う町村の区域の変動とみなす。

町村合併促進法の一部を改正する法律　法律226号（昭和29年12月16日）

　町村合併促進法（昭和28年法律第258号）の一部を次のように改正する。第11条第4項中「選挙人の5分の4」を「有効投票の3分の2」に改める。

　第11条の3第1項中「町村合併が行われた後，」を削り，「合併町村」を「合併町村又は合併関係町村」に，「当該合併町村」を「当該町村」に改め，同条第2項中「合併町村の議会」を「当該合併町村又は合併関係町村の議会」に，「合併町村の長」を「当該町村の長」に改め，同条第3項中「4箇月」を「30日」に，「合併町村の議会が」を「当該合併町村又は合併関係町村の議会が」に，「合併町村の議会の議員及び長の選挙権を有する者は，政令の定めるところにより，当該勧告に係る地域に属するその総数の5

分の3以上の者の連署をもつて，その代表者によつて，合併町村」を「都道府県知事は，町村合併促進審議会の意見を聴いて，当該町村」に改め，同条第4項を次のように改める。

　　4　第11条第3項から第7項までの規定は，前項の投票につき準用する。

　町村合併促進法は，その名の通り，町村の合併を促進するための法律である。住民投票制度は，「市町村の境界変更の特例」という表題で分村・分町の手続において認められている。すなわち，合併しようとする町村の中の特定の地域・部落が別の町村へ編入を希望する場合の手続の中で認められている。10条が地域・部落の意見表明の手続を規定し，11条が住民投票の手続を規定する。すなわち，①県の合併計画について，知事が市町村の意見を求め，市町村長がそれを告示したときに，地域の有権者住民がその5分の3の署名で分離を表明し（10条），②知事の合併案の勧告の中で，右意見が採用されているにも関わらず，当該市町村議会がこの意見を採用しない議決をし，これが告示された場合で（11条1項），③住民から当該選挙管理委員会に対し，境界変更について当該地域の有権者の住民投票の実施を求めることができる（11条2項），④住民投票において，有権者の5分の4以上の賛成があれば，境界変更に関する議会の議決とみなされる（11条4項）。知事が住民の意見を採用することが前提となっていることから，分離独立の意見もそれなりの合理性を有することが必要であり，また，住民投票で有権者の5分の4の賛成を得ることも困難であることから，「ほとんど部落民がこぞって境界変更を望む場合に始めて成り立ち得るものと考えられる[13]」と評されていた。さらに，前述した分離独立の道は保障されていない。すなわち，元の町村から分離はできるが，別の町村と合併することが必要であり，別の町村がこれを受け入れることが前提となっている。また，32条及び33条は，当該町村とその属する都道府県の意見が異なる場合の調整を規定する。

　1953（昭和28）年12月の改正により挿入された11条の2は，都道府県の境界に関わる市町村合併についての分村・分町手続を規定したものである。地域・部落の分離の意見が当該市町村や都道府県に採用されない場合に，内閣総理大

13）林忠雄「町村合併促進法の解説」自治研究29巻（1953年）9号46頁，林忠雄『町村合併の諸問題と町村合併促進法逐条解説』（柏書房，1954年）149頁。この言葉は直接には住民投票についてのものである。

臣が上の意見を採用した合併について勧告を出したときに，当該地域住民から住民投票を求めることができるのである。そして，11条の2に対応して，県境に係る市町村合併について，内閣総理大臣の権限を整備した33条の2を創設している。

1954（昭和29）年4月の改正では，分村，分町を希望する区域・部落が都道府県の境界を越えて町村と合併したい場合に，その意見はそれが所属する町村，当該都道府県に提出するのが通例であるが，所属の町村と都道府県はその意見を取り上げないことが多いため，相手先の町村の所属する都道府県知事に提出できることになった（10条2項後段）。ただ，この意見は所属町村に対して行うことになる[14]。この場合，総理大臣が適当と認めれば，住民投票に至ることとなる。また，知事が地域・部落の意見に沿った勧告をした場合に，当該町村議会が異なる意見を出せば，住民投票を請求できるが，町村議会が知事の意見を無視し議決をしないことも多く，この場合には住民投票は行われない。そこで，勧告を受けてから4カ月が経過しても議会が議決しない場合にも住民投票を請求することができることとなった（11条2項）。さらに，合併に反対する住民たちを抑えるため，取り敢えず合併をしてその後に分村又は分町を考えてはという提案を知事が行うことがあったが，これについて法的根拠が明確でなかったので，今回の改正で11条の3でその根拠を与えたものである。

次に，1954（昭和29）年12月の改正[15]では，境界変更，分村・分町の手続を容易にしている。すなわち，第一に，住民投票の要件を有権者ではなく，有効投

14）林忠雄『町村合併の諸問題と町村合併促進法〔改訂版〕』（柏林書房，1954年）165〜166頁。

15）該当箇所についての，昭和29年12月6日の参議院地方行政委員会における伊藤芳雄委員の改正理由の説明は以下である。「先ず第一は，市町村の一部の境界変更，いわゆる分村に関する手続をより合理的にしようということであります。町村合併の実施に当り，往々にしていわゆる分村に関する一部の地域住民の要望と関係町村議会との間に意見の食い違いが見られ，且つ，これをめぐつて紛争の事例が少くない実情に鑑みまして，この際地方の具体的実情と関係住民の福祉とに鑑み，必要と認められる境界変更に関する手続を容易にして，町村合併が円滑に行われるようにしようというのであります。即ち，境界変更については，現行法では住民投票において有権者の5分の4の賛成を必要とするのでありますが，これを引き下げ，有効投票の3分の2で足るものといたしますと共に，境界変更について都道府県知事も町村合併促進審議会の意見を聞いて勧告した場合においては，従前の住民の連署の手続を要しないものとし，且つ，このような特例を合併後だけではなく合併の途中においても認めようとするものであります。」

票の3分の2に引き下げている。そして，従来，住民投票を行うのに，住民の署名を必要としていたが，この手続を省略したのである[16]。

　町村合併促進法の下で，境界変更（分村，分町）の手続と住民投票が行われた実態については，それほど明らかにされてはいないが，合併した市町村において199件の分離の要求があり，知事の勧告が80件，その内41件は自主的に境界変更を行ったものであり，39件は住民投票に付せられたものであり，その内「収拾すべからざる状況」にあるものが1，2に止まらないという報告がある[17]。他方，鹿谷雄一は，住民投票は少なくとも64件（45町村）実施されたとする[18]。

3　新市町村建設促進法（1956（昭和31）年法律164号）の分町・分村手続の中の住民投票制度

　3つ目の住民投票制度は「新市町村建設促進法」に規定されているが，合併調整委員の斡旋及び調停の規定を除いて，前述の町村合併特例法の制度をほぼ踏襲している。該当する条文について2回改正がなされている。

第5章　町村合併に伴う争論の処理及び未合併町村の町村合併の推進
（町村合併に伴う争論のあつせん，調停及び裁定）
第26条　都道府県知事は，町村合併に伴い市町村の名称，事務所の位置，財産処分等に関し争論がある場合においては，この法律に特別の定のあるものを除くほか，争論の解決のため，町村合併調整委員にあつせんを行わせ，又はこれをその調停に付することができる。
2　町村合併調整委員は，5人以内とし，都道府県知事が新市町村建設促進審議会の委員のうちから任命する。
3　町村合併調整委員は，調停案を作成して，これを当事者に示し，その受諾を勧告するとともに，その調停案に理由を付けて公表することができる。
4　第1項の調停は，当事者が調停案を受諾して，その旨を記載した文書を都道府県知事に提出した時に成立するものとする。
5　町村合併調整委員は，第1項の規定によるあつせん又は調停による解決の見込がないと認めるときは，あつせん又は調停を打ち切り，その経過を都道府県知事に報

16）中村啓一「町村合併促進法の一部改正について」自治時報8巻（1955年）1号40頁。
17）宮沢弘「町村合併の現状」自治時報8巻（1955年）12号18頁～19頁。
18）鹿谷雄一・前掲注5）「住民投票の歴史的展開」73頁。

告するものとする。

6 都道府県知事は，前項の規定による報告を受けた場合において，当該市町村の一体性を保持しその運営の正常化を図るため特に必要があると認めるときに限り，町村合併調整委員の意見をきいて当該争論の裁定をすることができる。

7 前項の規定による裁定は，文書をもつてし，その理由を付けて当事者に交付するとともに，都道府県知事がその要旨を告示しなければならない。

8 第1項の争論に係る市町村の名称，事務所の位置又は財産処分について第6項の規定による裁定があつたときは，それぞれ地方自治法（昭和22年法律第67号）の規定による市町村の名称，事務所の位置又は財産処分についての関係市町村の条例の制定，議会の議決又は長の処分があつたものとみなし，その効力は，前項の規定による告示により生ずる。

9 第1項から第7項までの規定は，町村合併に関し市町村の名称，事務所の位置又は財産処分について争論がある場合に準用する。この場合において，第6項中「市町村の一体性を保持しその運営の正常化を図るため」とあるのは，「未合併町村の町村合併を推進するため」と読み替えるものとする。

（市町村の境界変更に関するあつせん，調停及び投票）

第27条 都道府県知事は，新市町村の区域のうち従前の市町村の一部の地域又は新市町村に隣接する市町村の一部の地域に係る市町村の境界変更で新市町村とこれに隣接する市町村との間におけるものに関し争論があり，かつ，そのため関係市町村の一体性又はその相互の間の正常な関係が著しくそこなわれていると認めるときは，昭和32年3月31日までの間は，町村合併調整委員にあつせんを行わせ，又はこれをその調停に付することができる。

2 前条第3項及び第4項の規定は前項の調停につき，同条第5項の規定は前項のあつせん又は調停につき，それぞれ準用する。この場合において，同条第3項及び第4項中「当事者」とあるのは，「関係市町村」と読み替えるものとする。

3 前項の規定において準用する前条第4項の規定により第1項の調停が成立した場合において，当該調停において関係市町村の境界変更を行うものとされているときは，当該境界変更について地方自治法第7条第1項の規定による関係市町村の申請があつたものとみなす。

4 第2項の規定において準用する前条第4項の規定により第1項の調停が成立した場合において，当該調停において関係市町村の境界変更を当該地域内の選挙人の投票に基いて定めるものとされているときは，都道府県知事は，当該境界変更に関し，これを選挙人の投票に付することを当該市町村の選挙管理委員会に対し請求

するものとする。

5　都道府県知事は，第2項の規定において準用する前条第5項の規定による報告を受けた場合において，地勢，交通，経済事情その他の事情に照らし，当該地域に係る市町村の境界変更をその地域内の選挙人の投票に基いて定めることが適当であると認めるときは，新市町村建設促進審議会の意見をきき，境界変更に関し投票を行うべき区域を示して，これを当該区域内の選挙人の投票に付することを当該市町村の選挙管理委員会に対し請求することができる。

6　市町村の選挙管理委員会は，第4項又は前項の請求があつたときは，政令で定めるところにより，請求のあつた日から30日以内に第4項又は前項の投票に付さなければならない。

7　第4項又は第5項の請求があつた日から30日以内に前項の投票が行われなかつたときは，前項の規定にかかわらず，都道府県の選挙管理委員会は，都道府県知事の請求に基き，政令で定めるところにより，当該請求のあつた日から30日以内に当該請求に基く区域に係る市町村の境界変更に関し，これをその区域内の選挙人の投票に付さなければならない。

8　都道府県知事は，前項の請求については，あらかじめ内閣総理大臣に協議した上投票を行うべき区域を示して，第4項又は第5項の請求があつた日から90日以内にこれを行わなければならない。

9　市町村の選挙管理委員会又は都道府県の選挙管理委員会は，それぞれ第6項又は第7項の投票の結果が判明したときは，直ちにこれを告示するとともに，都道府県知事に届け出なければならない。

10　第6項又は第7項の投票において当該区域に係る市町村の境界変更につき有効投票の3分の2以上の賛成があつた場合において，前項の規定による届出があつたときは，当該区域に係る市町村の境界変更に関し地方自治法第7条第1項の規定による関係市町村の申請があつたものとみなす。

11　政令で特別の定をするものを除くほか，公職選挙法（昭和25年法律第100号）中普通地方公共団体の議会の議員の選挙に関する規定（罰則を含む。）は，第6項及び第7項の投票につき準用する。

12　第3項の規定によりみなされる申請又は第6項若しくは第7項の投票に基く市町村の境界変更による市町村の区域の変動があつた場合には，その市町村の区域の変動を町村合併に伴う町村の区域の変動とみなして，町村合併促進法第20条の規定を準用する。

13　内閣総理大臣は，都道府県の境界にわたる市町村の境界変更については，第1項，

第4項又は第5項の規定の例により，あつせん，調停又は投票の請求をすることができる。この場合においては，政令で特別の定をするものを除くほか，前条第2項から第5項までの規定並びに第3項及び第6項から前項までの規定を準用する。

（町村合併に関する都道府県知事の勧告等）

第28条　都道府県知事は，未合併町村の規模が適正を欠き，かつ，地勢，交通，経済事情その他の事情に照らし，町村合併を行うことが関係市町村の基礎的な地方公共団体としての機能の充分な発揮と住民の福祉の増進のため必要であると認めるときは，昭和32年3月31日までの間において，新市町村建設促進審議会の意見をきき，内閣総理大臣に協議して，あらたに当該市町村に係る町村合併に関する計画を定め，これを関係市町村に勧告しなければならない。

2　都道府県知事は，前項の勧告をした日から90日以内に当該勧告を受けた市町村から当該勧告に基く町村合併に関する地方自治法第7条第1項の規定による申請がない場合において，特に必要があると認めるときは，新市町村建設促進審議会の意見をきいて，当該市町村に係る町村合併に関し，投票を行うべき区域を示して，これを当該市町村又その一部の区域内の選挙人の投票に付することを当該市町村の選挙管理委員会に対し請求することができる。

3　前条第6項から第11項までの規定は，前項の投票につき準用する。この場合において，同条第6項中「第4項又は前項」とあるのは「第28条第2項」と，同条第7項中「第4項又は第5項」とあるのは「第28条第2項」と，「市町村の境界変更」とあるのは「町村合併」と，同条第8項中「第4項又は第5項」とあるのは「第28条第2項」と，同条第10項中「市町村の境界変更につき有効投票の3分の2以上」とあるのは「町村合併につき選挙人の過半数」と，「市町村の境界変更に関し」とあるのは「町村合併に関し」と，「関係市町村」とあるのは「当該市町村」と読み替えるものとする。

4　第1項の勧告又は第2項の投票に基く町村合併については，町村合併促進法第11条の6，第18条から第20条の2まで，第22条から第23条の2まで及び第24条の規定の例による。この場合においては，新市町村建設促進審議会の意見をもつて同法第23条の2第2項及び第4項の町村合併促進審議会の意見に代えるものとする。

5　第1項の勧告又は第2項の投票に基いて町村合併が行われた場合において，当該町村合併により設置され，又は他の市町村の区域の全部若しくは一部を編入した市町村が，町村合併促進法第6条の規定の例により，町村合併に伴い必要な市町村の建設に関する計画を定めたときは，当該市町村の建設に関する計画を新市町村建設計画と，その計画の実施に当る市町村を新市町村とみなして，この法律の規定を適用する。

（町村合併に関する内閣総理大臣の勧告等）

第29条　内閣総理大臣は，前条第1項の勧告を受けた市町村で当該勧告を受けた日から4箇月以内に町村合併を行わないものがある場合において，都道府県知事の申請があつたときは，中央審議会の意見をきいて，関係市町村に対して町村合併の勧告をすることができる。

2　前項の規定による内閣総理大臣の勧告があつた場合において，当該町村がなお町村合併を行わないときは，小規模町村であることにより行われる国の財政上の援助措置は，当該町村については行われないことがあるものとする。

3　前条第1項の勧告を受けた市町村に係る町村合併に関し地方自治法第7条第1項の申請があつた日から4箇月以内に同項の規定による都道府県知事の処分が行われない場合においては，内閣総理大臣は，同項の規定にかかわらず，中央審議会の意見をきいて，関係市町村の規模を適正化するため特に必要があると認めるときに限り，政令で定めるところにより，当該申請に係る町村合併の処分を行うことができる。この場合において，当該処分が郡の境界にわたつて町村を設置するものであるときは，内閣総理大臣は，あわせて当該町村の属すべき郡の区域を定めるものとする。

4　内閣総理大臣は，前項の規定による処分をしたときは，直ちにその旨を告示するとともに，これを国の関係行政機関の長に通知しなければならない。

5　第3項の規定による処分は，前項の規定による告示によりその効力を生ずる。

6　第3項前段の規定による処分は，地方自治法第7条第1項の規定による処分とみなし，第3項後段の規定による処分は，同法第259条第3項の規定による処分とみなす。

7　前条第4項及び第5項の規定は，第1項の勧告に基く町村合併及び第3項前段の規定による処分に基く町村合併につき準用する。

8　第3項，第6項及び前項の規定は，地方自治法第7条第3項の規定による関係市町村の申請があつた日から4箇月以内に同項の規定による関係都道府県の申請が行われない場合に準用する。この場合において，第3項中「同項の規定にかかわらず」とあるのは「地方自治法第7条第3項の規定にかかわらず」と，「町村合併の処分」とあるのは「境界の変更の処分」と，第6項中「第7条第1項」とあるのは「第7条第3項」と，第7項中「町村合併」とあるのは「境界の変更」と読み替えるものとする。

新市町村建設促進法の一部を改正する法律　法律172号（昭和33年12月1日）

新市町村建設促進法（昭和31年法律第164号）の一部を次のように改正する。

第27条第13項中「都道府県の境界にわたる市町村の境界変更については，」の下に「昭和34年3月31日までの間において，」を加える。第27条の次に次の一条を加える。

　　第27条の2　都道府県知事は，第29条の2第1項の規定による町村合併に関する
　　計画の変更に伴い，新市町村の区域のうち従前の市町村の一部の地域又は新
　　市町村に隣接する市町村の一部の地域に係る市町村の境界変更で新市町村と
　　これに隣接する市町村との間におけるものに関し争論が生じた場合において，
　　特に必要があると認めるときは，昭和34年3月31日までの間は，町村合併調
　　整委員にあつせんを行わせ，又はこれをその調停に付することができる。第
　　30条の2の規定により新市町村とみなされる市町村（以下本項中「新市町村」
　　という。）の区域のうち従前の市町村の一部の地域又は当該新市町村に隣接す
　　る市町村の一部の地域に係る市町村の境界変更で当該新市町村とこれに隣接
　　する市町村との間におけるものに関し争論が生じた場合においても，また同
　　様とする。

　　2　前項の場合においては，同項のあつせん又は調停を前条第1項のあつせん又
　　は調停とみなして，同条第2項から第12項までの規定を適用する。

（町村合併に関する都道府県知事の勧告の変更等）
第29条の2　都道府県知事は，第28条第1項の勧告をした計画について，その後の事
　情の変更により特に必要があると認めるときは，昭和34年3月31日までの間にお
　いて，新市町村建設促進審議会の意見をきき，内閣総理大臣に協議して，同項の勧
　告をした計画を変更し，これを関係市町村に勧告することができる。
2　前項の場合においては，同項の勧告を第28条第1項の勧告とみなして，同条第2
　項から第5項まで及び前条第1項から第7項までの規定を適用する。

新市町村建設促進法の一部を改正する法律　法律98号（昭和36年5月30日）

　新市町村建設促進法（昭和31年法律第164号）の一部を次のように改正する。

　附則第2項本文中「その他の規定は，この法律の施行（略）の日から起算して5箇年
を経過した時にその効力を失う」を「第12条第1項及び第5章の規定（略）は，この法
律の施行（略）の日から起算して5箇年を経過した時に，その他の規定は，この法律
の施行の日から起算して10箇年を経過した時にその効力を失う」に改め，同項ただ
し書を次のように改める。

　ただし，この法律の施行の日から起算して5箇年を経過した時までに第27条又は
第27条の2の規定により町村合併調整委員の調停に付された市町村の境界変更に関

する争論でその時までに解決していないものについては，第27条の規定（同条にお
いて準用される規定を含む。）又は第27条の2の規定（同条において適用される規定
及び当該適用される規定により準用される規定を含む。）は，その時以後も，なおそ
の効力を有するものとし，
──以下略──。

この法律の目的は3つであり，町村合併促進法によって合併した市町村の育
成強化を図ることを主たる目的し，そして，また合併しなかった市町村の合併
を推進することをも目的とし，さらに，合併に際しての住民間の争いの処理を
目的としている。住民投票制度が認められているのは，合併を推進する目的の
ための28条，そして，合併に伴う争論を治める27条との2つの場合である。最
初に後者からみていくことにする。27条の住民投票制度は，知事による場合と
内閣総理大臣による場合の2つがある。ところで，合併に伴う争論の処理につ
いては26条がその前提となっている。26条では，合併に伴う争論を解決する合
併調整委員をおき，争論について右委員によるあっせん又は調停を規定する。
そして，あっせん又は調停で解決できない場合を想定して，知事の裁定を規定
する。こうした制度が設けられたのは，「従来，都道府県の当局では，事実上
色々とあっせんもしてきたところであり，また事柄によっては，自治紛争処理
委員の調停に付されて解決が図られてきた。しかし，このような事実上のあっ
せんや，自治体相互の間の紛争調停制度では，合併に伴う紛争を早期に合理的
に処理するためには充分でないし，時には不適当な場合もあるので，町村合併
調整委員によるあっせん，調停及び都道府県知事の裁定の制度を新たに設ける
こととされたのである[19]」。そして，27条の住民投票は，成立した調停案で境
界変更が住民の投票で定めると決められている場合（4項）又は合併調整委員が
あっせん又は調停の見込みがないと知事に報告し，知事が「地勢，交通，経済事
情その他の事情に照らし，当該地域に係る市町村の境界変更をその地域内の選
挙人の投票に基づいて定めることが適当であると認めるときは，新市町村建設
促進審議会の意見をきき」行われる（5項）。知事は，住民投票を行う場合には
当該市町村選挙管理委員会に請求するが，住民投票が執行されない場合には，

19）中村啓一「新市町村建設促進法の概要下」自治時報9巻（1956年）7号51頁。

総理大臣と協議した上で都道府県選挙管理委員会に住民投票の執行を求めることができる（7項，8項）。そして，住民投票で，「有効投票の3分の2以上の賛成」で地方自治法7条1項の関係市町村の申請があったとみなされる（10項）。関係市町村には受け入れ側の市町村も含まれるので，後者の同意も必要ではないことに注意を要する。いままで，住民のサイドのイニシアチブにより住民投票が行われてきたが，この法律においては，そうではなく合併調停委員又は知事の判断により行われる受動的な住民投票といえる。こうした制度を採った理由は，町村合併促進法の合併に伴う争論についてどうやら住民主体の署名による意見表明制度が利用されてこなかったことがその理由とされている[20]。なお，内閣総理大臣は，都道府県の県境にわたる市町村の境界変更については前述の知事と同様の権限を行使することができる（13項）が，この場合にも住民投票が選択される場合がある。なお，以上の変更は，町村合併促進法の3回にわたる改正で導入されたものである。そして，28条により知事が未合併町村について合併計画を定め関係市町村に対して勧告する場合に採用される住民投票も同じ受動的住民投票である。すなわち，知事の勧告を受けた関係市町村が地方自治法7条1項による申請をしない場合に，知事は，「特に必要があると認めるとき」新市町村建設促進審議会の意見をきいて，当該市町村の区域について住民投票を実施することができるのである。この住民投票については27条の規定が準用されるが，投票の要件について「有効投票の3分の2以上」は「選挙人の過半数」に緩和されている。これは投票結果を「当該市町村の申請とみなす」ということで，受け入れ側市町村の同意が必要とされるからである（28条3項）。

　1958（昭和33）年の改正で境界変更に関わる理由は，合併に関わる争論につい

20）この点について，内山鐵男は次のように述べている。「いわゆる分村問題の処理に関しては，町村合併促進法にもその手続を定めているのであるが，同法の手続の内，合併前の市町村における代表者の請求に始まる分村手続の規定（同法10条から11条の2まで）は余り利用されず，大部分の府県においては，合併後の市町村における知事の勧告による分村の規定（同法第11条の3）によって問題を処理していた。しかし，知事の勧告による分村の規定にも再検討すべき点が少なくないので，本条は，町村合併調整委員によるあっせん，調停及びこれに基づく知事の投票請求の規定を設け，投票の手続及び効果についても，従来の方式に修正を加えたのである」（内山鐵男「新市町村建設促進法の成立とその運営──新市町村建設促進法の逐条解説」自治研究32巻6号（1956年）88頁）。

て合併調整委員のあっせん又は調停に付することができる最終期限が1957（昭和32）年3月31日であるが，まだ100件ぐらいが未解決の状態にあるので，1959（昭和34）年3月31日まであっせん又は調停をできることにしたということである[21]。さらに，1961（昭和36）年の改正では，同じように，調停に付されている事案については，その解決を期すため5年間関係規定の適用が延長されたということである。

　合併を企画，実施する都道府県や市町村には，法規定以外にも事実上拘束するものがあった。それは自治庁から出された通達であった。「今後における町村合併の推進の措置について（昭和31年10月18日自乙振発第49号，各都道府県知事あて自治庁次長通達）[22]」では，以下のように住民投票制度の取扱が指示されていた。住民投票制度の前提となる知事の勧告と比較する必要があるので，知事の勧告についての部分からみていくことにする。

　　二　都道府県知事の勧告
　　　3　勧告を行ったときは，都道府県知事は，関係地域住民の啓発宣伝に努め，関係市町村間の積極的なあっせんを行い，要するに法26条第9項の規定により町村合併調整委員にあっせん又は調停を行わせる等，あらゆる努力をつくして関係市町村の円満な合意による自主的な町村合併の達成をはからなければならないこと。
　　三　町村合併に関する選挙人の投票
　　　1　投票を行うについては，当該町村合併に関する啓発宣伝を充分に行った上，住民一般の動向を考察し，新市町村建設促進審議会の意見をきいて，この際選挙人の投票によって事を処理することが最も適当であると認められる場合において行うように特に配慮すること。
　　　2　投票の請求は，当該町村合併の形式（新設または編入）及び新設合併にあっては名称を明らかにして行うものとすること。──略──

---

21) 内山鉄男によれば，昭和32年3月31日時点で全国に発生していた境界変更の争論は353件で，その内280があっせん又は調停に付され，昭和33年5月30日時点で解決したものが116件，あっせん又は調停が打ち切られたもの50件（このうち投票等により解決したもの30件），あっせん又は調停が継続中のものが114件である。参照，内山鉄男「新市町村建設促進法の一部改正法案の概要」地方自治131号（1958年）36～37頁。
22) 京都府総合資料館『京都府市町村合併史』（京都府，1968年）410頁以下。

3　市町村の選挙管理委員会が投票を執行しない場合においては，都道府県の選挙管理委員会に対して投票の請求をすることが予想され，この場合は内閣総理大臣に協議することになっているので，市町村の選挙管理委員会に対して投票を請求する場合においても，事前に当庁に打ち合わせするように配慮されたい。

　これらの指示からは，調停委員によるあっせん又は調停による合意が円満な合意であり，住民投票制度は円満な合意による自主的な合併の方策ではないというように読み取れるのである。しかも，住民投票の請求は一々自治庁に報告しなければならないのである。また，「未合併町村の合併推進措置について（昭和32年4月25日自乙発第40号各都道府県知事あて自治庁次長通達）[23]」にも同じような文言があるのである。

　ところで，合併計画を定める都道府県によっても住民投票制度の取扱は異なるようである。例えば，京都府は，知事の勧告を受けた市町村から合併の申請がない場合に，勧告後90日を過ぎたときの取り扱いにおいて，住民投票を請求するか又は内閣総理大臣に勧告を申請するか審議会の意見を聴いた結果，住民投票を選択している。「未合併町村の合併推進策についてあくまで住民の意思を尊重することとし，手段方法としては住民投票により住民の意思によって進めること，内閣総理大臣の勧告請求は避けるものとする」。その結果，京都府では，未合併町村の合併推進措置としての内閣総理大臣の勧告は行われなかったとのことである[24]。

　新市町村建設促進法下における，分村及び分町さらには住民投票制度の実施状況が問題となるが，これについて資料はないようであり，住民投票の実施についてだけ102件（71市町村）という鹿谷雄一の指摘[25]がある。

Ⅱ　昭和の合併における分村，分町と住民投票制度の実態

　以下では，昭和の合併における，合併に係る争論についての具体的な処理を

23）ただし，町村合併に関する選挙人の投票には「町村合併の可否を選挙人の投票によって決定することは，自治体意思決定主義の議会主義の特例制度であるので，その運用には特に慎重を期するものとし，」が付け加わっている。参照，京都府総合資料館・前掲注22）415頁。
24）京都府総合資料館・前掲注22）418～419頁。
25）鹿谷雄一・前掲注5）「住民投票の歴史的展開」74頁。

住民投票制度が使われた事案を中心に実態分析を行うことにする。

1 兵庫県

　最初に，兵庫県についてみていくことにする[26]。兵庫県下では，1954（昭和29）年4月12日の町村合併促進審議会が作成した町村合併計画案に基づいて町村合併計画を作成し，合併を進める。この場合，分町・分村が一番問題となるのであるが，同審議会は，「分村を必要とする合理的な理由があるものについては分村を認めるべきと考えた。しかしながら分村は町村合併にからむ大きな問題であり，その影響するところも少なくない。したがって，真に已むをえないと認められる分村については個々の場合について別途考慮することにし，この計画には取り上げなかった」として，合併計画の中には積極的に取り上げなかったが，具体的な事例の中では合理的に処理するという態度をとったということである。現実に，町村合併促進審議会は，合併促進法の10条，11条及び11条の3を適用しなかったようである。合併は進められたが，その中で生じた紛争の処理は，1956（昭和31）年に施行された新町村建設促進法に持ち越されたようである。そして，新町村建設促進法26条及び27条の合併調整委員によるあっせん又は調停で処理されることになる。あっせん又は調停に付された争論は，その内容により，①役場の位置に関するもの　5，②境界変更（分村，分町）に関するもの　12，③合併条件に関するもの　1，の合計18であり，この内15件は合併調整委員のあっせん又は調停で解決している。解決できなかった役場の位置に関する争論については，勧告で示された調停案を当事者が1回で了承することは稀で，調停2回，さらには知事裁定にも及んでいる事例もある。

　1件だけ分町で決着が着いた事例があるので紹介しておく。淡路町は，県の合併計画に基づき1956（昭和31）年4月1日に津名郡岩屋町，同浦村，同仮屋町及び釜口村の4つが合併して設置されたのであるが，役場の位置に関して，岩屋町と，浦村，仮屋町及び釜口村（3地区）と意見が対立したが，覚書（本庁舎は当分の間岩屋町役場とし，新庁舎は新町の中心浦，仮屋の境界付近とする等）を作成し

26）以下の記述は，兵庫県総務部地方課『兵庫県市町村合併史上巻』（兵庫県，1962年）475〜540頁による。

合併が実現した。しかし，合併後，町長等岩屋派は，政治経済の中心の岩屋に役場を置くべきと主張し，条例案や新庁舎の予算などを計上したため，浦と仮屋がこれに反対し覚書通りに役場を設置しない場合には分町をするという決議を挙げ，釜口もこれに同調し，3地区の分町運動は滞納運動にまで発展した。調停は1958（昭和33）年10月から始まったが難航し，ようやく1959（昭和34）年7月に覚書の状態に戻すなど5項目の確認を求めたが，岩屋派は受諾したが，3地区は分町を前提として受諾しなかった。その後，岩屋派町長のリコールが起こり，リコール投票前に町長は辞任したが，選挙の結果前町長が再選された。1960（昭和35）年3月には，調停案（昭和35年度中に，本庁舎は旧浦村，仮屋町の境界付近に設置する等）が出され，岩屋派は岩屋に支所を設置する条件で受諾したが，3地区は町政事務を3地区に移転，町長の辞任や町名の改称などを主張して受諾しなかった。合併調整委員は，3地区の代表者を説得したがそれに失敗し，同年4月4日に調停を打ち切ることになった。知事は，分町による解決を模索し，結局岩屋派が示した分町条件（別所，谷山の全区域を岩屋に残すこと，その他3地区内の飛地分町を認めること，3地区の滞納分は完納すること，など）を3地区が認め，自治庁の飛地に対する反対があったが，1961（昭和36）年6月19日に3地区により東浦町が発足する。

　次に，分村・分町問題が争われた事例をみていく。事例は12であるが，このうち，住民投票が行われたのは4件であり，投票で分村・分町などの境界変更が認められたのが2件，投票により反対票が上回ったのが2件である。住民投票が行われず，調停により分村・分町が認められたのは6件である。合併調整委員が住民投票に付さなかった事例が多いのは，住民投票による解決は円満解決ではないということで避けられたためであり，この点では，政府の方針に従っているということであろう。また，事例により検証されるように，住民投票が行われるのは，分村・分町問題で長く対立が続いている事例である。

　それは住民投票が提示されたが実施されなかった上月町の大酒，小赤松地区の分町問題によく現れている。佐用郡においては，1955（昭和30）年3月25日に上郡町，高田村，鞍居村，船坂村と赤松村が合併し新たに上郡町が設置されたが，赤松村の大酒，小赤松等の地区は久崎町に編入された。その後，県は，上月町と久崎町の合併を推奨したが，上郡町が久崎町との合併を希望し運動を始め

た。そして，久崎町においては，上月合併派と上郡町合併派が対立し，町長は，住民投票を行って決着させようとしたが，「県は住民投票による現地の紛糾を避けるため住民投票の中止を説得し，」その間，対立が激化し，1956（昭和31）年9月には，町長や町会議員が総辞職する事態にいたった。しかし，県は，久崎町と上月町との合併を推進し，久崎町議会は，1957（昭和32）年2月13日に上月町と合併する決議をした結果，大酒，小赤松地区から分町し上郡町へ編入したいという運動が激しくなる。知事は，同年3月31日に合併調整委員の調停に付した。合併調整委員は，上月町にそのままとどまるのが妥当であるという調停案を提案し，これが受諾されない場合には知事職権による住民投票にかけることとした。その後，分町運動に陰りがみえ，2部落の地域振興を規定した覚書を関係町村が締結し，分町問題が解決した。

　次は，住民投票により分村が認められた事例を紹介しておこう。三原郡の倭文村は，県の案では，同郡の榎並村，八木村，神代村及び市村とともに合併することとされていたが，同村には同郡広田村との合併を望む者も多く，意見が分かれていた。その結果，結局倭文村を除く4カ村が合併し，1955（昭和30）年4月に三原村が設置される。倭文村当局は，1956（昭和31）年5月15日に広田村と合併協議会を設置し，9月4日には，広田村との合併を議決する。これに対し，流，高及び委文の3地区が分村して三原町との合併を推進する運動を開始し，両派は対立する。県は1957（昭和32）年3月に関係者を集めてあっせんを行うが失敗し，知事は，この問題を同年3月19日に合併調整委員の調停に付する。合併調整委員は，住民投票による決着が望ましいという調停案を作成し，当事者がこれを受諾したので，委文，流及び高の3地区で住民投票が実施される。その結果，それぞれで有効投票の3分の2の賛成があり，分村が認められる。

　次は，住民投票が行われたが，その結果分村が認められなかった事例である。宍粟郡の三河村は，県案では同郡の土万村と合併することとされていたが，村当局は佐用郡の徳久村，中安村との3村合併を企図していた。ただ，県案では，徳久村と中安村は，同郡の大広村と三日月村と合併するとされていたので，県は，三河村を含む3村合併には反対であった。しかし，大広村が三日月村と合併したので，3村は合併決議を行い，申請書を県に提出した。しかし，三河村は徳久村，中安村との3村合併で固まっているわけではなく，土万村との合併を

望む北部5地区（船越，河崎，上三河，中三河及び下三河）があり，3村合併を進める南部及び村当局と対立していた。県のあっせんにより調停が成立し，3村が合併し，1955（昭和30）年7月16日に南光町の設置が承認される。しかし，この調停には三河村の分村問題は県に一任するということになっており，南光町の設置には条件が付いていたのである。同年8月4日から分町派から分町の陳情が行われ，また，反対派からは分町は認めないということで，対立は激化する一方であった。県は，両当事者を呼んで説得を試みたが失敗し，その結果，1957（昭和32）年3月7日に合併調整委員の調停に付した。委員は，分町による境界変更は住民投票による，という調停案を作成し，これを当事者が認めたので，北部5地区で住民投票が行われた。しかし，有権者907，投票総数892，有効投票887，分町賛成540，反対347票であり，有効投票の3分の2に足りないということで境界変更はされなかった。

　次は越県合併の事案である[27]。岡山県日生町は1955（昭和30）年3月に日生町と福河村が合併して設置されたものである。そして，福河村の福浦地区は，経済的，交通上も赤穂市と繋がりが強いことから赤穂市との合併を望んでいたことから，合併決議においてこの問題は新町において処理されるという付帯決議が付されていた。福浦地区の分町運動は，具体的には1955（昭和30）年7月に日生町議会に提出した「赤穂市への越県合併実現要望書」から始まっている。その後，日生町の反対，岡山県議会の反対，それに対して，赤穂市議会の賛成，兵庫県議会の賛成と両県で対立が激化する。この問題には，兵庫岡山両県の漁業区域が関係しており，福浦地区の分町により，漁業区域が兵庫県側に移ることを岡山県側は心配したのである。この事案は1957（昭和32）年3月29日に新市町村建設促進法27条13項により調停に付された。政府の合併調整委員は，1961（昭和36）年3月に福浦地区の赤穂市への編入を住民福祉のためにやむを得ないとする調停案をまとめ，赤穂市がこれを受諾し日生町がこれを拒否し，その結果，調停は同年5月13日に打ち切られる。一方，自治省は，あっせんを続けるが，法律の失効が予定されていたことから5月18日には新市町村建設促進

---

27) 福浦町の越県合併については，兵庫県総務部地方課・前掲書26）によったが，岡山県『岡山県政史昭和戦後編（岡山県，1969年）190～196頁も参照した。とくに，昭和38年以降の記述は前者にはなかったので，後者に依拠している。

中央審議会から住民投票を請求することの答申を得る。答申には，「ただし，本紛争については，投票請求以外の方法によってできる限り円満な解決に努められたく，なお，やむをえず投票請求を行う場合においても，情勢に即応し，その時期等について万全の配慮を加えられたい」という条件が付いていたことから，また，新市町村建設促進法が改正され，調停に付されている案件には法律が失効しても当該条項が引き続いて適用されることになり，本事案にもこれが適用され，解決を急がなくてもよいことになった。そして，ようやく1963（昭和38）年5月下旬に，自治大臣が福浦の問題について「もはや時期の遷延を許さず，地元において話し合いによる解決がつかない場合は，住民投票によってでも問題の解決を図る」という強い意向を表明し，関係者が動くことになる。そして，「7月15日までに話し合いが纏まらなければ住民投票を請求する」という自治省の指示を受けて，両県の漁業区域について歩み寄りが続けられ，自治省から出された案が1963（昭和38）年7月17日に日生町議会と岡山県議会により承認され，他方，赤穂市議会，そして兵庫県では専決処分で承認され，紛争が解決する。

2　福井県

　次に，福井県の合併に関する紛争をみていくことにする。合併に関わる紛争として顕著なもの[28]は，県案に反対した合併1件，市制施行をめぐるもの1件，分村合併が1件，越県合併が1件の4件である。

　市制施行の紛争では，市制の施行について行政訴訟が提起され，処分の執行停止が地裁から認められたが，内閣総理大臣の異議が申し立てられた事案として有名である。県の合併案では，今立郡鯖江町，中河村，片上村と丹生郡豊村の4町村合併と今立郡神明町，丹生郡立待村，吉川村の3町村合併が計画されていたが，鯖江町は市制施行を目標として，これら6町村に働きかけ，その結果，1954（昭和29）年9月10日の関係町村会議で，7町村の合併を決め市の名称を鯖江市とすることを決定したが，合併の期日と市役所の位置については決まっていなかった。同年9月12日の会議では，鯖江町，中河村，豊村は市役所の位置

28）以下の記述は，福井県『福井県史通史編6　近現代2』（福井県，1996年）572～587頁に依拠している。

を鯖江町にすべきとし，他方，神明町，立待村，吉川村，片上村は名称を鯖江市とするのであるから市役所は神明町におくべきと主張し，この対立は，鯖江市の申請手続後にも続く。そして，鯖江町，中河村及び豊村は，1955（昭和30）年1月13日に鯖江市市制施行に対し無効等確認の訴えを提起し，同時に同処分の執行停止を申し立てた。これに対し，福井地裁は，1月14日に市としての市街地要件を満たしていないとして，執行停止を認める決定をした[29]が，同日，これに対して内閣総理大臣は，行政事件訴訟特例法10条2項に基づき異議を申し立て，その結果，福井地裁は右決定を取り消した。同月19日に本訴は取り下げられ，そして，紛争の原因である市役所の位置，新市に引き継ぐ負債，財政計画については，今後検討することで合意したようである。なお，この件は政府でも，国会でも問題とされており[30]，とくに自治庁は通知でこうした問題が起きないように指示している。

　次は，住民投票を県が代執行したものである。坂井郡では，県は，浜四郷村，鶉村，大安寺村，本号村，棗村，鷹巣村の6村合併を提案していた。しかし，大安寺村と浜四郷村は村内の意見を纏められないと消極的であった。それで，1955（昭和30）年3月31日に2つを除いた4村が合併して川西村が発足する。問題は大安寺村の去就であった。大安寺村は地勢の関係で北部と南部に二分され，北部は農家が多く，これに対し南部は農地が狭小で福井市に勤務する住民が多いため，北部は川西村への編入を南部は福井市への編入を希望していた。村長は福井派であり，村議会も7対5で福井派が多数であったが，村は二分されていた。同年8月の福井県町村合併促進審議会の答申は，川西村と福井市への分村

29）福井地裁昭和30年1月14日決定は，次のように述べて知事の合併処分の執行を停止した。「しかし，被申請人の右決定をなした処分は，次の理由によりかしがある。すなわち，新たに鯖江市となるべき普通地方公共団体の中心の市街地を形成している区域内に在る戸数は，4,028戸に過ぎず，これは，右普通地方公共団体の全戸数7,755戸に対し51.94％の割合をしめるに過ぎないから，右普通地方公共団体は，地方自治法第8条第1項第2号に規定する市となるべき要件を具えていない。亦，右普通地方公共団体の住民で商工業その他の都市的業態に従事する者及びその者と同一世帯に属する者の数は，19,523人に過ぎず，これは，右普通地方公共団体の全人口37,755人に対し51.70％の割合をしめるに過ぎないから，右普通地方公共団体は，地方自治法第8条第1項第3号に規定する市となるべき要件を具えていない」（行集6巻1号119頁）。

30）昭和30年5月26日の参議院地方行政委員会，小林与三次政府委員は，合併をめぐる訴訟として鯖江市の事件を報告している。

編入も可能であるとしていたが，大安寺村当局と福井派は全村福井市への編入を主張し，また川西派は分村して川西村への編入を主張し，対立し，その対立は「呪いの藁人形」が登場するまでに至ったようである。それで，県は，合併調整委員による調停に付した。1956（昭和31）年9月に，調整委員は住民の意向を調査するため地区ごとの住民投票を実施し，福井派の妨害があったが，川西村への編入を希望する地区を確認することができたようである。それで，県は，新市町村建設促進法の規定により住民投票を実施し，分村処理することにし，1957（昭和32）年1月に大安寺選挙管理委員会へ川西村編入を希望する地区で住民投票を実施するよう請求したが，同委員会はこれを執行しなかったし，大安寺村長は内閣総理大臣に対して住民投票の請求は違法であるとする訴願を提起した。そこで，知事は，内閣総理大臣と協議し，住民投票を県選挙管理委員会が代執行することにし，同年3月に住民投票が大安寺村の6地区で行われ，その結果，6地区の川西村への編入が決まった。1957（昭和32）年4月1日に，6地区を川西村に編入し，それを除く大安寺村のすべてを福井市に編入した。

　次は越県合併である。大野郡では，上穴馬村，下穴馬村と石徹白村の3村合併が県の計画として提案され，1954（昭和29）年には問題となる石徹白村も当初合併に賛成していたが，村内工事執行をめぐる政治紛争から合併は行き詰まる。そして，石徹白村は冬季交通上の悪条件から合併を忌避し独立を主張するが，1956年には，石徹白村と岐阜県白鳥町との越県合併の話がでてくる。この間，福井県は上穴馬村と下穴馬村を合併させて和泉村を設置する。石徹白村が元々白鳥村と同じ郡上藩に属していたこと，人情，風俗で共通点も多かったこと，白鳥村が石徹白村との合併に積極的であったことから，1956（昭和31）年9月16日には石徹白村を白鳥村に編入するとの合同決議を両村で行う事に至り，同日合併申請書を両県知事に提出する。岐阜県は，同年9月26日に合併申請を議決し，同年10月6日に知事は内閣総理大臣に合併処分を申請する[31]。これに対し，福井県議会をはじめ福井県は，九頭竜川水系の重要な水源地帯である石徹白村を失うことは福井の計画に重大な支障を生ずるとしてこれに強く反対した。しかし，政府の新市町村建設促進中央審議会は，現地での調査を踏まえた結果，

31）岐阜県『岐阜県史通史編　現代1』（岐阜県，1973年）48頁。

治水に関する福井県の主張は絶対的なものではなく，住民の大多数は越県合併を望んでいることから，1958（昭和33）年3月25日に合併が適当であるとの結論を出す。福井県はこれに反対したが，一方で，このままでは石徹白村全部が越県合併となるのを避けるため，和泉村に隣接している石徹白村の三面と小谷堂の2つの地域の意向を調査し，2つの地域から和泉村に残りたいという申請を出させた。その結果，自治庁は同年8月19日に「石徹白村の三面，小谷堂の2部落を福井県に残し，残りの部落は岐阜県に合併させる」という裁定[32]を出した。県議会ではこれに反対する空気が強く結論が出なかったが，同年9月3日に知事が受諾する。そして，1958（昭和33）年10月14日には，三面と小谷堂は和泉村に編入され，翌15日には石徹白村が岐阜県白鳥村に編入される。分村や合併の手続は表向きは地方自治法7条の手続によって行われたようであるが，実際は新市町村建設促進法の内閣総理大臣の処分として行われたようである[33]。

　以上，昭和の合併について，兵庫県と福井県についてその実態の一部をみたのであるが，兵庫県の役場の位置問題にみられるように，紛争が5年以上に及ぶものもあり，また，分村・分町問題では，多くが3年にも及んでいる。越県合併についてはそれ以上である。さらに，住民投票について，市町村選挙管理委員会が執行しないので福井県選挙管理委員会が執行したものがあった。また，福井県の市制施行にみられるように，裁判所に提訴するもの[34]もあった。こうした紛争が出てくる原因について深く検討していないが，住民が合併の意義を深く理解していないこと，都道府県が作成した合併計画が住民や社会的団体の組織を考慮したものでなかったこと[35]が指摘できるであろう。そして，分村又

32）「福井県大野郡石徹白村と岐阜県郡上郡白鳥村の合併に関する処理方針（自治庁33，8，19決定）」福井県『福井県史資料編12　下近現代』（福井県，1991年）150頁。

33）福井県史では地方自治法の手続として書かれているが，これに対し，岐阜県史では内閣総理大臣の処分として書かれている。

34）なお，兵庫県の事例でも，住民投票で合併が承認されたが，賛成票が3分の2に達していないとして異議が出され，これを町選挙管理委員会が認め投票が無効とされたが，兵庫県選挙管理委員会に訴願がなされ，県選挙管理委員会は，町選挙管理委員会の決定を取消す裁決をし，そして，知事の処分により，編入が決定した堀畑地区の養父町への編入問題がある。ただ，右裁決に対して，反対派から取消しの訴えが提起されている。参照，兵庫県総務部地方課・前掲注26）520～525頁。

35）新明正道「地域社会の組織化──町村合併の一問題点」社會學研究11号（東北大学，1956年）6頁以下。この点，新明正道は，アメリカの地域社会組織化運動にならって社会的団体の統合と一

は分町問題が実際事例として出てくるその多くは，分村又は分町の問題はあったが合併する際にその問題は新町又は新市で議論するという条件付きで合併を行い，結局，それが合併した後に新町で反対されて問題となる事例である。

Ⅲ　なぜ住民投票制度は廃置分合の手続の中から消えていったのか

　前述したように，住民投票制度・拘束型住民投票制度は廃置分合の中の分村・分町の重要な手続であったが，それがだんだんと縮小され，最後にはなくなってしまった。なくなった理由はどういうものであろうか。新市町村建設促進法の後継法律として制定された「市の合併の特例に関する法律」の解説には，以下の記述がある。「町村合併を強力に推進することは，すでに昨年6月末日をもって打ち切ったところであるから，この法律案はあくまでも自主合併の場合における合併の障害となる諸事情を排除することを主眼としている。」「この法律案では市の合併にあたり市町村の一部を分離することを想定していないが，これは，町村合併が一段落して，大方の町村がそれぞれの建設にいそしんでいる現段階において，周辺の町村に無用な紛争を起こさせてまで市の合併を行う必要はないと考えたからである[36)]」。すなわち，市の合併とりわけ自主的な合併を対象とするものであり，したがって，強制的な合併の際に必要となるあっせんや調停，さらには住民投票は必要ないということである。しかし，確かに自主的合併ということであれば，住民投票制度は必要としないが，この理由で住民投票制度が合併の手続の中から消えたとは思われないのである。

　私見では，住民投票制度が合併の手続の中から消えた理由は以下の3つに整理されると思われる。1つは，立法者すなわち国会と官僚にとって「統御できない制度」として考えられ，避けられたのである。これは，元加治事件や新湊事件に象徴される。元加治事件は，1951（昭和26）年9月24日の夜7時頃に埼玉県飯能町元加治で起こった事件であり，分村賛成派（元加治部落を飯能町から分離させる派）の住民500名が分村反対派の4名（元町議，元村長）の家を襲撃し，傷害を

緒に合併を進めるべきとする。

36）山本明市「市の合併の特例に関する法律案について」自治研究38巻3号（1962年）23頁。

負わせたり，家具や家を破損させた事件である。翌日の25日の読売新聞夕刊によれば，元加治部落は戦時中の1943（昭和18）年に飯能町に強制合併させられたのであるが，今回の分離は，元加治部落が通学との関係で部落内の中学校の設置を主張したところ，飯能町議会でそれが否決されたことが原因であり，この時点では分離は住民投票でなく地方自治法の法定の町議会の議決によることになっており，町会の勢力は正副議長を除いて分村賛成派11名，反対派が19名であり，分村賛成派が劣勢を意識して起こしたものであると報道されている。この事件では住居侵入罪，傷害罪及び暴力行為等処罰に関する法律等の適用が問題となった。事件の被疑者は284名，起訴された者54名に上ったので，当然世間の注目を集めた。しかも，事件は，分村賛成派の町議11名が1952（昭和27）年10月13日にリコールで失職し，また，1954（昭和29）年3月12日には元加治は東小金子村との合併を認められるが，その際飯能市長が不信任され，それに対して市長は市議会を解散させる等，波及している。国会は，元加治村の分村運動をめぐって，1951（昭和26）年11月1日の衆議院地方行政委員会で，埼玉県地方課長，飯能町長，飯能地区警察署長，分村期成同盟会副会長などを呼んで審議を行っている。そして，同委員会で野村委員長代理は次のように述べている。

　「わが国の地方制度は，戦後きわめて広汎かつ根本的な変更を受けましたので，その制度の面におきまして，また運用の面におきましても，年をふるに従いましてさらに改善を要する点があろうと考えられるのでありまして，本委員会におきましても，地方自治，地方財政，警察及び消防に関し，調査研究をいたして，地方行政の円滑なる運営，地方自治の進展のため，努力いたしておるところであります。しこうして最近各地におきまする町村分離，境界変更に関する問題につきまして，紛争が起つておりまする状況でございますので，委員会といたしましても大いなる関心を持つていたのでありまするが，たまたま去る9月24日，飯能町において分村問題について端を発し，さらに相当規模の暴行事件まで惹起いたしましたことは，まことに遺憾とするところであります。およそ事を処理し，解決するにあたりまして，暴力をもつてすることは，われわれの強く否定するところでありまして，暴力行為によつて分村問題を解決せられんとすることがならないわけでありまして，われわれとしても，地方自治法等に改正を加える必要があるか，あるいはその運用面におきまして遺憾の点がないかというような点について，今後調査研究をしなければならないと考える次第であります。」

また，同年11月14日の同委員会においても，野村委員長代理が元加治と新湊の事件を挙げて分村問題に対する政府の答弁を求めている。確かに，元加治事件で問題となったのは，分村問題であり，住民投票制度は問題となっていない。しかし，元加治事件は住民が全面に出て分村問題という紛争を解決することから住民同士のいざこざや殺傷へと発展していった，と考えることができる。従って，分村問題では住民主体の解決方法（住民投票制度を含む）を避けるべきであるという結論へ行き着く可能性があったと思われる。

　次に，新湊事件[37]であるが，これは，附則2条の手続により住民投票が行われた事案である。どの点が問題とされたのであろうか。1つは，2つの住民投票が同時に実施されたということである。高岡市からの新湊町の分離独立が申請されたのであるが，他方で，新湊町の中の牧野村が高岡市への帰属を主張し運動を始め，結局，高岡市からの新湊の分離独立と新湊町からの牧野村の分離独立が認められる。しかも，第1回目の新湊の分離独立の住民投票について無効の申立てと訴願，訴え（取下げ）の提起，そして富山県議会の議決は賛否同数，2回にわたる住民投票の実施，さらには牧野村の分離の住民投票について異議の申立てや訴願の提起と手続が紆余曲折しているのである。そして，結局，新湊事件では，1949（昭和24）年2月の署名の提出から1950（昭和25）年10月の告示まで，紛争が約2年間続いている[38]。新湊事件におけるこうした経緯から，分村・分町問題とくに同時に2つの分村・分町が絡み合っている複雑な紛争については住民投票制度では有効で早い解決が得られないという結論に至ったのではないか，と思われる。

　結局，「市町村の境界変更を関係地区の住民投票により無制限に認めることは，却って町村内の紛議を助長するおそれがあるので，県知事の合併計画に含まれている境界変更の場合のみ町村当局が反対であっても特別多数の住民投票の賛成があればその目的を遂げしめようとするものである[39a]」という言葉が，

37）鹿谷雄一の詳細な紹介がある。参照，鹿谷雄一・前掲注4）245頁以下。

38）以上の経過は，「118新湊分離問題に関する紛争の経過概要」（富山県『富山県史資料編Ⅷ　現代』（1980年）316〜322頁）を参照されたい。

39a）長野士郎「町村合併促進法について」自治時報6巻9号（1953年）13頁。当時，長野士郎は自治庁行政課長であった。

その当時の政府及び国会を代表するものであったと推測されるのである。こうした住民投票制度に対する評価は，その後も政府内に定着する。そのことは，その後の新市町村建設促進法における自治庁の通達から理解される。つまり，住民投票は「円満な合意」「自主的な合併」ではないのであり，避けられなければならないものであったのである。この通達の趣旨は，新市町村建設促進法における兵庫県の市町村合併を検討したところ，「住民投票による現地の紛糾を避けるため」村長が企図した住民投票の中止を県が求めた事例から理解されるように，各都道府県によく浸透していたということができる。

　次に，分町・分村について住民投票制度の採用を厳密にみていくと，次のような相違があることが理解される。最初の附則2条による分村，分町については，元の町又は村に戻すことだけが許され，他の条件などはない。したがって，住民投票での住民の選択は明快で，分離するかしないかである。しかし，分町又は分村を選択するとしても，その理由は，住民の気質などの違いから役場の位置又は中学校の通学区域という地理的経済的な事情など様々である[39b]。これに対し，町村合併促進法又は新市町村建設促進法で問題とされたのは，例えば，A町とB町とC町の合併に際して，B町の一部であるP部落・地域が分町してD町と合併できるかである。ただ，P部落・地域がB町としてA町とC町と合併しないことについては，役場の所在地の問題，中学校の通学区域，経済的繋がり，交通上の繋がりなどいろんな要素があり，P部落・地区の住民も条件次第ではA町とC町との合併に参加することもあり，逆に，やはり分町を選ぶことも考えられる。すなわち，分村，分町又は合併について，潜在的には住民の選択にはかなりの幅があるのである。この点，住民投票制度では，そうした住民の選択に応えることができないといえる。そこで，合併調整委員によるあっせん又は調停という方法により，折り合わない条件を当事者が歩みよることによって解消することが必要となる。このことは，合併調整委員による，勧告又は調停案の指示により，住民投票をせずに多くの分町，分村問題が解決していることからも理解される。ただし，兵庫県の分析で確認されるように，調停

39b) 例えば，舞鶴市の住民投票後の分離運動は，役所の機能を東舞鶴と西舞鶴に二分することで終息している。参照，拙稿・前掲注9)。

などによって分村，分町の問題が解決した事例が多いことについては，県当局や調停委員が住民投票を最後の解決手段とみなし，利用することに消極的であったことも影響している。他方，岡山県の福浦地区の越県合併問題にみられるように，日生町や赤穂市議会，岡山県議会や兵庫県議会が正反対の決議を挙げ，また，あっせんや調停でも解決しない場合，結局，「住民投票で決めることになる」という言葉，そういった脅しで事が決着しているのは，住民投票制度の意義を物語るものである。すなわち，代議制が機能しない場合，調停等の調整が役に立たない場合には，住民投票はその有用性を発揮するのである。とくに，越県合併においては住民投票制度が妥当しよう。

　もう1つは，市町村の廃置分合又は境界変更の事務，それに関する知事の処分の性格と住民投票制度との関係である。廃置分合や知事の処分の解釈について学説は分かれていた[40]。1つは廃置分合，それに関する知事の処分を国家的事務と捉え，知事の地位を国家機関として捉えるものである。もう1つの解釈は，廃置分合又は境界変更の事務，それに関する知事の処分は自治体の事務であり，廃置分合又は境界変更を行う知事の地位は自治体の機関として行うものとして捉えるのである[41]。この2つの解釈の相違は，廃置分合又は境界変更の処分の核心を市町村の申請におくのか，それとも都道府県議会の議決と知事の決定におくのか，に分かれる。すなわち，国家事務と捉える立場は，市町村議会が決議した決定を覆してもかまわないとする傾向が強いが，逆に，自治事務とする立場は，市町村が決議した以上，都道府県議会又は知事は容易には覆すことはできないと考えるものである。住民投票制度の導入という問題については，国家事務説からすれば，それが住民主体の決定制度であることから，国家事務になじまないということになり，制度導入については消極的であり，かつ導入する場合には限定的な導入となる。自治事務説によれば，住民投票制度の導入は歓迎されることになる。ただし，市町村の区域，境界の変更は都道府県に影響し，それが都道府県境界に関わるものであれば，影響はさらに大きいため，こ

40）拙稿「市町村の合併及び境界に関する訴え（1）」西南学院大学法学論集49巻2・3号（2017年）14頁以下（拙著『自治体の出訴の歴史的研究』306頁以下）。
41）原野翹は，市町村と都道府県の共管事項と捉えているが，これは自治事務説に入ると思われる。原野翹・前掲注11）10頁。

の意味で，廃置分合又は境界変更の手続において知事及び都道府県議会の関与を完全に排除することは自治事務説をとっても困難であると思われる。

行政実務においては，市町村の配置分合又は境界変更の事務，それに関する知事の処分を国家的な事務とする説が一般的であった。前に述べたように，地方自治法の制定直後，占領軍が市町村の配置分合又は境界変更について住民投票制度の導入を要求したが，政府はこれを断ったが，その理由は市町村の配置分合又は境界変更が国家事務であるということであった。

すなわち，「政府としては，市町村の配置分合はあくまでも国の組織上の問題であるから住民の意思のみに委ねることはできないことを主張して総司令部に反対した[42]」。さらに，町村合併促進法で明示された知事を代行する内閣総理大臣の処分すなわち，廃置分合又は境界変更を申請した町村と知事（又は都道府県議会）が意見を異にする場合に知事が6カ月又は4カ月処分をしないときに，関係町村からの審査の請求を前提とするが，大臣が「自ら当該申請に係る町村の配置分合又は境界変更の処分を行うことができる」（33条3項）は知事の配置分合の処分が国の処分であることを前提していると思われる。また，33条7項で本権限がこの法律が適用されない廃置分合にも適用されるとしていることはその意味をより強めるものである。33条は新市町村建設促進法の29条にほぼ継承されるが，審査請求を前提としないことなどの違いがある。また，前述したように，福井県鯖江市の市制施行について，執行停止が申し立てられた件で，福井地裁昭和30年1月14日決定は執行停止を認めたが，これに対し，内閣総理大臣が異議を申し立て，執行停止は取り消されている。この異議の中で，今回の市町村合併は国策であると主張している。

　「福井県今立郡鯖江町，神明町，中河村及び片上村並びに丹生郡豊村，吉川村及び立待村を廃し，その区域をもつて鯖江市を設置する福井県知事の処分は，原告を含む関係町村の申請に基き，地方自治法の規定に従い，成規の手続により処分を了して官報に告示され，行政上の処置を完結しすでにその効果が確定しているものであり，一部の異議のみによつて右処分の執行を停止することは，成規に成立した行政秩序を

---

42) 自治大学校研究部・前掲注8) 51〜52頁。また，政府は，総司令部が市町村の配置分合又は境界変更手続に住民投票制度の導入等の変更を求める要因は内務大臣の関与にあると考え，内務大臣を内閣総理大臣に変更すれば，問題は解決するとも考えていたようである。参照，同書52頁。

害い，行政の安定上甚だしい混乱を来すのみでなく，町村合併促進法の定めるところにより，国の基本的施策として，町村の規模を適正化するために全国にわたつて推進中の町村合併の遂行に与える影響にも測り知れないものがあり，公共の福祉に重大な影響を及ぼすものであつて，到底容認し難いところである。[43]」

　「国の基本的施策」という文言，さらには，内閣総理大臣として異議を述べたことからも，廃置分合又は境界変更を国の事務として考えていると捉えることができるといえよう。ただ，国策という評価は廃置分合とりわけ昭和の合併という政策に関わった評価と考えられなくはない。また，市町村合併には越県合併という問題がある。この問題は，個別市町村の境界と都道府県域との関係という問題があり，この点では，明らかに国というものも問題となる。ただしかし，この問題は，通常の市町村合併の問題とは区別されるべきと思われる。以上のことから，市町村の廃置分合又は境界変更を国家事務として捉える，政府の立場からすれば，住民投票制度・決定型住民投票制度の導入はできるだけ避けなければならないということになる。

　以上3つの理由から，住民投票制度は廃置分合，境界変更の手続から消えたと結論づけることができると思われる。しかし，住民投票制度を否定する3つの理由は今日賛成できるのであろうか。私はその多くは妥当しないと考える。以下，その理由を個別的に述べておこう。住民投票制度は制御できない制度と捉えることはできない。問題とされた元加治事件についていえば，今日ではこういう事件は起こらないと結論づけることができる。民主主義が成熟した今日，住民主体の民主主義的解決に殺傷事件が伴うとすることはありえない。また，合併又は分村，分町などの廃置分合の問題は，当時の住民にとって身近な問題であったため，こうした紛争が起こったと考えることができる。役場の位置，国会議員や県会議員の選挙区，学校の通学区さらには電話の市内通話と市外通話，郵便の配達区域など，市町村の区域は住民の利害に直接関わっていたのである。事実元加治事件の発端は中学校の設置問題であった。今日，こうした問題と市町村の区域は乖離している。確かに，合併，分村・分町の問題は住民にとって大きな問題であるが，戦後直後と現在では大きく異なっている。また，

---

43) 行集6巻1号120頁。

住民投票制度は，市町村合併の問題解決には相応しくない制度なのであろうか。確かに，当時の市町村の区域に関わる，国会議員の選挙区や通学区の問題，財産の所有関係などの問題について，詰める必要はある。この点では，どの時点で住民投票制度を導入するのか，という問題として考えることができる。また，岡山県の福浦地区の越県合併にみられるように，住民投票制度という決着方法があることによって，その効果として当事者の歩み寄りも期待できたのである。また，国家事務か自治事務かという問題においては，自治的側面を重視すべきではないか。現在は地方分権の時代であり，自治体が行う事務について国家事務又は自治事務という区別はなくなって法定受諾事務か自治事務かという区別であり，廃置分合又は境界変更の事務は第一号法定受託事務とされている。要するに，区別する実益はなくなっていると思われる。問題は，住民投票だけで決定することが望ましいのかである。市町村の区域は都道府県にも関わっており，市町村の配置分合又は境界変更はその属する都道府県に影響する。また，都道府県の境界に関わる廃置分合又は境界変更は，当該都道府県や隣接の都道府県にも影響する。この意味では，当該市町村の住民投票だけで決定することは論理的には問題があることになる。都道府県の利害を考えると，都道府県議会や知事の関与が必要となる。

小括

　本稿は，市町村合併，分村・分町に拘束型の住民投票を導入することについて，戦後直後法律で認められた制度を分析することによって検討を行った。ところで，地方自治に一般的に住民投票を導入することについて，様々な議論がなされている。それで，その議論を概観しながら，市町村合併又は分市・分町の手続における住民投票制度の導入の問題を検討しておく。1つは，地方自治が二元代表制つまり間接民主制を採用していることから，住民投票制度の導入には消極的[44]又は導入するにしても諮問型[45]にすべきであるという意見である。これに対して，決定型の住民投票を導入する者からは，住民投票などの直

44）原田直彦「住民投票付託条例」『行政法散歩』（有斐閣，1985年）239頁。
45）藤原静雄「『市民』・『参加』・住民投票」公法研究64号（2002年）183頁。

接民主制は間接民主制と対立するものではなく，むしろそれを補完するものとして捉えることができる，という反論がなされている[46]。なお，市町村合併の手続に住民投票を導入することについては，都道府県の区域の変更が法律事項で憲法95条の住民投票がなされることとの均衡から，市町村の区域の変更について住民投票の導入を主張する意見[47]もある。次に問題となるのは，決定型の住民投票制度を地方自治のどういう問題に導入すべきか，という議論である。この点で，地方自治体の重要な問題については住民投票制度を導入すべきであるという意見[48]もあれば，具体的な問題毎に導入を検討すべきであるという意見[49]もある。いわゆるネガティブリストかポジティブリストの問題である。この点で，市町村の合併，分町及び分市の問題では，とくに分町や分市については運動の端緒を開き決定するのは住民でしかなく市町村議会や議員には期待できないこと，いわゆる越県合併においても当該市町村議会や都道府県議会には判断を期待できないことから，分市・分町や越県合併には住民投票の導入が求められるといえよう。この意味では，ポジティブリストが正しいということになる。そうであるとしても，市町村合併又は分村・分町の手続について住民投票を導入する場合，問題点はある。第一に問題となるのは，住民投票を地方自治法の配置分合又は境界変更の手続の中のどの段階に入れ，どのような手続とみなすのかである。すなわち住民投票制度を当該市町村の議会の議決と同じように，廃置分合又は境界変更を申請した議決とみなすのか，それとも，住民投票制度に最終的な決定権限を与え，都道府県議会の議決を省略するのかである。前者すなわち市町村の議会の議決とみなし，都道府県議会の議決に決定権を与えた場合には，住民投票の結果と都道府県議会の議決が異なる場合，住民は結果に失望し，それ以後住民参加を期待することは困難となったり，あるいは市

46）武田真一郎・前掲注2）9頁以下。

47）原野翹・前掲注11）17頁，人見剛「住民自治の現代的課題──地方議会・住民参加・住民投票」公法研究62号（有斐閣，2000年）196頁。ただし，原野翹は，市町村の区域の変更は住民の権利義務に影響を与えるので住民投票を行うべきであるとも述べている。

48）フォーラム案がそうである。武田信一郎・前掲注2）14頁以下。この案の理由は，当該公共団体の事務だけを対象とすると，投票対象がきわめて狭い範囲で限定されるということである。

49）藤原静雄・前掲注45）183頁。なお，藤原は，消極説をとりながらも，制度設計としてはポジティブリストがよいとする。

町村と都道府県の長い対立が続くという可能性もある。逆に，都道府県議会の議決をなくすことは，市町村の区域が都道府県全体に関わることを否定することにもなる。したがって，私見では，都道府県議会の議決は拒否権という形にし，住民投票で過半数又は3分の2以上の賛成があれば，都道府県議会では3分の2又は4分の3以上の反対がなければ，知事は住民投票に従って手続をしなければならないとすべきである。もう1つは，市町村の合併や分市，分町の手続の中に住民投票制度を導入する場合には，当該住民に対して分かりやすい形で，しかも，住民がそれらに伴う問題点を十分理解した段階で投票を求めることが必要である。そのためには，合併又は分市，分町を住民が希望する場合にその理由が様々であることから，まず，合併又は分市，分町分村を希望する地域，住民がどういう理由でそれを希望しているのか，を見極める必要がある。したがって，合併や分市又は分町について理由を見極め，それを調整する機関が必要ともいえるのである。そして，調整してその結果住民の選択肢が賛成・反対の意思表示しかできない案を提示する必要があるのである。そうした調整が困難である場合には，その代わりに住民の一定数による署名を求め，住民の意思を確認することが必要である。調整による案の提示又は一定数による署名の後であれば，住民投票に臨む住民の選択も明確になろう。

　前述したように，2002年の市町村合併特例法の改正により，合併協議会の設立のための住民投票が認められた。ただ，この制度は関係市町村の議会で協議会の設置を否決した場合に住民投票により設置を認めるものである。一歩前進[50]といえばそうであるが，住民投票に合併を決定づける役割が与えられてはいない。そして，前述した「大都市地域における特別区の設置に関する法律」では，住民投票が採用された。しかも，拘束的な投票制度であり，また，実際，特別区の設置の手続を締めくくるものとなっている。住民投票が導入された理由は，①特別区の設置により市町村が廃止されることになり，通常の市町村合併以上に住民に大きな影響を及ぼす可能性があり，②とくに指定都市については，権限や税財源が縮小される場合もありうることを考慮したためとされてい

50）榊原秀訓「住民投票制度」『住民参加のシステム改革』（日本評論社，2003年）221頁。ただし，榊原秀訓は，この制度には市町村合併の推進という問題があると指摘している。

る[51]。そして，関係市町村の長には，投票に際して，選挙人の理解を促進するように特別区協定書の内容を分かりやすく説明する義務が課せられている（7条2項）が，これは住民の投票にとって極めて重要なことであり，必要である。この拘束的住民投票制度については，住民投票制度の在り方を大きく前進させたものと評価できる[52]。ただし，住民投票で承認されなければ特別区を設置できないが，住民投票で承認された場合でも長に特別区設置申請が「できる」という裁量を与えている点で，完全な拘束性が与えられているわけではない[53]。しかし，これらの法律は，合併協議会の設置や特別区の設置に止まっており，市町村合併一般に拘束的住民投票制度を導入することや，分市又は分町を認める署名活動や住民投票制度は認められていないのである。

　最後に，本研究は，昭和の合併の分村，分町又は合併の実態を研究したものであるが，分村，分町を求めて運動をしたのは，その地区の住民であり，その代表者である。署名活動を呼びかけ，投票行動を呼びかけ，運動を行っているのは，住民であった。残念ながら，本研究ではそのことにほとんど触れていない。これは，著者の分析の視角の設定の拙さではないか，と反省している。

51）「法令解説道府県の区域内に特別区を設置するための『手続』を整備」時の法令1922号（2013年）16頁，「法律解説大都市地域における特別区の設置に関する法律」法令解説資料総覧373号（2013年）28頁。

52）岩崎忠「大都市地域特別区設置法の制定過程と論点」自治総研408号（2012年）42頁。ただし，岩崎忠は，関係都道府県について議会の承認しか認めないことについては問題なしとしないという評価をしている。

53）特別区の設置申請について8条は「関係市町村及び関係道府県は，全ての関係市町村の前条第一項の規定による投票においてそれぞれその有効投票の総数の過半数の賛成があったときは，共同して，総務大臣に対し，特別区の設置を申請することができる」とするが，これは二元代表制による首長の立場を尊重し住民投票に拘束されないことを認めたものと解されている。参照，前掲注51）法令解説資料総覧32頁注21。

第2章　経由機関の研究

　私の従来の研究は行政法学の中でも行政組織法に関するもの[1]であったが，最近では，市町村の境界訴訟[2]，所有者不明問題，裁決主義さらには許認可の更新というように，行政法の中でも現代的テーマとか，行政訴訟や行政手続に関するものになっている。これは，行政法の教科書や研究書を読んでいて，疑問に思った事項や問題を順番に検討し，論文を書いたものであって，行政組織法の問題について研究を避けていた訳ではない。ただ，行政組織法については，研究が進み[3]，ほぼ検討すべき課題もなくなったとも考えたからでもあった。しかし，最近になって行政組織法についても検討すべき問題があると考えるようになった。その1つが「経由機関」である。とくに，行政官庁理論との関係で，経由機関はその現代的な変容という形で素材を提供してくれるものであると思われる。また，経由機関については，最初に戦前の訴願制度の問題を検討する中で，「経由主義」[4]との関係で多少の感心を持っていた。その後，中核市や特例市の事務を分析する中で，それらに経由機関という形で事務の移譲が進められたことを知った。そして，「経由機関」は行政手続法の標準処理期間と関わり

1）小林博志『行政組織と行政訴訟』（成文堂，2000年）。

2）小林博志『自治体の出訴の歴史的研究』（中川書店，2018年）

3）松戸浩の「行政組織編成と立法・行政間の権限分配の原理(1)～(4)」（法学65巻2号（2001年），3号（2001年），愛知大法経論集157号（2001年），158号（2002年））に始まる一連の業績や木藤茂の「2つの『行政機関』概念と行政責任の相関をめぐる一考察──行政組織法と行政救済法の『対話』のための一つの視点」（行政法研究2号（2013年）7頁以下）などの一連の業績，さらには門脇雄貴「国家法人と機関人格(1)～(3)」（法学会誌48巻2号（2007年），49巻1号（2008年），50巻1号（2009年））などがある。

4）訴願法の問題として，通常，「列記主義」（1条）「訴願前置主義」（行政裁判法17条）と「経由主義」（2条）さらには，処分の不利益な変更が指摘される。経由主義とは，訴願を処分庁を経由して提起しなければならないという原則であり，訴願が処分庁によって妨害され，審査がなされないという問題である。

があることに気づいた。と同時に，経由機関についてほとんど検討されていないことが確認された。そこで，経由機関というものを検討しようと思った次第である。

以下では，経由機関に関する法規定，経由機関と地方分権，経由機関の意義と行政官庁理論，経由機関と標準処理期間や審査応答義務及び経由機関と事案の処理にあたった下級行政機関の順序で，経由機関を分析検討することにする。

Ⅰ　経由機関と法規定

経由機関は，申請や届出の手続において制度化されるのであるが，歴史を振り返ると，戦前の不服申立制度，すなわち訴願法（1890（明治23）年法律105号）に経由機関は登場していたのである。すなわち，訴願法2条は以下のように規定していた。

> 2条【訴願の提起】「訴願セントスル者ハ処分ヲ為シタル行政庁ヲ経由シ直接上級行政庁ニ之ヲ提起スヘシ
> ②　訴願裁決ヲ受ケタル後更ニ上級行政庁ニ訴願スルトキハ其裁決為シタル行政庁ヲ経由スヘシ
> ③　国ノ行政ニ付此法律ニ依リ郡参事会又ハ市参事会ノ処分若クハ裁決ニ対シテ訴願セントスル者ハ其処分若クハ裁決ヲ為シタル郡参事会又ハ市参事会ヲ経由シテ府県参事会ニ之ヲ提起スヘシ」

3つの経由主義で一番問題となったのは，第1項の処分庁を経由して訴願を上級行政庁に提起せよという規定である。この経由主義は，処分庁に反省の機会を与え，また，処分庁に処分に対する弁明の機会を与えるものとされ導入されたようであるが，実際は，訴願人を不利にしたり，訴願を握り潰したりすることが多かったようである[5]。なお，処分庁を経由せずに，直接上級行政庁に提起された訴願は不適法とされていた[6]。1961（昭和37）年に，訴願法が廃止され，行政不服審査法が制定されるが，同法は，17条1項で「審査請求は，処分庁を経

5）田中真次＝加藤泰守『行政不服審査法解説〔改訂版〕』（日本評論社，1977年）129頁。なお，訴願法11条に，経由庁の上級行政庁への訴願書の発送の義務規定があるが，役に立たなかったようである。

6）南博方＝小高剛『注釈行政不服審査法』（有斐閣，1975年）111頁。

由してすることもできる」として，審査庁（直近上級行政庁等）に対して提起することが原則である（5条）が，処分庁に対してすることもできるとして，請求人の選択を認めていた。そして，処分庁への提起の効果についても，17条3項で「第1項の場合における審査請求期間の計算については，処分庁に審査請求書を提出し，又は処分庁に対し当該事項を陳述した時に，審査請求があったものとみなす」ということになった。これは，経由主義及び発信主義から当然の帰結である[7]。そして，17条は，現行の新行政不服審査法では，21条に受け継がれている。さらに，国税通則法82条や88条にも国税に関する，再調査の請求と審査請求について処分庁等を経由機関とする同様の規定がある。また，不動産登記法156条2項や供託法1条の5にも，審査請求に関する経由が規定されている[8]。これらは，不服申立てに関する経由機関であるが，これらの規定により，「経由機関への不服申立書の提出は審査庁に提出されたものとみなされ，不服申立期間もそれを前提に計算される」という定式が確立され，次に考察する通常の許認可の申請や届出に係る経由機関の位置づけにも影響したと考えられる。

それでは，許認可の申請や届出に関する経由機関に関する法規定をみてみよう。経由機関は，南博方と関有一によれば，以下のように2つに整理されている。申請の決定機関又は届出に対する最終の届出機関である行政庁とは別に，①単に，申請又は届出を受け付ける機関，と②申請又は届出を受け付ける権限に加えて，調査し意見を付して行政庁に送付する機関である[9]。この区別から，経由機関に関する法規定をみていくことにする。ただ，こうした経由機関の中には，行政手続法の手続が適用される経由機関もあれば，それが適用されない

7）田中真次＝加藤泰守・前掲注5）131頁。

8）個別法においても審査請求における経由機関の規定はある。例えば，国民年金又は厚生年金の支給決定に対する審査請求は，以下の規定になっている。「審査請求は，原処分に関する事務を処理した地方厚生局，機構の従たる事務所，年金事務所若しくは健康保険組合等又は審査請求人の居住地を管轄する地方厚生局，機構の従たる事務所，年金事務所若しくは当該地方厚生局に置かれた審査官を経由してすることができる」（社会保険審査官及び社会保険審査会法5条2項）。また，その効果は，「前項の場合における審査請求期間の計算については，その経由した機関に審査請求書を提出し，又は口頭で陳述した時に審査請求があつたものとみなす」（同条3項）。

9）南博方＝関有一『分かりやすい行政手続法』（有斐閣，1994年）47頁。ただし，南博方と関有一の検討は機関委任事務が存在する時代でのもので，上級行政庁という概念の下で捉えられている部分は現代には通用しないのではないかと思われる。

経由機関もある。

　最初は，②の類型に属する経由機関の規定をみることにする。その中でも，経由機関に一部審査権が与えられているものもある。弁護士になるには日本弁護士連合会に備えた名簿に登録されなければならない（弁護士法8条）。そして，「弁護士となるには，入会しようとする弁護士会を経て，日本弁護士連合会に登録の請求をしなければならない」（同9条）[10]。所属する弁護士会を変更する場合や登録の廃止も同様の手続を踏むことになる（同10条，11条）。これらの手続における弁護士会は経由機関であるが，経由機関である弁護士会には，以下のように「進達」の拒否権が認められている。「弁護士会は，弁護士会の秩序若しくは信用を害するおそれがある者又は次に掲げる場合に該当し弁護士の職務を行わせることがその適正を欠くおそれがある者について，資格審査会の議決に基づき，登録又は登録換えの請求の進達を拒絶することができる」（同12条）。もちろん，登録の決定は，進達を受けて日本弁護士連合会が行うのであるが，弁護士会にも決定権があるのである。ただし，弁護士会が行う処分には行政手続法は適用されない（同43条の15）。

　次は，旅券法における一般旅券の申請についての規定である。一般旅券は，外務大臣が発行する（旅券法5条）が，その発給の申請は，申請者が「都道府県に出頭の上都道府県知事を経由して外務大臣に」提出する（同3条1項）[11]。この場合，都道府県知事は経由機関であるが，知事は，「一般旅券の発給の申請を受理するに当たり，申請者が人違いでないこと及び申請者が当該一般旅券発給申請書に記載された住所又は居所に居住していることを確認するものとし，その確認のため，外務省令で定めるところによりこれを立証する書類の提示又は提出を申請者に求めることができる」（同3条3項）。知事には，本人等を確認する権限が与えられているのである。また，旅券の交付も，本人の出頭を求めて知事が行うことになっている（同8条）。なお，旅券法には，外務大臣の一般旅券に関する事務の一部を政令で都道府県知事に委任する規定があり（同21条），そし

10）司法書士や税理士においては，登録の申請となっているが，弁護士の場合は登録の請求である。

11）なお，旅券の発給事務において，都道府県知事が経由機関であるのは，1900（明治33）年の外国旅券規則2条からであり，それ以来都道府県が経由官庁となっているとのことである。参照，旅券法研究会編『旅券法逐条解説』（有斐閣，2016年）10頁。

て，旅券法施行令により，「旅券の作成」が都道府県知事に委任されている（4条1項1号）。つまり，外務大臣が行う旅券の発行を除いて，経由機関である都道府県知事が，申請者本人及び住所の確認，旅券の作成，そしてその交付を行うのである。ただし，2004（平成16）年の法改正で，条例による事務処理の特例による制度を利用して，都道府県から市町村へこうした事務の委託ができることとなった[12]。さらに，国籍に関する届出及び帰化の許可の申請について，旅券と同じように，経由機関に受付の権限及び本人確認等の権限が与えられている。まず，親に認知された18歳未満の者の国籍の届出であるが，これは，法務大臣に届出ることにより効力を生ずる（国籍法3条）が，この届出はその者の住所地の地方法務局の長又は領事官等を経由して行わなければならない（国籍法施行規則1条1項）。そして，この届出は本人が出頭して書面で行わなければならない（同条3項）。一方，帰化について，法務大臣が許可を与える（国籍法4条）が，申請は地方法務局長等を経由して法務大臣に対して提出する（国籍法施行規則2条1項）。そして，申請は地方法務局等に本人が出頭して書面で行う（同条3項）。また，国籍離脱の届出（国籍法13条）についても，認知された者の国籍の届出の手続が準用されている（国籍法施行規則3条1項）。これらの規定は，国籍の取得などについては本人であることが重要であることから，経由機関に対して本人の確認義務を与えていると解される。

次は，経由機関に意見の付与権が与えられているものである。それは農地法の農地の転用の許可の手続でみられる。農地法4条では，以下のように規定されている。「農地を農地以外のものにする者は，政令で定めるところにより，都道府県知事（略）の許可を受けなければならない」（1項）とし，さらに，「前項の許可を受けようとする者は，農林水産省令で定めるところにより，農林水産省令で定める事項を記載した申請書を，農業委員会を経由して，都道府県知事等に提出しなければならない」（2項），「農業委員会は，前項の規定により申請書の提出があつたときは，農林水産省令で定める期間内に，当該申請書に意見を付して，都道府県知事等に送付しなければならない」（3項）とする。このように，

12）旅券法研究会・前掲注11）77頁。例えば，この制度を使った熊本県では，住所地で申請，交付ができるが，福岡県では，県の出張所で行われている。

転用について許可を受けなければならない農地を転用する場合には，農業委員会に許可の申請書を提出し，農業委員会が意見を付けて都道府県知事に進達し，そして，知事等の許可を受けることになる。農地の転用についての権利移動の許可についても，同様の手続となっている（5条）。農業委員会は申請書を受け付ける経由機関であるが，申請について意見を付する権限を与えられているのである。農地の賃貸借契約の解約の許可（農地法19条）についても，申請は農業委員会を経由し知事に提出するが，この場合も，農業委員会は意見を付することになっている（農地法施行令20条）。さらに，国土計画法では，一定の土地（市街化地域であれば，2,000m² 以上）の売買について，都道府県知事に対して届出る必要があるが，この届出 13) は市町村長を経由して行う。そして，市町村長は意見があれば，意見を付することになっている（国計法23条2項）14)。文化財保護法188条にも，文部科学大臣又は文化庁長官に提出する届出又は書類等について経由機関である都道府県教育委員会（又は指定都市の教育委員会）に意見付与権が与えられている 15)。後述するように，届出はもちろん書類等の提出にも届出手続が準用される。さらに，後述する公私連携保育所については，都道府県知事に届出をするだけで設置できるが，その届出は協定を締結した市町村長を経由することになっている。そして，この公私連携保育所を休止又は廃止する場合には，都道府県知事の承認が必要となるが，この申請には当該市町村長が意見を付することになっている。

---

13) 23条の届出は事後の届出であるが，注視地区を設定した場合には，事前の届出であり，これも市町村長を経由して行う。もちろん，市町村長の意見付与権もある（国計法27条の4第4項）。

14) なお，国土利用計画法14条により，知事が指定した地域についての土地の売買契約について都道府県知事への届出でなく許可を求めることになるが，この申請も市町村長を経由し，経由機関である市町村長は，申請内容について意見があるときには意見を付することになっている（国計法15条2項）。しかし，現実には，知事の指定はないので許可制は実施されていない（山下清兵衛＝行政許認可手続紛争解決研究会編『行政許認可手続と紛争解決の手続と書式』（民事法研究会，2010年）2頁注1）。

15) 文化財保護法188条では，文部科学大臣又は文化庁長官に文化財保護法に基づく届出書や物件の提出は都道府県教育委員会を経由して行う（1項）が，この場合に同教育委員会は意見を付することができる（2項）。なお，文化財保護法は2004（平成16）年文化財保存法の一部を改正する法律（法律61号）で改正されるが，旧法では，103条である。参照，文化財保護研究会編『最新改正　文化財保護法』（ぎょうせい，2006年）271頁。

次は，①の類型に属するもので，経由機関に申請や届出を受け付ける権限しか与えられてない場合である。最初に，国の大臣から許可又は免許を受ける場合の経由機関をみることにしよう。まず，電波法では，無線局や基幹放送局の免許の申請は総務大臣に対して行う（6条）が，申請は，申請に係る無線局の開設地を管轄する総合通信局を経由して行う。例えば，福岡県で放送局を開設しようとすれば，熊本市にある九州総合通信局長に申請書を提出することとなる[16]。ただし，この経由については，電波法ではなく電波法施行規則52条で規定されている[17]。同様の規定は，麻薬及び向精神薬取締法にもあり，麻薬輸入業者，麻薬輸出業者又は麻薬製造業者の免許（3条）を申請する者は，地方厚生局長を経由して厚生労働大臣に申請を行うことになっている（同法施行規則1条）。麻薬の輸入や輸出の許可についても同様の規定がある（同法施行規則7条）。

　一方，大臣の許可又は届出について，都道府県知事が経由機関となっている場合もある。アヘンの輸入又は輸出の許可についての申請は，知事を経由して厚生労働大臣に提出することになっている（あへん法6条3項）。アヘンの栽培についても同様の規定がある（同12条3項）。医師や看護師についても，同様の規定がある。医師の2年毎の届出は厚生労働大臣に対して行うが，都道府県知事を経由して行う。「医師は，厚生労働省令で定める2年ごとの年の12月31日現在における氏名，住所（医業に従事する者については，更にその場所）その他厚生労働省令で定める事項を，当該年の翌年1月15日までに，その住所地の都道府県知事を経由して厚生労働大臣に届け出なければならない」（医師法6条3項）。医師の場合は届出になっている。保健師や看護師については登録である。保健師や看護師の登録の変更については，厚生労働大臣に申請するが，「業務に従事する保健師，助産師若しくは看護師又は准看護師が第1項から第3項までの申請

16）九州総合通信局に権限が委任されている場合には，九州総合通信局宛てに申請する。参照，今泉至明『電波法要説』（情報通信振興会，2018年）63頁。

17）電波法施行規則52条は以下のようになっている。「法及び法の規定に基づく命令の規定により総務大臣に提出する書類であつて，次の表の上欄に掲げるものに関するものは同表の下欄に掲げる場所を管轄する総合通信局長を，その他のもの（略）は前条第一項に規定する所轄総合通信局長（以下「所轄総合通信局長」という。）を経由して総務大臣に提出するものとし，法及び法の規定に基づく命令の規定により総合通信局長に提出する書類は，所轄総合通信局長に提出するものとする」。

をする場合には，就業地の都道府県知事を経由しなければならない」（保助看法施行令3条5項）と。登録の抹消についても同様の規定がある（同4条3項）。在留カードの交付を受けた中長期在留者は，住居地を定めた場合には，住居地の市町村長に在留カードを提出した上，当該市町村長を経由して，出入国在留管理庁長官に対して居住地を届出ることになっている（難民認定法19条の7）。居住地の変更の届についても，同じ手続になっている（同19条の9）。

　次は，知事の許可や免許を求める場合である。まず，土地区画整理法において，区画整理事業について知事の認可を受けなければならないが，個人施行者の区画整理事業の認可の申請は「事業の施行地を管轄する市町村長を経由して」都道府県知事に行う（4条）。同様の規定が，土地区画整理組合の設立の認可（14条）や土地区画整理会社の設立の認可（51条の2第1項）にもある。

　さらに，経由機関は，各士業の登録にもみられるが，この場合には，各都道府県単位の士業の会が経由機関，そして，その連合会が登録を受け付け決定することになる。例えば，行政書士は登録をしないと行政書士として行為することはできないが，登録の申請は日本行政書士会連合会に対して行うが，この申請は，事務所の所在地の属する都道府県行政書士会を経由して日本行政書士連合会に行う（行政書士法6条の2）。変更の登録についても同様の規定となっている（同6条の4）。同種の規定として，司法書士の登録・変更の登録（司法書士法9条，14条）や税理士の登録・変更登録（税理士法21条[18]，同法施行規則10条）がある。

　相互に関係する2つの許認可が問題となる場合には，許認可に関わる2つの行政庁が相互に経由機関となる場合がある。例えば，道路の占用許可について，道路管理者に申請書を提出する（道路法32条2項）が，道路交通法77条の道路の使用許可が必要な場合には，当該地域を管轄する警察署長を経由して道路管理者に提出することができる（道路法32条4項）。逆に，道路交通法77条の許可を受けようとする者は，所轄警察署長に申請書を提出する（78条1項）が，この申請書を道路管理者を経由して所轄警察署長に提出することができる（道路交通法78条2項）。こうした規定は，道路管理者と警察署長の協議の規定（道路法32条5

18）ただし，税理士の登録の申請書には副本3通を添付し，申請書を受け取った税理士会が，所属税務署長，市町村長及び都道府県知事に送付する。

項，道路交通法79条）を含めて，行政手続法11条が要請する同一の申請者からなされた関連する申請について遅延を避けようとする立法の努力の1つであろう。

　経由機関について，行政事務の民間化が進むことによって，経由機関が特殊法人の組織であることもある。例えば，医薬品，医療機器等法では，新しい医薬品や医療機器等の製造販売については，品目ごとに厚生労働大臣の承認を受けなければならない（14条1項）が，この申請は独立行政法人医薬品医療機器総合機構を経由して行う（14条11項）。これは，同機構による審査等を受けさせるためであろう。さらに，厚生年金保険法28条の2によれば，厚生年金保険原簿が事実でないと思料するときは厚生労働大臣に訂正の請求をすることができる（28条の2）。この請求は，日本年金機構に提出することになっている（厚生年金保険法施行規則11条の3）ので，「経由して」とか「経て」という言葉はないが，日本年金機構も経由機関ということであろう。同じような手続は，被保険者の資格確認の請求にもみられる（厚生年金保険法18条，31条，同法施行規則12条2項）ので，この場合にも日本年金機構が経由機関となる。

　ところで，以上の例にみられるように，経由機関は，許認可を求める各種の申請や資格などを求める届出で登場するといえる。しかし，それ以外においても，経由機関は存在する。計画についても経由機関は存在する。例えば，児童福祉法56条の4の3によれば，市町村が保育に関する整備計画を作成し，厚生労働大臣から交付金の支給を受けようとする場合，同計画を都道府県知事を経由して同大臣に提出することになっている（1項）。さらに，特殊な事例としては，在外選挙人名簿の調整は申請による（公選法30条の2第3項）が，その申請は当該住所を管轄する領事官を経由して，市町村選挙管理委員会に対して行う（同30条の5第2項）。自衛隊の出動には様々のものがあるが，要請による治安出動（自衛隊法81条）は，都道府県知事が最寄りの駐屯地司令などを経由して内閣総理大臣に対して要請する（自衛隊法施行令104条1項）。この場合の駐屯地司令も経由機関である。また，都道府県の自主的な合併について，関係都道府県から内閣に対して申請がなされるが，この申請は総務大臣を経由して行うことになっている（地方自治法6条の2第3項）。この場合の総務大臣も経由機関である。ただし，この申請は私人の立場で行う申請ではない。さらに，国民年金の被保険者の資格について，国民年金法12条6項や8項によれば，「事業主を経由して」

市町村長に届出ることになっているが，事業主は行政機関ではないし，それに類する機関でもない，と思うのであるが，後述するように，デジタル手続法は経由機関に民間の事業者を含めている。

　最後に法規定では確認できなかったが，後述の判例にみられるように，経由機関が申請書を進達しない場合に，直接行政庁に申請をすることができる制度もあったようである。しかし，現在このような法規定はないようである。経由機関が定まっている場合には，申請書は直接行政庁に提出することはできないと思われる[19]。

　以上，経由機関に関する法規定をみたが，様々な規定があるといえる。確かに，意見を付与する経由機関と単に申請や届出を経由する機関の2つは存在する。この区別以外にも，行政活動の種別に係る経由機関も区別される。申請や届出に関する経由機関は多く，しかし，計画にも経由機関は存在し，または選挙人名簿の作成とか都道府県の合併の申請についても，経由機関は存在した。さらに，行政組織及び行政機関の種別からも経由機関は区別される。大臣が行政庁である場合，電波法の許可のように国の地方支分部機関を経由機関とする場合と都道府県知事や都道府県の機関を経由機関とする場合がある。そして，都道府県知事が行政庁である場合に，市町村長や市町村の機関が経由機関となる場合も多い。さらに，医薬品の承認のように，独立行政法人を経由機関とするものもある。

　それでは，以上の法規定と経由機関の区別を前提に経由機関を検討することにする。

　また，地方分権や民間化が進むにつれ，後述のように，経由機関の規定が変更又は廃止されたものもあるようである。

Ⅱ　経由機関とその意義，地方分権及び行政官庁理論

1　経由機関の意義

ところで，経由機関をおく意義であるが，2つないし3つの意義があるようで

19）総務庁行政監察局行政相談課監修＝行政事例研究会編集『行政手続法の現場──行政相談事例に見る運用の実際』（ぎょうせい，1998年）62頁。

ある。「このような仕組みがとられているのは，申請の受付窓口を各地に設け，申請者の利便を図ること，行政庁にとっても，行政庁の事務所ですべてを取り扱うのではなく，とりあえず出先の機関などに申請事案についての予備的な審査をしてもらったほうが効率的であること，などの理由によるものと考えられます[20]」。この意見によれば，経由機関の意義の1つは，申請者の利便性を考えて経由機関が置かれているということであり，もう1つは，経由機関に予備的な審査をしてもらい，効率性が期待できるということである。さらに，次のような意見もある。「経由機関の置かれる趣旨は，一方で，申請者の利便に資するためであり，他方で，経由機関にも申請に係る情報を把握させておく必要があるためである[21]」。この意見によれば，行政側における趣旨が経由機関に申請に係る情報を把握させておくことであり，前の意見とは異なっている。

　国民又は住民の利便性ということを考えてみると，確かに，国の大臣に対して許認可を求める場合，例えば無線局の免許の申請を総務大臣に行うとき，九州に住所を有する事業者又は法人が申請書を直接総務省に提出することは時間と手間がかかる。そこで，熊本の九州総合通信局に提出することは時間と費用を節約することができるのである。ただし，よく考えてみると，その者にとって，郵便で申請ができれば最高であろう。例えば，情報公開法に基づく開示請求[22]（4条）や行政個人情報保護法に基づく本人情報の開示請求[23]は郵便でも認められている。したがって，経由機関を置くより，郵送による申請を認めるべきではないのか，という疑問がでてくる。この点，経由機関が置かれている申請や登録については，旅券法にみられる旅券の取得や，税理士法又は司法書士

20）南博方＝関有一・前掲注9）46頁。他方で，南と関は，行政庁が経由機関に期待している役割は「個々の許認可等の制度によって一律ではありません」とする。参照，南博方＝関有一・前掲注9）47頁。
21）仲正『行政手続法のすべて』（良書普及会，1995年）43頁。
22）宇賀克也『新情報公開法の逐条解説』（有斐閣，2002年）41頁，濱西隆男「公開法4条解説」高橋滋他『条解行政情報関連3法』（弘文堂，2011年）237〜238頁。オンラインによる提出が認められているが，ファクシミリによる提出は認められていない。なお，外国在住の方はすべて郵送又はオンラインということになろう。実際は，開示文書を特定するため，本人が担当部署に出向くのが望ましいといえよう。
23）濱西隆男「保護法13条解説」高橋滋他『条解行政情報関連3法』（弘文堂，2011年）584頁。この開示請求についても，情報公開法の開示請求と同じことが妥当する。

法にみられる資格の確認のように，権利の取得や資格に関するものであり，権利や資格などを確認するため添付書類が不可欠であり，本人の出頭，説明が望ましいので，経由機関を設定されていると考えられる。なお，不服申立てに関する経由機関は不服申立人の便宜を考えて置かれており，この意味で，申請や届出に関する経由機関の設置を先導したのかもしれない。

　次に，経由機関をおくことの行政側の趣旨としての，経由機関に期待される予備的な審査による効率性を考えてみたい。確かに，行政庁において，申請から審査までの過程すべてを行うのではなく，経由機関に申請に関わる審査，例えば，申請に添付すべき書類がすべて用意されているのか審査し，用意されていなかった場合に，行政指導で補正を命じることなどをやってもらうことが可能であり，この点で，行政庁の仕事の負担は軽減される。行政庁が国の大臣で，申請者が国内に広く分散している場合にはそうであろう。もう1つの経由機関に申請に係る情報を把握させる必要があるというのはどういう意味なのであろうか。1つの事務について，複数の部局が関与しているため，それぞれに情報の把握が必要であるということであろうか。ただし，これは，とくに異なった行政主体の機関を経由機関としているのは，関係行政機関の調整という問題として把握することができるのではないか，と思われる。この点は，地方分権や民間化とも関わるので，以下節を変えて検討しよう。

2　経由機関と地方分権，民営化

　Ⅰでは，経由機関の規定をみた訳であるが，地方分権や民営化の進展に伴い，経由機関の規定も変化している。どのように変化しているのかを，農地転用の許可及び公私連携型保育所の届出を取り上げ，みることにし，そのことから経由機関の意義を考えることにする。

　農地転用許可は，農地法4条と5条で規制されている。農地を農地以外のものにすることについて，農地法は許可制をとっているのであるが，許可の権限を巡って，国，都道府県及び市町村の3者の間で，農地法制定から争いがあるようである。1952（昭和27）年の当初の農地法（1952（昭和27）年法律229号）の4条及び5条をみると，許可権限は農地5千坪をこえる転用では農林大臣に，それをこえない場合には都道府県知事にあった。ただし，この5千坪は，1966（昭和

41）年の土地又は建物に関する計量単位の統一に伴う関係法令の整備に関する法律（法律41号）により，2ヘクタールに修正される。そして，農地転用手続については，国の許可権限があるものについては市町村の農業委員会を窓口にして，都道府県知事を経由して農林大臣に提出し，都道府県知事に許可権限があるものについては農業委員会を経由して知事に提出することになっていた（農地法施行令1条の7）。審査の実態は，国の案件は少ないが転用全体の土地に占める割合は15％と高く，また，事前審査制[24]があり，農業委員会や知事により実質的には経由段階で「許可可能なものに事実上絞りこまれていた[25]」ようである。

　ところで，農地転用許可制度は機関委任事務の代表的な事務であり，地方分権改革でも議論の対象となった。その1つが経由事務にしていることであった。すなわち，国の権限を残すために経由事務にしていることであり，これは実態と乖離しているということであった[26]。そこで，まず1998（平成10）年の農地法の改正（法律56号）で，2ヘクタールを4ヘクタールに改正して，国の権限の縮小が図られた[27]。さらに，地方分権一括法により機関委任事務が廃止され，農地転用事務は法定受託事務とされ，また，経由事務について，法律又は政令で定めることが求められたことから，農業委員会と知事の経由機関の役割は農地法施行令で定められた。農地転用をめぐる国，都道府県と市町村の3重行政はなかなか解消されなかった。しかし，2015（平成27）年6月の農地法の改正（法律50号）で，4ヘクタール以上の転用についての国の許可権限が都道府県又は指定市町村長に移譲され，法律上は国の権限はなくなる。しかし，4ヘクタール以上については，国と都道府県知事又は指定市町村長と協議を行うこととなった[28]。

24）5条に係る4ヘクタールをこえる農地の転用については，申請を行う前に，地方農政局による事前の審査を受け，この了解を受け，申請を行うことになっていた。この事前審査については，知事の意見書が求められる。参照，仁瓶五郎『農地売買・転用の法律〔第3版〕』（学陽書房，1999年）152〜153頁。

25）小泉祐一郎『国と自治体の分担・相互関係』（敬文堂，2016年）80頁。なお，同書は，農地転用制度と地方分権の関係について詳しい検討を行っている。

26）小泉祐一郎・前掲注25）81頁。

27）ただし，2ヘクタールから4ヘクタールまでの転用については，都道府県と国との協議制度が設置された。

28）農地法附則第2項。全国農業委員会ネットワーク機構『農地法の解説〔改訂2版〕』（2016年）116頁。

そして，2015（平成27）年9月の農地法の改正[29]で，転用の申請における農業委員会の経由と意見付与権が農地法4条と5条に規定された。これは，解説書では，中立的立場の現場の意見を盛り込んだということである[30]が，実態を反映させたということではないか，と思われる。さらに，都道府県知事の農地転用許可事務が「条例による事務処理の特例」（地方自治法252条の17の2）という制度に基づいて，条例により市町村長に移譲され，さらに，それが農業委員会に事務委任されているところもあるようである[31]。ところで，農地転用における国の介入は表面上はかなり解消されたとみえるが，法令さらには，機関委任事務時代の通達に代わった処理基準及び助言による立法的関与[32]も変わらず存在する。

　ということで，農業委員会の経由機関性というのは，分権改革と関係しているのである。さらに，分権改革で，経由機関が行政庁や協議機関に変更されたものもある。例えば，毒物劇薬取締法では，毒物又は劇物の製造業又は輸入業の登録については，製造所又は営業所ごとに厚生労働大臣が行う（4条1項）が，その申請書は製造所又は営業所の所在地の都道府県知事を「経て」厚生労働大臣に対して行うことになっていた（同条2項）。登録の変更についても同様の規定となっていた（9条）。しかも，毒物劇物取締法では，経由ではなく「経て」という文言で規定していることに特徴があった。しかし，これらの登録は，2018（平成30）年の改正[33]で都道府県知事の権限となり，知事は経由機関でなくなっ

29）農業協同組合法等の一部を改正する等の法律で改正される。

30）「平成27年の改正において，中立の立場で意見を述べることができ，最も現場に近い者の意見を盛り込む観点から，農地転用規制に果たす役割が強化された農業委員会への意見聴取が義務付けられた」（高木賢＝内藤恵久『逐条解説　農地法〔改訂版〕』（大成出版社，2017年）136頁）。

31）全国農業委員会ネットワーク機構・前掲注28）116〜117頁。

32）小泉祐一郎は次のように述べている。「一方，私人の行為を自治体が許可する事務を国が統制する手段は通達であった。国は私人が申請した内容に個別に関与することはしないで，通達で許可の基準を運用レベルまで細かく統制していた。自治体が許可をする場合，国の許可がいるという仕組みではなかったのである。通達は第一次分権改革で助言処理基準に変わっていた」（小泉祐一郎・前掲注25）89頁）と。私見では，法令のレベルの規定も増大していると思われる。また，処理基準として，平成12年6月1日に「農地関係事務に係る処理基準について」（農地水産次官通知）が定められ，助言として，平成21年12月11日に「『農地法の運用について』の制定について」（農林水産省経営局長，農林水産省振興局長通知）も定められた。

33）地域の自主性及び自立性を高めるための改革の推進を図るための関係法律の整備に関する法律（2018（平成30）年法律66号）。

ている。また，公共下水道について，事業管理者は，事業計画を定め，国土交通大臣の認可が必要な場合には，都道府県知事を経由して申請をすることとなっていた（下水道法4条，同法施行令4条1項）。ところが，2011（平成23）年の法改正により，大臣の認可制度がなくなり，協議制度となり，知事と協議することとなった。以上のことは，補完性の原理からすれば，知事とか農業委員会が経由機関であるよりも行政庁である方が，経由機関であるよりも協議機関である方が望ましいということを示している。

それでは，次に，保育所の設置に関する児童福祉法56条の8の規定を検討しよう。通常，保育所については，国，都道府県及び市町村以外の者は都道府県知事の認可を受けて設置が可能である（児童福祉法35条4項）。しかし，公私連携型保育所について，認可は必要ではなく都道府県知事への届出で設置することができる。「公私連携保育法人は，第35条第4項の規定にかかわらず，市町村長を経由し，都道府県知事に届け出ることにより，公私連携型保育所を設置することができる」（56条の8第3項）。そして，設置の届出について，当該市町村長は経由機関としての位置づけがなされているのである。他方，廃止又は休止については，都道府県知事に承認の申請をするが，この場合は，市町村長は「意見を付する」経由機関である。「公私連携保育法人は，第35条第12項の規定による廃止又は休止の承認の申請を行おうとするときは，市町村長を経由して行わなければならない。この場合において，当該市町村長は，当該申請に係る事項に関し意見を付すことができる」（56条の8第6項）。これらの規定は，2012（平成24）年の「子ども，子育て支援法及び就学前のこども関する法律」（法律67号）により導入されたものである。どうして，公私連携型保育所だけについて，市町村長は経由機関とされているのであろうか。また，知事の認可は必要とされないのであろうか。

これには，市町村長が公私連携法人の設立などに実際関わっていることが影響しているためである。保育所設置の届出を行う前提として，①まず，公私連携保育法人と市町村長は，市町村による必要な設備の貸付け，譲渡その他の協力に関する基本的事項などを定めた協定を締結する（56条の8第2項），②そして，市町村長から，公私連携型保育所（協定に基づき，当該市町村との連携の下に保育及び子育て支援事業を行う保育所）の設置及び運営を目的とする公私連携型保育法

人の指定を受けることになっている（同条1項），のである。すなわち，こうした協定の締結や指定に関わることで，市町村長は，保育所の設置の審査をしているということである。また，知事に届け出た後には，当該市町村は公私連携型保育法人に対して，市町村が所有する「設備を無償又は時価より低い価格で貸付け，又は譲渡する」（同条4項）ことになっている。さらに，公私連携保育所の廃止とか休止の承認の申請について当該市町村長の意見の表明が認められているのは，市町村が公私連携型保育法人に対して，十分な監督を行い（同条7項），必要な場合には知事へ処分を求める通知（同条9項），さらには，協定に反する場合の勧告，勧告に反した場合の指定の取消し，廃止の申請（同条10項，11項，12項）という規定を考慮すれば，当然であろう。

　なお，公私連携保育所は実際に設置されている[34]が，この保育所は，市町村が所有する設備の提供から理解されるように，公立保育所の廃止後の受け皿という役割[35]を担っていることは明らかであるし，また，それゆえに，従来から培われてきた公立保育所の保育基準が市町村によって維持されることが期待されている[36]。また，一方で公立保育所の設備を譲渡する又は賃貸する場合には，その価格の正当性が問題となる[37]と思われる。

　以上，2つの法規定を中心に，経由機関とくに意見付与権が与えられた経由機関を検討したが，実態としては，経由機関が実際上決定機関，行政庁の役割を担っているといえるのではないか[38]，と思われる。

34）例えば，松戸市のケヤキッズ保育園は2017年4月に開園している。参照，松戸市ホームページ。

35）西東京市子ども子育て審議会保育園在り方検討専門部会の「公私連携保育所制度の概要」では，締結する協定の中の「保育の内容」の中に，「当該園の保育士を公私連携型保育園に残留及び段階的な市保育士の引き上げ」という項目があり，この部分は，公設公営保育園から公私連携型保育所への移行でのみ想定される内容ですという説明がある。

36）例えば，大沢光は次のように述べている。「公私連携保育法人制度は，これまで積み上げられてきた公立保育所の保育環境や条件が公立保育園廃止・民営化により低下すると危惧する保護者らの不安に一定程度対応しようとするものだと考えられる」（同「子育てと保育所行政」白藤博行ほか『地方自治法と住民』（法律文化社，2020年）157頁）と。

37）藤井伸生「子ども・子育て新制度スタート──見えてきた課題と国と自治体への提案」月刊「住民と自治」2015年11月号。

38）後述の最高裁平成13年2月27日第三小法廷決定は，年金の併給についての停止処分などの決定について，経由機関・知事の行為と行政庁・社会保険庁長官の行為を比較して，前者が行政の決定

3　経由機関と行政官庁理論

　次に，経由機関の意義を検討する上で，重要と思われる行政官庁理論と経由機関との関係を整理しておこう。

　行政官庁理論とは，行政機関を行政主体の意思決定を行う行政庁又は行政官庁を中心に整理するものである。許可，認可又は免許を法律上の要件を充足する者に付与する大臣，都道府県知事又は市町村長が行政庁であり，その下で働く局長，部長，課長及び職員は補助機関であり，さらに，大臣の諮問に応えて答申を出す各種審議会が諮問機関として整理される[39]。前述した，農地法や児童福祉法などの行政実体法が大臣，都道府県知事又は市町村長を「許可，認可又は免許を申請者に付与することを決定し，現実に付与する」という対外的権限をメルクマールに行政庁と位置付け[40]，さらに，行政不服審査法や行政事件訴訟法も，処分庁又は行政庁を不服申立て又は訴えの相手方又はその代表機関としているためである。経由機関は，行政官庁理論との関係でどの点が問題となるのであろうか。

　行政官庁理論との関係では，以下の3つが問題となる。1つは，行政官庁論は1つの行政主体の意思決定の中で機能する理論として考えられてきたことである。許可であれば，その申請の受付から審査そして決定，許可書の交付に至るまで，1つの行政主体の組織の中でなされることが前提とされていた。申請書の受付又は受理は，補助機関が受け付けることとされ，それは行政庁が受け付け，受理したと考えられてきた。例えば，薬局の開設の許可は都道府県知事により交付されるが，申請書は都道府県の担当部局の職員すなわち，知事の補助機関に提出すれば，知事に対してなされたものであり，また，運転免許の交付は，都道府県公安委員会の権限である（道路交通法84条）が，免許センターや警察署の担当警察官すなわち公安委員会の補助機関に申請書を提出すれば，公安委員会に提出されたものとされる（同89条）。ところが，地方分権化や民間化に

過程において核心的な部分を占めるとする。これも参考となろう。

39）最近の整理は，木藤茂「行政機関と行政庁」高木光＝宇賀克也編『ジュリスト増刊　新法律学の争点シリーズ8　行政法の争点』（有斐閣，2014年）172〜173頁が詳しい。

40）松戸浩は，対外的権限が行政官庁といつ結びついたのか歴史的に検討している。参照，松戸浩「行政官庁理論」法学81巻6号（2018年）279頁。

伴い，行政庁とは別の行政主体に属する経由機関が出てきたのである。例えば，農地転用許可の決定権限は当該農地の所在する都道府県知事にあるが，申請は経由機関である農業委員会に対して行い，さらには，新しい医薬品の製造販売については，独立行政法人医薬品医療機器総合機構という特殊法人に対して申請を行い，この法人を経由して申請書は厚生労働大臣に提出される。こうした経由機関の存在は，申請等の受付権限を行政庁の組織から分離したものであって，行政官庁理論からすっきりと説明することは困難であるといえよう。とくに，機関委任事務が廃止された今日ではよりどころとする理論はないと思われる。

　ところで，1つの行政主体に属する行政庁と補助機関は，指揮監督関係にある。行政庁は，補助機関が行う申請事務について命令することができた。これは，機関委任事務については通達という形式で妥当した。しかし，法定受託事務又は自治事務を処理する経由機関さらには委託された事務を処理する民間の経由機関と，行政庁とは指揮監督関係にはない。しかし，法令による経由機関の事務処理に対する基準の設定とか，処理基準又は助言という経由機関に対する規制は存在する。指揮監督関係にない，事務処理体制（行政庁－他の行政組織の経由機関，行政庁－民間の事業者たる経由機関）というものは，行政官庁理論からどのように考えられるか，という問題がでてきたのである。

　最後に，経由機関に対して，法律又は命令が申請人の申請を受け付ける権限を与えたり，農地転用許可の手続にあるように意見付与権を与えていることも問題となる。行政官庁理論では行政庁だけに対外的な権限を与えられていたが，経由機関にも申請を受け付けるという対外的な権限が与えられているのである[41]。ただし，この点，受付権限なのか行政手続法が排除した受理権限なのかという問題もあるようである。また，行政庁にしか決定権限が与えられてなかったのに，一部の経由機関には意見付与権が与えられており，行政庁の処分権限との関係でどのような権限があるのか，を判断することは行政官庁理論との整合性との関係で困難といえよう。法令による行政庁の意思決定過程における

---

41)「申請に対する処分のうち本人の意思に基づくべきもの（略）にあっては，"情報提供（行手9条2項)→意思表示→意思確認"という彼此相補の交渉過程が重要な意味をもつ」（仲野武志「最高裁平成13年決定の評釈」ジュリスト1224号（2002年）35頁）という言葉は受付権限の重要性を示唆している。

関与，変更がどこまで認められるのか，という問題であろう。また，その場合法的権限と実際の権限行使が乖離することも注意する必要があろう。

こうした3つの問題を射程に置きながら，以下では，経由機関の申請書の返戻，申請書の進達の拒否などについて，行政手続法や行政事件訴訟法における経由機関の位置づけを検討することにする。

Ⅲ　経由機関と行政手続法

1　経由機関と申請の手続

経由機関は，行政手続法の申請に関する手続である，標準処理期間と審査応答義務で問題となる。もちろん，行政手続法に準拠して制定されている地方自治体の行政手続条例における申請に関する標準処理期間と審査応答義務についても同じように問題となろう。ただし，歴史を精査すれば，経由機関が行政手続法や行政手続条例の標準処理期間や審査応答義務の問題を整理する中で脚光を浴びたことが理解される。

行政手続法6条は，許認可又は免許の申請に対する標準処理期間を規定する。すなわち，「申請がその事務所に到達してから当該申請に対する処分をするまでに通常要すべき標準的な期間」を定める努力義務を許認可又は免許の決定権限を有している行政庁に課している。そして，行政手続法は，経由機関がある場合を想定して，「法令により当該行政庁と異なる機関が当該申請の提出先とされている場合は，併せて，当該申請が当該提出先とされている機関の事務所に到達してから当該行政庁の事務所に到達するまでに通常要すべき標準的な期間」（以下では，「経由期間」と呼ぶ）を定めることをも努力義務として要求する。そして，標準処理期間や経由期間を定めた場合には，「提出先とされている機関の事務所における備え付けその他適当な方法により公にしておかなければならない」。経由機関においては，決定権限を有する機関ではないので，とくに標準処理期間と経由期間を明らかにする必要があるのではないかと思われる。この点で，申請書を受け付けて進達する経由機関である場合には，経由期間は明らかであるが，前述した農地転用許可のように，経由機関である農業委員会が意見書を付けて行政庁である都道府県知事に送付する場合には，意見書の作成に要する期間，都道府県機構の意見を聞く場合にはそのことを含めて要する期間

を公にする必要があろう。ただし，農地の転用の許可申請については，農地法施行規則32条により，農業委員会は申請を受け付けて40日以内に知事に進達しなければならないとの規定がある。もちろん，法令の規定があれば，それにより規制される。

　次に，経由機関については審査応答義務との関係が問題となる。行政手続法は，その7条で，「申請がその事務所に到達したときは遅滞なく当該申請の審査を開始しなければならない」とし，形式上の要件に適合しない申請の補正又は拒否という審査応答義務を規定する。問題は，本条にいう「その事務所」に経由機関が該当するのかどうかである。これは，6条と7条の「その事務所」を同じように理解するかどうかの問題でもある。法案を審議した部会でも議論されていない箇所のようである[42]。学説はほぼ2つに分かれている[43]が，2つの学説の違いは分かりにくい。

　7条の「その事務所」について，通説は，別の行政主体に所属する経由機関はそれに該当しないとしている[44]。この学説は，総務庁行政管理局編集の以下の説を母体としているようである。行政庁と独立した機関の事務所「については，経由機関が組織法上行政庁から独立した人格を有するという点で，②（筆者挿入：行政庁の地方支分部局等の事務所）と異なっている。このため，行政庁の具体的審査行為の開始義務の発生時点は，申請書が経由機関の事務所に提出された時点ではなく，申請書が経由機関から本庁（又は地方支分部局等）の事務所に進達された時点となる。ただし，申請書が経由機関の事務所にある間，行政庁は何らかの責任を負わないわけではなく，組織法上行政庁から独立した人格を有する機関を経由機関としたことに伴う責任は行政庁にあることから，個別法上経由機関における申請の処理について特別の定めがあるものを除き，行政庁は経由機関に申請書を遅滞なく送付させるようにしておく必要がある[45]」と。以

42）須田守「7条解説」高木光＝常岡孝好他『条解　行政手続法〔第2版〕』（弘文堂，2017年189頁。

43）同旨，鹿子嶋仁「申請到達前における申請権の保護」香川法学29巻2号（2009年）42頁。

44）引用した学説の外に，南博方＝高橋滋『注釈　行政手続法』（第一法規，2000年）154頁がある。

45）総務庁行政管理局編『逐条解説　行政手続法〔増補〕』（ぎょうせい，1994年）107〜108頁。引用文は，現在でも維持されている。参照，IAM＝行政管理研究センター『逐条解説　行政手続法（27年改訂版）』（ぎょうせい，2015年）144〜145頁。

下も同じ説であろう。「法令上経由機関の定められているときの処理につき，本条は前条のような特別の規定を置いていないが，経由機関は法令上特別の定めのない限り，申請の審査に対して固有の権限を持っていないのであるから，審査開始義務の観念は，経由機関自体には当てはまらない。」「したがって，本条にいう行政庁の審査義務は申請書が経由機関から行政庁の事務所に提出されたときに発生するのである。しかし，申請人の行政庁に対する透明にして迅速な処理の期待は，書類の提出先如何によって異なるものではない。さらに，標準処理期間の算定方法から明らかのように，行政不服審査法の不作為の違法確認における相当な期間の起算点は，経由機関が介在しておれば，その機関へ申請書が提出された時点であると考えられる。いいかえれば，本条の審査応答義務とは別に，申請に対する応答義務が行政庁に存するわけである。すなわち，経由機関は速やかに申請書類を伝達する組織法上の義務がある。一方，行政庁としては，仮に，経由機関において，処理の遅延が認められているときには，経由機関をして，申請処理の適正迅速を図る義務がある[46]」と。通説は，7条の審査応答義務と独立した経由機関に申請書が提起された後の行政庁の応答義務を区別し，後者について，行政庁の経由機関に対する監督義務や組織法上経由機関に行政庁へ進達する義務があると捉えるところに特徴がある。しかし，7条はそのように区別しているのか，は定かではない。また，この説は，後述する判例とくに総務庁行政管理局が引用する名古屋高裁金沢支部判決に一致させる必要性から，根拠づけられているようにもみえる。

　これに対して，少数説であるが，行政庁から独立した経由機関に申請書が提出された場合にも，7条の審査応答義務が生ずるとの説がある。「行政庁の『その事務所』とは，6条にいうところと同義であり，行政庁の所在する本庁の窓口および地方支分部局等の受付窓口を意味する。『法令により当該行政庁と異なる機関が当該申請の提出先とされている場合』（いわゆる経由機関（6条かっこ書））にも，申請は経由機関の事務所への到達によって成立し，行政庁は諾否の処分をなす義務を負うのであるから，審査開始義務についてこの場合をとくに区別

46）塩野宏＝高木光『条解　行政手続法』（弘文堂，2000年）153頁。このような理解は，同書の第2版でも維持されている。参照，須田守「7条解説」高木他『条解　行政手続法〔第2版〕』（弘文堂，2007年）183頁。

する実益はない[47]」と。そして，この説については，審査開始を申請書が経由機関に提出されたときにしないと，経由機関での処理の遅滞に対する行政庁の責任が不明確になるということが理由にされている[48]。ただしかし，通説が前提とする申請に対する決定権限は行政庁にあることから，経由機関における審査の内容が問題となる。

　私見は，少数説に賛成したい。というのは，7条で定める「行政庁」の審査であるが，経由機関にも一部認められていると考えるからである。1つは，形式的審査権と実質的審査権というもので区別すると，申請の記載事項に誤りがないか，とか必要な書類が添付されているのか，という部分の審査である形式的審査権は，経由機関にあると考えるべきであるからである[49]。したがって，必要な書類がない場合などについては，経由機関が補正を行政指導で行うことも必要になる。例えば，農地転用の許可申請の場合の申請書に添付する書類は農地法施行規則30条で定められており，また，医薬品医療機器法14条の新医薬品の

47）梶哲教「7条解説」室井力他『コンメンタール行政法　行政手続法・行政不服審査法〔第2版〕』（日本評論社，2008年）110頁，同「7条解説」室井力他『コンメンタール行政法　行政手続法・行政不服審査法〔第3版〕』（日本評論社，2018年）122頁。

48）例えば，安達和志は，以下のように述べている。通説のように「理解すると，経由機関の窓口段階では申請者からみて『到達』の有無が不明なため，経由機関の受付後の申請の取下げ・変更等の指導の余地を残すおそれがあり，それは，申請提出後の行政指導の趣旨にそぐわないだろう」（同「『申請に対する処分』の手続」兼子仁他『行政手続条例制定の手引き』（学陽書房，1995年）21～22頁）。

49）後述の最高裁平成13年決定に係る調査官解説で，西川知一郎も，国民年金の支給停止の解除の申請について，経由機関である和歌山県知事の申請書の受理及び進達に関する法令上の権限について，「申請書（申出書）の記載及び添付書類に不備，過誤がないかなどといった形式的事項に関する審査を意味するものと解される」とし，「申請書及びその添付書類等を受理し，申請に係る事実についての形式的審査を行った上，これをY_2社会保険庁長官に進達する権限を有していたにすぎ」ないと述べている（西川知一郎「最高裁平成13年2月27日決定解説」最高裁判所判例解説　民事編（平成13年度）165頁）。また，「なお，経由機関について，個別法令上特別の定めのない限り，固有の審査権限を持たない，単なる申請書類の伝達機関であるとする見解がある（塩野宏＝高木光・前掲注46）147頁，153頁，高木他・前掲注46）177頁（須田））。しかし，当該行政機関がまさに経由機関として定められている（経由機関が定められる趣旨について，総務庁行政監察局行政相談課＝行政相談事例研究会・前掲注19）62頁は，申請者の利便に資するため，または経由機関にも申請に係る情報を把握させておく必要があるためとする）ことに基づき，申請に一定の審査を加え，必要と考えれば補正を求める等の行政指導をする権限を付与されたものと解されよう」（梶哲教・前掲注47）126～127頁）は，同旨であろう。

製造販売の承認について，承認を受けようとする者は，厚生労働省令で定める
ところにより申請書に臨床試験の試験成績に関する資料その他の資料を添付し
て申請する（同条3項，同法施行規則40条）。農地転用の申請書類を受け取った農
業委員会又は新医薬品の製造販売の承認の申請書を受け取った独立行政法人医
薬品医療機器総合機構が書類に不備があるにもかかわらず知事又は厚生労働大
臣に申請書を進達することは，国民の権利保護に資するとは思えないし，また，
農地法施行規則30条3号の「申請に係る土地に設置しようとする建物その他の
施設及びこれらの施設を利用するために必要な道路，用排水施設，その他の施
設の位置を明らかにした図面」というものについては，知事部局より農業委員
会の方に判断材料があるのではないかと思われるし，また，新医薬品の製造販
売の承認の申請について，必要とされる「薬理作用」（1号ニ）「毒性」（1号ヘ）な
どの資料は審査部門がある医薬品医療機器総合機構の方が判断しやすいのでは
ないかと思われるからである。もう1つは，実質的審査権に関わることである
が，経由機関の中には，意見付与権が認められたものもあるのである。この意
見付与権は実質的審査権に関わると思われる[50]。経由機関は，申請書及び添付
書類を受けて審査し，意見を付けて行政庁に進達し，行政庁が最終的に決定を
行う。しかし，実態は，経由機関の意見に従い行政庁が決定を行う場合もある
と思われる。さらに，弁護士会のように進達拒否権を与えられた経由機関，旅
券法にみられる申請者の本人や住所の確認，旅券の作成及び交付の権限を有す
る経由機関もあるのである[51]。

2　経由機関による申請書の返戻等と救済方法

ところで，経由機関と審査応答義務との関係で問題となるのは，行政庁から
独立した経由機関に申請書が提出されたにもかかわらず，その経由機関が申請

50）法規定を分析し，単に経由機関とされている場合と，経由機関に意見付与権が与えられている場
　合を区別して，後者の場合には，「単純に申請事案を受け付ける役割のみでなく，一定の審査を行
　うことが期待されていることは明らかです」（南博方＝関有一・前掲注9）47頁）も同旨であろうか。
51）「申請が経由機関の事務所に到達した時点で当該申請に対する審査応答義務が生じている」（総
　務庁行政監察局行政相談課＝行政相談事例研究会・前掲注19）97頁）は少数説として取り上げら
　れるが，実質的審査を行う旅券法の事例を取り扱ったために，こうした結論に至ったと思われる。

書を行政庁に進達しないとか，申請者に申請書を返戻することがあることである[52]。これは，行政手続法が想定しないことである。この場合に，申請者にどういう救済が認められるのか，という問題がある。この問題を検討する場合には，実体法の構造とは別に，救済法の構造，すなわち，行政不服審査法や行政事件訴訟法に従う必要がある。

　1つの方法は，行政庁に直接申請書を持っていくということである。農地転用手続においては，過去に施行令で認められていたようである[53]が，現在はない。法令で行政庁とは別に経由機関が定められている以上，申請書を直接行政庁に持っていくことは難しいのではないか[54]，と思われる。一種の苦情を申し立てるということになるかと思われる。

　もう1つの方法は，不服申立てである。この場合，拒否処分として争うのか，不作為として争うのか，さらに，経由機関と行政庁のどちらを相手方とするのか，が問題となろう。行政不服審査法が行政官庁理論に基づいていることから，不作為の審査請求を行政庁に対してすることになろう。なお，以下の訴えについての議論が不服申立てにも妥当しよう。

　次に，裁判による救済であるが，①訴えの形式として，不作為の違法確認の訴えと申請拒否処分取消しの訴えを提起することが考えられるが，2つとも認められるのか，さらに，申請型義務づけの訴えは認められるのか，も問題となろう，②2つの訴えにおいて，経由機関の所属する行政主体を被告とするのか，それとも行政庁の所属する行政主体を被告とするのか，問題となろう。これについては，行政庁が大臣で経由機関が知事である場合，又は行政庁が知事で経由機関が市町村長である場合に，問題となる。③さらに，①に対応するため，不作為の違法確認の訴えと申請拒否処分取消しの訴えを併合提起すること，又は不作為の違法確認の訴えを提起して，申請型義務付けの訴えを併合提起する

---

52) この点，鹿子嶋仁は，返戻の多様性として，返戻を，①申請取下げの行政指導としてなされるもの，②補正指導としてなされるもの，③不適法な申請に対する拒否処分としてなされるもの，④実体的な拒否処分としてなされるもの，の4つに分類して，救済方法等の対応を議論している（鹿子嶋仁「申請書の返戻と行政手続法」香川法学29巻2号（2009年）9〜10頁）が，これは参考になる。

53) 農地法施行令3条3項にあったようである。参照，山下清兵衛＝行政許認可手続紛争解決研究会・前掲注14）497頁。

54) 総務庁行政監察局行政相談課＝行政事例研究会・前掲注19）62頁。

ことも考えられる。

　それでは，判例を検討することにする。最初の判例は，建築確認申請について
の事案で，1審の金沢地裁昭和62年12月25日判決と控訴審の名古屋高裁金
沢支部平成元年1月23日判決である。原告が，石川県の建築主事宛ての申請を
経由機関である津幡町長に提出したものである。これは，津幡町には建築主事
が居らず，県の建築主事が同町の建物等の建築確認権限を有しているところ，
石川県の規則等により，当該建築物の所在する区域を管轄する市町村長におい
て申請書を受け付けて，市町村長から申請書を当該管轄の県の土木事務所長に
進達し，土木事務所建築主事において建築確認を行うか本庁の住宅課建築主事
に進達することになっていた。ところが，原告が提出した建築確認申請につい
ては，既存の建物がモーテルであり，またそれと一体とすれば，知事の開発許
可が必要であり，また，農地転用についての計画の変更も必要となるものと解
する余地があり，津幡町は，同時に開発許可の申請と農地転用計画の変更を行
うよう指導し，原告もこれに従い，経由機関である津幡町長に開発許可申請と
計画変更の承認の申請を行ったが，津幡町長は，必要な書類が添付されていな
いとして，受理を拒絶し，いずれの書類も返却し，処分もしなかった。そこで，
原告は，経由機関である津幡町長と津幡町農業委員会を被告として，3つの申
請について不作為の違法確認の訴えを提起したのである。

　これに対し，金沢地裁判決は，以下のように述べて，建築確認に関する不作
為の違法確認の訴えを却下した。

　　「建築確認申請書を受け付けた市町村長は，土木事務所にこれを進達するにすぎな
　いところ，右にいう進達は行政機関相互間の行為であって，申請者その他国民の具体
　的権利義務を形成し，または確定する効力を有せず，これを行政処分と解することは
　できない（最高裁判所昭和37年7月20日第二小法廷判決，民集16巻8号1621頁参照）。
　また，他に被告町長が右申請について行政処分としての何らかの応答をすべき義務
　を負っているものとは考えられない。従って，原告会社の本件訴えのうち右申請に
　ついての被告町長の不作為の違法確認を求める部分は訴訟要件を欠くこととな
　る[55]」と。

55）行集40巻1・2号34〜35頁。

そして，開発行為許可申請と事業計画変更承認申請についての不作為の違法確認についても，同様の理由で却下した[56]。考えてみるに，被告を町長とし不作為を進達行為について不作為と捉えることは，行政機関相互間の行為を問題とすることになり，容易に判旨の結論に至るといえよう。

　控訴審の名古屋高裁金沢支部判決も控訴を棄却したが，以下のように述べて経由機関について新たな判断を示した。

　「石川県の定めた前記細則は，地方自治法15条により，地方公共団体の長が，その権限に属する事務に関し，規則を制定し，建築主事の機構の整備の一環として市町村長に申請の受理権限を与えたものと解するのが相当である。

　(3) そして，建築主事は，建築基準法により建築確認等の行政処分を行う権限を与えられた行政庁であり，指揮監督権を有する知事等が代行することも，建築主事が他の職員にその権限を委任することも許されないから，前記細則による市町村長の受理及び審査は，建築主事の一機構としての行為というべきである。したがって，市町村長が土木事務所に申請書を送付し，あるいはこれを送付しない行為は，行政機関相互間の行為に過ぎず，国民の権利義務を形成し，又は確定する効力を有する行政処分とはいえない。また，申請者が市町村長に申請書を提出すれば，法的には建築主事に申請したのと同一の効果が生ずるとみるのが相当であり，建築主事は，市町村長あるいは土木事務所から申請がないことをもって申請を受理していないと主張することは許されないというべきである。

　(4) 控訴人会社は，被控訴人町長に対してした本件建築確認申請について，同被控訴人が何らの処分をしないことが違法であると主張するが，控訴人会社が同被控訴人に本件建築確認申請書を提出したことにより，石川県に申請がなされたと同一の効果が生じているというべきであり，同建築主事において何らかの応答をする義務はあるが，同被控訴人は処分権者ではないから，本件確認申請に対する不作為の違法を主張するのであれば，建築主事を被告とすべきであり，同被控訴人は被告適格を有しない。また，同被控訴人が土木事務所長に申請書を送付する行為は行政処分といえないから，この点でも訴訟要件を欠くものというべきであり，控訴人会社の右主張はいずれも理由がない[57]」と。

　すなわち，判旨を整理すると，以下のように纏められよう。①建築主事に指

---

56) 行集40巻1・2号35～36頁。
57) 行集40巻1・2号23～24頁。

揮監督権を有する知事が，規則により建築主事の機構整備の一環として，市町村長に建築確認申請書の受理権限を付与した，②当該市町村長の申請の受理及び審査は建築主事の一機構としての行為であり，申請者が当該市町村長に申請書を提出すれば，法的には建築主事に申請をしたと同一の効果が生ずる，③したがって，建築主事において何らかの応答をする義務があるが，市町村長は処分権者でないから，本件確認申請に対する不作為の違法を主張するのであれば，建築主事を被告とすべきである。これは，経由機関としての位置づけを正確に整理した解釈といえよう。ただし，市町村長の「受理及び審査」の審査の内容が少し気になる。この判例が，行政手続法7条と経由機関の関係についての解釈学説に強い影響を与えてきたといえる[58]。

　次の判例は，千葉地裁平成4年10月28日判決である。事案は，原告がゴルフ場の開設について，千葉県知事と協議するため，協議申出書を被告大喜多町長に提出したところ，町長が受理を拒否したもので，受理拒否処分の取消しを求めたものである。千葉県の「宅地開発事業等の基準に関する条例」（以下「本件条例」という）5条1項によると，千葉県においてゴルフ場の開発事業を行おうとする者は，当該計画について，あらかじめ千葉県知事と協議し，その同意を得なければならないとされ，また，同条例施行規則2条の2第4項によると，協議申出書等の知事への提出は，開発地域の所在する市町村の長及び同区域を管轄する支庁の長を経由して行わなければならないとされていた。そこで，原告は，協議申出書を大喜多町長に提出したところ，協議申出書は右町長名で返戻されてきた。本件条例7条1項によれば，ゴルフ場の開発事業を行おうとする者は，工事を施行しようとするときは，予め工事の設計が所定の基準に適合するものであることについて，知事の確認を受けなければならないとされ，この確認を受けずに工事を施行した者は，5万円以下の罰金に処せられることになっている。また，条例7条3項によれば，確認は，知事と協議し同意を得た後でなければできないとされており，協議申出書が返戻された場合には，この確認の申請もできないことになる。こうした理由から，原告は，協議申出書の返戻行為を

58）総務庁行政管理局・前掲注45）108頁，大橋真由美「申請，届出の取り扱い」小早川光郎他『論点体系　判例行政法Ⅰ』（第一法規，2017年）357頁。

受理拒否処分として，原告の権利義務に直接影響を及ぼすものであるとして，
①主位的に，知事を被告として，受理拒否処分の取消しを求め，②予備的に，町
長を被告として，受理拒否処分の取消しを求めたものである。

　これに対し，千葉地裁は，以下のように述べて，原告の主位的請求について
認める。「本件では，右返戻行為に行政処分性があるかどうか及びこれが肯定
されるとして被告知事の処分といえるかどうかが主として争われているが，当
裁判所は，以下の理由で，これらをいずれも肯定的に解すべきものと考え
る[59]」と。本稿は，処分性を問題とするものでないので，町長の返戻行為を知事
の処分とする箇所だけを引用しておこう。

　　「被告知事は，そのほかの理由でも，本件返戻行為が事実行為であり原告の法律上
　　地位等に影響を及ぼさないものであることを主張しているところ（略），これらもそ
　　の趣旨が必ずしも明らかではないが，いずれも，本件返戻行為は，本件協議申出が未
　　だ被告知事に対してなされたということのできない段階で被告町長により被告町長
　　名でなされたことは前述のとおりである。しかし，本件条例は，5条協議の申出書は，
　　被告知事に提出しなければならないことを定めているのであり（5条4項），協議申出
　　書の受理権限を知事に与えていることが明らかである。そして，被告知事は，本件規
　　則を制定してその2条の2第4項で右協議申出書は同条所定の市町村長等を経由して
　　提出しなければならないとしているのであるが，これは，本件条例により被告知事に
　　与えられた右申出書の受理権限に基づき，右市町村長等にその受付権限を授与した
　　ものと解するのが相当である（本件条例，本件規則，指導要綱及び取扱い方針を通じ
　　て認められる本件条例の趣旨に照らすと，被告知事規則により右のように受付権限
　　を前記市町村等に授与することは本件条例に違反することはないと認めることがで
　　きる。）従って，協議申出書は，その受付権限を有する市町村長等に提出されたとき
　　被告知事に効果が生ずるというべきである。そうすると，被告知事が本件申出書が
　　被告町長に提出されたことを知っていたか否かに拘わらず，本件協議申出書が被告
　　町長に提出されたとき被告知事に提出された効果が生じたのであるから，被告知事
　　の前記各主張は，前記の前提を欠くものであり，採用することはできない。そして，
　　同様の理由により，被告町長が被告町長名でした本件返戻行為は，その効果が当然に
　　被告知事に生じ，被告知事により受理拒否処分がなされたことになるものと解する

59）判例タイムズ802号125頁。

が相当である[60]」と。

千葉地裁の判断は，名古屋高裁金沢支部の判示と比べると，申請書が経由機関である市町村長に提出されたことを決定権者である知事に提出されたとみなし，被告を知事としなければならないとしたことは同じであるが，千葉地裁の方は，経由機関である市町村長の申請書の返戻行為をも決定機関である被告知事の拒否処分とみなしている。また，名古屋高裁金沢支部が受理権限は町長にあるとしたのに対し，千葉地裁が町長の受付権限と知事の受理権限を区別したことも影響しているようである。千葉地裁判決に対する評釈では，判決を支持するものが多い[61]が，千葉地裁判決は後の判例では支持されていない。この違いには，裁判で提起された訴えが不作為の違法確認の訴えと拒否処分取消しの訴えであるという訴訟形式の違いが影響していることは確かである。いずれにしても，以上2つの判示により，経由機関が提出された申請書を返戻した場合の対応として，①被告は，申請書が提出された経由機関でなく決定権限を有する機関（知事）であるが，②不作為の違法確認の訴えを提起する方法と受理拒否処分取消しの訴えを提起する方法の2つがあることが明らかとなった。

次は，前章で取り上げた農地転用許可申請に関するもので，1審のさいたま地裁平成19年9月26日判決と，その控訴審の東京高裁平成20年3月26日判決である。事案は，原告が本件土地について，春日部市農業委員会に対して農地法5条に基づく農地転用の許可申請をしたところ，同農業委員会は，許可申請書に必要書類（農用地除外申請書）の添付がない等として，本件申請を受理しなかった。これを不服として，原告が，①主位的請求として，知事を被告として

60）判例タイムズ802号125〜126頁。

61）「要綱に基づいて行われる自治体の各種の措置に関して曖昧な実務処理の方法を批判し，返戻行為に対する行政訴訟法上の救済方法を明示したところに，本件判決の意義があるものと思われる」（石川敏行「判例評釈」判例評論426号（判例時報1494号）（1994年）180頁），「従来の判例の趣旨に沿ったものといえる」（山村恒年「評釈」判例地方自治118号（1994年）65頁）とか「町長名で返戻されたことについて，条例上の受理権限は知事にあるものであって，その手続上町長に協議申出書が提出されるに過ぎないから，これを知事の処分であるとした本判決の結論に異議はないであろう」（石栗正子「判例評釈」判例タイムズ852号（1991年）311頁）である。しかし，村長の経由機関性を無視し（前二者）又は受理権限と受付権限を区別し村長を「手続上の提出機関」とする論理では，その射程は定かではなかったといえよう。

本件申請の受理を拒否した処分の取消しの訴え，を②予備的に，知事を被告として，農地転用の許可申請がありながら許否の判断を怠った不作為の違法確認の訴えを提起したものである。原告は，前述の名古屋高裁金沢支部判決や千葉地裁判決を踏まえ，被告を知事にしたと考えられる。

　ところが，1審のさいたま地裁は，2つの訴えを却下した。同判決は，「農業委員会と都道府県知事の有する各権限，両者の関係及び審査手続きに照らすと，農業委員会をもって都道府県の一機構とみることはできない。そして，上記申請に対する手続に照らすと，本件申請は，埼玉県知事を名宛人に対してなされたものではあるが，春日部市農業委員会から同知事に対する申請書の送付がない限り，同知事に対する申請として認められないことになる。したがって，本件においては知事に対する申請はなく，また本件申請に対する知事の処分は存しない[62]」という理由などで，処分取消しの訴えを却下し，さらに，「本件において，春日部市農業委員会から埼玉県知事に対し，本件申請にかかる申請書が送付されたことはないのであるから埼玉県知事に本件申請に対する作為義務が発生することはない。そうであれば，原告の本件申請に対する作為義務を前提とする予備的請求にかかる訴えは不適法であるといわざるをえない[63]」として，不作為の違法確認の訴えも却下している。このような論理は，理解できない[64]。申請書が経由機関に提出された場合に，決定機関である行政庁に提出されたものと「みなされるか」どうかが問題なのである。したがって，この判決は控訴審で否定されることになる。すなわち，控訴審の東京高裁判決は，名古屋高裁金沢支部判決に従ったのか，予備的請求の不作為の違法確認の訴えを認めている。

　最初に，主位的請求である処分取消しの訴えを否定した判示部分を紹介する。

　農地法施行「令1条の15第1項は，法5条1項の許可を受けようとする者は，申請書

62）LEXDB 文献番号 28132345。

63）LEXDB 文献番号 28132345。

64）この点について，鹿子嶋仁は，控訴審の判断を支持しつつ，「地裁の判断には，知事への直接申請制度を不作為が生じることを予想しての立法的手当と解し，当該制度が設けられている以上これによるべきとの制度的排他性に類した理解があるのかもしれない」という指摘をしている（鹿子嶋仁・前掲注43）44～45頁）。

を，農業委員会を経由して都道府県知事に提出しなければならない旨を定めており，農業委員会は申請書の提出先とされているのであるが，それ以上に，都道府県知事が，農業委員会に対し，上記許可に係る権限を委任し，又は嘱託したものと解すべき根拠はない。農業委員会が，法5条1項の許可の申請書の提出を受けながら，これを都道府県知事に進達せず，これを受理しないとの対応をした場合には，申請の当否に関する都道府県知事の審査は全く行われておらず，その判断権が行使されたとみる余地はないのであって，農業委員会の上記対応をもって，都道府県知事が，申請に対する拒否の処分をしたものと解することはできない。

したがって，本件受理拒否行為が，処分行政庁の本件申請に対する拒否処分（却下処分）に当たるとして，その取消しを求める主位的請求に係る訴えは，取消しの対象となる処分が存在せず，不適法として却下を免れない。[65]」「この点につき，控訴人は，法5条1項の許可の手続に関しては，農業委員会は都道府県知事の一機構として位置付けられ，都道府県知事は，自治事務に当たる上記許可の執行機関として，農業委員会に対する指揮命令権を有しているから，本件受理拒否行為は，処分行政庁による本件申請に対する拒否処分に当たると主張するが，上記主張は，申請書の提出を受けた処分行政庁の補助機関が，処分権限がないにもかかわらず，独断で申請書を受理しないという対応をした場合は，処分行政庁によって申請に対する拒否処分がされたものと解すべきであると主張するに帰着し，独自の見解といわざるを得ず，これを採用することができない[66]」と。

次に，予備的請求を認めた部分は次の通りである。

農地「法5条1項の許可に係る申請書の提出先は農業委員会とされているところ，農業委員会は，農業委員会等に関する法律に基づき設置された市町村の行政機関であって（農業委員会等に関する法律3条），地方自治法に基づき設置された都道府県の行政機関である都道府県知事からは独立した行政委員会である。このように，行政組織法上，処分行政庁からは独立した行政機関を経由機関として，申請を受理する法制度の下においては，申請権を有する者が，経由機関に申請書を提出した場合には，これによって，処分行政庁の応答を得ようとする意思の表明があることは明らかであって，処分行政庁は，申請に対し，相当の期間内に応答する義務を負うことになると解すべきである。そして，経由機関を経由して申請書を提出すべきことが定められている場合にあっては，上記相当の期間は，経由機関から処分行政庁に申請書を進

65）LEXDB文献番号25420941。
66）LEXDB文献番号25420941。

達等するために要する相当の期間及び処分行政庁が申請に対する処分をするために要する相当の期間を通じた期間をいうものと解され，こうした相当の期間を経過しても，申請に対する応答がされない場合には，処分行政庁は，申請に対する応答義務を怠るものとの評価を免れない。[67]」

　以上のように，判例では，経由機関が申請書を申請者に返戻してきた場合の救済手段として，被告を行政庁として不作為の違法確認の訴えを提起することを認めているといえよう。一方，拒否処分取消しの訴えについては，認めている判例もあるが，判例で一般的に認められているとはいえないと思われる。このことは，経由機関ではなく，行政庁の返戻行為の救済についても取消訴訟ではなく不作為の違法確認の訴えが判例において一般的に認められている[68]ことからも，理解されよう。

　さらに，訴えとして申請型の義務付けの訴えについてだが，これに関する判例はない。この訴えについては，申請書が経由機関止まりになっており，行政庁の審査に至っていない段階では，「処分——をすべきであることがその処分——の根拠となる法令の規定から明らかであること」又は「行政庁が処分——しないことがその裁量権の範囲を超え若しくは濫用となる」（行政事件訴訟法37条の3第5項）を問題とすることはできない[69]と考える。

　最後に，最初に問題とした訴えの主観的併合について少しだけ検討しておこう。判例で問題となったのは，①訴えの形式における，不作為の違法確認の訴えと拒否処分取消しの訴え，そして，②被告を，経由機関（現在は，その帰属する行政主体）とするのか，それとも行政庁（現在は，その帰属する行政主体）とするのか，の組み合わせの内，当初，被告を経由機関とする2つの訴えが提起されたが，これらは認められないことが明白となり，そして，被告を行政庁と経由機関とする，2つの不作為の違法確認の訴えが提起され，そして，最近では，被告を行政庁・その帰属する行政主体とする不作為の違法確認の訴えと拒否処分取消しの訴えを提起する例がみられる。

　中間段階にみられた，経由機関を被告とする不作為の違法確認の訴えと行政

---

67) LEXDB文献番号25420941。
68) 鹿子嶋仁・前掲注52) 14頁。
69) 山下清兵衛＝行政許認可手続紛争解決研究会・前掲注14) 494頁。

庁を被告とする同一の訴えを併合提起することは，例えば，行政庁が大臣のときに，経由機関が都道府県知事の場合であるが，これは，原告が複数の被告を相手とするもので，通説によれば，認められないとされている。しかし，一連の訴えにおいて被告は常に行政庁・その帰属する行政主体であることから，不作為の違法確認の訴えに拒否処分取消しの訴えを併合提起しても，あるいは，申請型義務付けの訴えを併合提起しても，被告は同一であることから，この場合の訴えの併合は別段問題とされない。

　なお，経由機関が申請書を受け付けながら，これを進達しない場合とか申請書を申請者に返戻した場合には，国家賠償請求も救済手段として問題となる。経由機関の職員の違法な行為又は不作為によって損害が発生した場合には，国家賠償責任が生じるのである。そして，その場合，経由機関と行政庁とが別の行政主体であるときには，どちらの行政主体が賠償責任を負うのか，又はその双方が共同不法行為責任を負うのか，問題となる。しかし，一番問題となるのは，経由機関の行為によって損害が発生したといえるのか，発生したと考えられる場合に損害はどの程度なのか，ということかもしれない。というのは，損害が発生する原因となるのは経由機関の行為よりも行政庁の対外的な行為であるといえるからである。

　判例としては，東京高裁平成13年7月16日判決の事案がある[70]。事案は，高さ100mの建物の建築確認申請について「構造認定書」の添付がなかったことが問題とされたのであるが，この「構造認定書」を得るためには「構造評定書」が必要であり，この「構造評定書」の申請には，特定行政庁（群馬県知事）の進達（特定行政庁の署名，捺印）が必要であったのであるが，特定行政庁がこの進達をしなかったことが問題とされ，その結果，原告は36億円の損害を受けたとして，群馬県を被告として内金7億円を請求する国家賠償請求を行った。1審の東京地裁平成13年1月26日判決は，進達がなくとも「構造評定書」の申込みは可能であるとし，進達の拒否には一定の合理性があるとして訴えを棄却した。それに対して，控訴審の東京高裁は，「Y建築課が，建築確認を得る途を事実上封じ

70）判例タイムズ1087号139頁以下。高裁判決の評釈として，以下がある。藤原淳一郎「評釈」判例評論522号（判例時報1785号）（2002年）187頁，原島良成「評釈」自治研究78巻11号（2002年）131頁，金子正史「評釈」法令解説資料総覧242号（2002年）106頁。

るに等しい進達拒否を行うことは，法的に強制力を有しない本件行政指導要綱に従わせる手段としては，行き過ぎたものというべきであ」るとし，7,000万円の損害を認めた。1審と控訴審の判断の違い，さらに，控訴審における違法性の認定が行政指導と一体として判断されていること，損害額について民事訴訟法248条が問題とされていること，にも伺われるように，経由機関の行為についての不法行為の認定は難しいといえそうである。

3　経由機関と届出

　経由機関については，法規定でみたように，届出の手続にも設けられている。例えば，公私連携保育所の設置についての届出は，市町村長を経由して，都道府県知事に届け出ることになっている。この経由は，保育所設置法人の便宜のためというより，検討したように，保育所の設置に関わった市町村と都道府県との調整のためである。

　ところで，行政手続法37条により，届出は，「届出書の記載事項に不備がないこと届出書に必要な書類が添付されていることその他の法令に定められた届出の形式上の要件に適合している場合は」，「法令により当該届出の提出先とされている機関の事務所に到達したときに」個別法で定められた法効果が発生する。そこで，問題となるのは，経由機関が設定されている場合，届出が経由機関に提出されたときに法効果が生ずるのか，経由機関から行政庁に届出が進達されたときに法効果が生ずる，のかである。学説は前者で一致している[71]。最初の学説といえる総務庁行政管理局編の行政手続法の逐条解説では，以下のようになっている。「『法令により当該届出の提出先とされている機関』については，当該機関が組織法的にみれば行政庁から独立した人格を有するものであるかどうかを問わず，例えば『都道府県知事を経由して○○大臣に届け出なければならない』とされている場合には，○○大臣に到達していなくとも都道府県知事の事務所に届出が到達すれば『法令上届出をすべき義務が履行された』ことと

71）塩野宏＝高木光・前掲注46）359頁，中村由紀「第5章　届出」南博方＝高橋滋『注釈　行政手続法』（第一法規，2000年）344頁，宇賀克也『行政手続法の解説〔第5次改訂版〕』（学陽書房，2005年）168頁，高橋正徳「第5章　届出」室井力『コンメンタール行政法Ⅰ　行政手続法・行政不服審査法〔第3版〕』（日本評論社，2018年）295頁。

なる[72]」と。

　届出が裁判で争われることはあるが，届出と経由機関との関係が争われることは少ないと思われる。判例も一例あるが，判旨は学説と一致している[73]。事案は，文化財保護法に関する福岡高裁那覇支部平成9年11月20日判決である。前述したように，文化財保護法103条（現行188条）は，文化財に関する書類の提出は，都道府県教育委員会を経由して文化庁長官に提出するものと規定する。原告（控訴人）は，1969（昭和44）年にホテルと駐車場等の附属施設の建設を計画し，琉球政府の史跡指定地域についての調査を行い，建設予定地が史跡指定地域外であることを確認し，1971（昭和46）年から工事に着手した。ところが，文部大臣が右史跡指定地域を拡大したため，建設中のホテルの出入口や駐車場の一部が史跡として指定されたため，指定地域に係る工事が中止された。原告は，このままでは莫大な損失が発生するとして，工事続行を希望したが，認められず，結局，計画通りの設備を完備しないまま，別の通路を利用し開業した。しかし，宿泊客は伸びず，開業後2，3カ月で休業状態となった。そこで，原告は，これは特別の犠牲に該当し，国が損失を補償すべきであり，文化庁長官が補償額を決定すべきであるとして，前記103条1項に基づいて，補償額を決定するため，沖縄県教育委員会を経由して補償額の決定を求める申請を行ったが，沖縄県教育委員会は，申請書を文化庁長官に送付していない。そこで，原告は，沖縄県教育委員会を被告として，①不作為の違法確認の訴え，と②書類を文化庁長官に送付すべきことを命ずる義務付けの訴えを提起したのである。②の訴えは，2004（平成16）年の改正前の行政事件訴訟法では認められていないので，判決は短く却下した。①の訴えの争点は，㋑沖縄県教育委員会を被告とする不作為の違法確認の訴えが認められるのか，㋺損失補償請求書は103条の「その他の書類」に該当するのか，である。なお，原告は事案を申請手続と解していたようである。

　福岡高裁那覇支部判決は，請求を棄却した。判決は，第一に，不作為の違法確認の訴えが抗告訴訟に該当することから，不作為状態である処分が必要であ

72）総務庁行政管理局・前掲注45）228頁。この引用文は，同書の後の版でも維持されている。参照，
　　IAM＝行政管理センター・前掲注45）284頁。
73）塩野宏＝高木光・前掲注46）359頁，大橋真由美・前掲注58）357頁。

るとし，この点，103条1項の書類を提出する行為は届出手続であり，届出が完了しているので申請権がないこと，また，沖縄県教育委員会が書類を文化庁長官に送付する行為は内部的行為であり，処分ではないとする。届出手続の部分を中心に判決をみよう。

　「文化財保護法103条4項には，『この法律の規定により文部大臣又は文化庁長官に対してなすべき届出，報告，申出又は指定書の返付は，その届書その他の書類又は指定書が第1項の規定により経由すべき都道府県の教育委員会に到達した時に行われたものとみなす。』と規定されていたが，平成5年11月12日に公布された行政手続法37条に，『届出が届出書の記載事項に不備がないこと，届出書に必要な書類が添付されていることその他の法令に定められた届出の形式上の要件に適合している場合は，当該届出が法令により当該届出の提出先とされている機関の事務所に到達したときに，当該届出をすべき手続上の義務が履行されたものとする。』と同趣旨の規定がおかれたため，行政手続法の施行に伴う関係法律の整備に関する法律により，文化財保護法103条4項が削除され，行政手続法37条に規定されていない報告，申出及び指定書の返付については，同条が準用されることになったものである。[74]」「以上のような進達事務に関する各規定及びその趣旨を前提に考察するに，行政手続法37条等によれば，文部大臣又は文化庁長官に書類等を提出して申請等をする者は，これが法令に定められた形式上の要件に適合している場合には，文化財保護法103条1項により提出先とされている都道府県教育委員会に到達したときに，手続上の義務を履行したことになり，都道府県教育委員会が同条2項に従いこれを受理し，意見を具して文部大臣又は文化庁長官に送付しなかったとしても，文部大臣又は文化庁長官は，提出がなかったものと取り扱うことはできなくなる。したがって，当事者に，右送付行為等についての申請権があるとは解されず，また，前記のとおり右行為は，地方支分部局の置かれていない文化庁のいわば窓口である都道府県教育委員会が国の機関委任事務として行うものであり，これにより都道府県教育委員会と文化庁との間の連絡を密にする趣旨であることをも併せ考慮すると，行政機構の内部的な行為に過ぎず，それによって直接国民の権利義務を形成し又はその範囲を確定する効力を有するとはいえないから，不作為の違法確認の訴えの対象となる処分には該当しないというべきである[75]」と。

---

74) 判例タイムズ976号152頁。
75) 判例タイムズ976号153頁。

そして，判決は，本件申請書類が「その他の文書」にあたるのか，ということについては肯定し，以下のように結論づけている。

　「控訴人が被控訴人に本件各文書を提出したことにより，文化庁長官に損失補償の申請がされたのと同一の効果が生じているものと解すべきである。そして，損失補償額を決定する権限を有するのは文化庁長官であり，その決定が処分に該当することは明らかであるから，控訴人の文化財保護法80条5項の類推適用の主張が認められるかどうかにより，不作為の違法確認の訴えの訴訟要件である法令に基づく申請権の有無が問題となる可能性はあるとしても，控訴人は，文化庁長官を被告として不作為の違法確認を求めるべきである[76]」と。

以上のように，福岡高裁那覇支部判決は，文化財保護法103条1項の手続を届出手続とみなし，本件では損失補償請求書であるが，これが経由機関である沖縄県教育委員会に提出されたときに書類は文化庁長官に提出されたものと判断している。この判示は，文化財保護法103条4項に届出手続に関し「みなし規定」があったという条文の沿革が影響している。また，この判決が機関委任事務という前提で経由機関の特質を考えていることも考慮する必要がある。ところで，事案は意見具申権が認められている経由機関に関する判断であるが，この点には，直接には触れられていない。「同条の立法趣旨すなわち文化庁に地方支分部局がおかれていないため，都道府県教育委員会が国の機関委任事務として書類を受理し，意見を具して文化庁長官等に送付することにより，都道府県教育委員会と文化庁との間を密にし，適切な文化財保護行政を図ることにある」ということなのか。そして，不作為の違法確認の訴えについて，被告を文化庁長官とすべきであったということは理論的に正しいとはいえ，申請手続における経由機関の判例の蓄積を考慮すれば，釈明権を行使して，被告を変えさせてもよい事例ではなかったのか，と考える。ただ，被告を変更させることは裁判管轄の問題がでてくる。

4　デジタル手続法と経由機関

2002（平成14）年に制定された「行政手続等における行政通信の技術の利用に

76）判例タイムズ976号153〜154頁。

関する法律」いわゆる行政手続オンライン化法（法律151号）は，時代に合わないとして改正され，2018（平成30）年に「情報通信技術を活用した行政の推進に関する法律」いわゆるデジタル手続法が制定された。同法では，国民や住民が行う申請，届出さらには報告などを「申請等」と定義し，それに対して行政機関が行う処分を「処分通知等」と定義し，その中で，経由機関を次のように定義する。「法令の規定に基づき他の行政機関等又は民間事業者を経由して行われる申請等における当該他の行政機関等又は民間事業者をいう」（3条8号）とか，「法令の規定に基づき他の行政機関等又は民間事業者を経由して行なう処分通知等における当該他の行政機関等又は民間事業者をいう」（同条9号）と。そして，「当該申請等については，当該申請等をする者から経由機関に対して行われるもの及び経由機関から他の経由機関又は当該申請等を受ける行政機関等に対して行われるものごとに，それぞれ別の申請等とみなして，この法律の規定を適用する」（同条8号）とか「当該処分通知等については，当該処分通知等を行う行政機関等が経由機関に対して行うもの及び経由機関が他の経由機関又は当該処分通知等を受ける者に対して行うものごとに，それぞれ別の処分通知等とみなして，この法律の規定を適用する」（同条9号）と。

　デジタル手続法における経由機関の定義で特徴的なことは，民間事業者が入っていることである。これは，従来から指摘されてきた，各種の納税申告書の届出が銀行などの事業者を経由して税務署長に提出されることを想定している[77]ようである。また，経由機関を通じて行う処分は，知事による旅券の交付を想定しているのであろう。

IV　経由機関と裁判管轄

　経由機関に関する問題として，さらに具体的に問題となるのは，行政事件訴訟法が規制する訴えの裁判管轄の問題である。これには，以下の3つの場合を想定することができよう。①経由機関が関与した申請等について行政庁が行った処分の取消しの訴えを提起する場合，②経由機関が申請等を放置ないし返戻をして，これについて行政庁に不作為の違法確認の訴えを提起する場合，③経

77）宇賀克也『行政手続三法の解説〔第2版改訂版〕』178〜179頁。

由機関が申請等を放置ないし返戻をして，行政庁を相手に，申請に係る許認可の付与を義務付ける訴えを提起する場合である。ただし，③の義務付けの訴えについては，①又は②を併合提起することになり（37条の3第3項），単独で問題となることはないし，訴えの管轄については，取消訴訟に関する定めが不作為の違法確認の訴えや義務付けの訴えに準用される（同38条1項）ので，取消訴訟に関する議論が妥当する。実務上問題とされるのは，行政庁が国の大臣であり，経由機関が都道府県知事の場合である。行政庁が都道府県知事で経由機関が市町村長又は市町村の委員会という場合，裁判管轄を議論する意義はほとんどないであろう。というのは，取消訴訟や不作為の違法確認の訴えの管轄は，行政事件訴訟法12条に従い，通常①「被告の普通裁判籍の所在地を管轄する裁判所又は処分若しくは裁決をした行政庁の所在地を管轄する裁判所」（1項）又は②「原告の普通裁判籍の所在地を管轄する高等裁判所の所在地を管轄する地方裁判所」（特定管轄裁判所，4項）のどちらかであり，行政庁が知事であって経由機関が市町村長である場合には裁判所の管轄は同一であり，問題が起こらない。しかし，行政庁が大臣であって経由機関が知事である場合には，問題が起こるのである。例えば，沖縄県に居住する者と鹿児島県に居住する者の訴えを考えると，①によれば，東京地裁であるが，②によれば，福岡地裁であり，沖縄県に居住する者にとっては，東京地裁又は福岡地裁に訴えを提起し訴訟を維持することは，代理人を立てることができるといっても，なかなか難しいし，鹿児島県に居住する者にとっても，福岡地裁への提起，訴訟の追行は負担の多少の軽減を惹起するに過ぎないといえる。

　そこで，特定管轄裁判所を拡大するという立法論は除いて，12条の別の条文を使って，原告に有利な別の裁判所に訴えを提起することが考えられる。1つは，同条2項の「土地の収用，鉱業権の設定その他不動産又は特定の場所に係る処分又は裁決についての取消訴訟は，その不動産又は場所の所在地の裁判所にも，提起することができる」を使うことであるが，これは処分の対象となる土地や建物の場所が問題となるので，これを利用することも限定的である。そこで，12条3項の「取消訴訟は，当該処分又は裁決に関し事案の処理に当たつた下級行政機関の所在地の裁判所にも，提起することができる」という条文を使えないかどうかが問題となる。というのは，申請書を提出した経由機関という

のは，原告の住所地の都道府県の知事であり，しかも，経由機関は申請に関わるため「事案の処理」に関わる可能性が高いからである。ただし，訴えとしては以下の2つの類型が想定される。1つは，経由機関である知事が申請書を進達しないとか，申請書を返戻したことを問題として，行政庁である大臣（及び行政主体）に対して不作為の違法確認の訴え又は拒否処分取消しの訴えを提起する場合である。もう1つは，知事が経由機関として処理した申請について，行政庁である大臣が行った処分に対して取消しの訴えとか抗告訴訟を提起する場合である。判例では，後者に特に年金に関する事案で「事案の処理に当たつた下級行政機関」が問題とされ，それを適用する基準が示されている。

　それでは，行政事件訴訟法12条3項の特定管轄に関する判例を検討することにする。最初は，3項の「事案の処理に当たつた下級行政機関」について初めて判断を示した，最高裁決定すなわち，最高裁平成13年2月27日第三小法廷決定である。

　この事案の概要は次のようである。社会保険庁長官が，原告に対して，国民年金法20条1項に基づき平成9年9月12日付でした障害基礎年金を同5年8月分に遡って支給停止する処分（以下「本件支給停止処分」という）及び同法21条1項に基づき同年10月15日付でした障害基礎年金の過誤払いに係る額を老齢基礎年金の内払とみなす旨の処分（以下「本件調整処分」という）を行ったが，これに対し，原告が，併給の調整に関する同法の規定は憲法に違反するなどと主張して，社会保険庁長官を被告として，①主位的に，上記各処分の無効確認の訴えを，②予備的に，本件各処分の取消しを求めるとともに，国に対し，損害賠償として，本件支給停止処分により支給を停止された年金の額及び本件調整処分により内払とみなされた年金の額の支払いを求めた。この訴えは，和歌山地方裁判所に提起された。これに対し，被告は，行政事件訴訟法12条1項に基づいて，管轄裁判所は東京地裁であるとして，事件の移送を申し立てたが，原告は，和歌山県知事（実際は，その補助機関である和歌山東社会保険事務所の担当官ら）が下級行政機関として事案の処理に当たっているとして，行政事件訴訟法12条3項に基づき，本件訴訟は和歌山地裁の管轄に属するとして，申立ての却下を求めた。ただし，この事案は，現行の行政事件訴訟法12条4項の特定管轄裁判所の規定がない時期のものであり，原告にとって管轄はかなり重要な問題であった。

また，機関委任事務の時代のものであり，知事等の社会保険庁長官の下級行政機関との位置づけは難しくなかったと思われる。

和歌山地裁平成12年2月10日決定は，以下のように述べて，和歌山県知事が12条3項の下級行政機関であるとして和歌山地裁の管轄を認めた。

　「行政庁を被告とする取消訴訟等に関し，特別管轄を認めた行政事件訴訟法12条3項の趣旨は，当該処分等に関し事案の処理に当たった下級行政機関であれば，その管轄区域内に審理に必要な証拠資料等の存在が見込め，行政庁の応訴に不便もなく，審理の円滑な進行をも期待できる上，このような特別管轄を肯定することによって，国民の出訴や訴訟遂行を容易にし得るところにある。そうすると，下級行政機関が事案の処理に当たったか否かの判断に際しては，当該処分の性質や下級行政機関の関与態様，処分庁における処分形成の過程等を考慮した上，下級行政機関において，処分の成立に実質的な関与をしたと認め得るかどうかを検討すべきである。[78]」という解釈の基準を明示し，「そして，前記認定のとおり，和歌山県知事は，相手方のした年金受給選択に係る申出内容の正確性を調査し，各年金支給の事実及び支給額等を確認するに十分な事実資料を自ら収集している上，同申立人も，相手方に係る年金支給の事実及び支給額等を確認する際，本件申出書に係る記載内容の正確性や適切な付属書類の存在に多くを依拠していたことは明らかであって，これらの事情に徴すれば，同知事は，前記認定のとおり，本件申出書の進達の際，特段の処分意見を付していないとはいえ，本件において，欠くことのできない重要な役割を果たしたものというべく，本件各処分の成立について，実質的関与をしたと認められる。[79]」

そして，抗告審である大阪高裁平成12年4月7日決定も，本件各処分は裁量性の少ない処分であるとして，「年金受給選択申出書の進達行為そのものが支給停止処分及び停止解除措置をとるべき旨の意見具申と評価しうるのであり，そのような意見具申がなされているものというべきである[80]」として，和歌山県知事の実質的関与を認めている。

次に，最高裁平成13年2月27日第三小法廷決定も，和歌山県知事の実質的関与を認め，和歌山地裁の管轄を認めた。同決定は，12条3項の趣旨及び適用の

78）民集55巻1号175〜176頁。
79）民集55巻1号176頁。
80）民集55巻1号177頁。

基準について以下のように述べる。

　「行政事件訴訟法12条が，1項において，行政庁を被告とする取消訴訟の管轄裁判所をその行政庁の所在地の裁判所と定めるのに加え，3項において，当該処分又は裁決（以下「処分等」という。）に関し『事案の処理に当たつた下級行政機関』の所在地の裁判所にも取消訴訟の管轄を認めている趣旨が，当該下級行政機関の所在地に管轄を認めても被告行政庁の訴訟追行上の対応に困ることはないと考えられ，他方で原告の出訴及び訴訟追行上の便宜は大きく，また，当該裁判所の管轄区域内に証拠資料や関係者も多く存在するのが通常であると考えられるから証拠調べの便宜にも資し，審理の円滑な遂行を期待することができることにあると解される。このような同項の立法趣旨からすれば，同項にいう『事案の処理に当たつた下級行政機関』とは，当該処分等に関し事案の処理そのものに実質的に関与した下級行政機関をいうものと解するのが相当である。そして，当該処分等に関し事案の処理そのものに実質的に関与したと評価することができるか否かは，上記の立法趣旨にかんがみ，当該処分等の内容，性質に照らして，当該下級行政機関の関与の具体的態様，程度，当該処分等に対する影響の度合い等を総合考慮して決すべきである。このような観点からすれば，当該下級行政機関が処分庁の依頼によって当該処分の成立に必要な資料の収集を補助したり事案の調査の一部を担当したりしたにすぎないような場合や，申請書及びその添付書類を受理してその形式審査を行い，申請人に対しその不備を指摘して補正させたり添付書類を追完させたりした上でこれを処分庁に進達したにすぎないような場合などは，当該下級行政機関は，原則としていまだ事案の処理そのものに実質的に関与したと評価することはできないというべきである。しかしながら，当該下級行政機関において自ら積極的に事案の調査を行い当該処分の成立に必要な資料を収集した上意見を付してこれを処分庁に送付ないし報告し，これに基づいて処分庁が最終的判断を行った上で当該処分をしたような場合はもとより，当該下級行政機関において処分庁に対する意見具申をしていないときであっても，処分要件該当性が一義的に明確であるような場合などは，当該下級行政機関の関与の具体的態様，程度等によっては，当該下級行政機関は当該処分に関し事案の処理そのものに実質的に関与したと評価することができるものというべきである。[81]」そして，「知事は，本件申出書及びその添付書類を受理してその形式審査を行った上これを処分庁である抗告人社会保険庁長官に進達したにとどまらず，本件各処分の成立にとって密接な関連を持つ年金受給選択に関する事務の処理に積極的に関与した」とか「本件

81）民集55巻1号155～156頁。

各処分の要件該当性の判断自体は一義的に明確なものである」という事実関係から以下のように結論づける。「以上のとおりであって，本件各処分がいずれも相手方に対する併給の調整の手段としてされたものであること，本件申出書及びその添付書類が受理された後の本件各処分の成立に至るまでの上記のような事務処理の内容，態様等にかんがみると，和歌山東社会保険事務所における年金受給選択に関する前記の事務の処理こそが併給の調整に係る本件事案の処理の核心的部分に当たるということができる。したがって，和歌山県知事は，抗告人社会保険庁長官の下級行政機関として，本件各処分に関し事案の処理そのものに実質的に関与したと評価することができるから，行政事件訴訟法12条3項にいう『事案の処理に当たつた下級行政機関』に該当するというべきである[82]」と。

　上記の最高裁決定を整理すると以下のようになる。「事案の処理に当たつた下級行政機関」とは，一般的には，①事案（処分又は裁決）の処理に実質的に関わった下級行政機関をいい，②実質的に関わったかどうかは，「当該処分等の内容，性質に照らして，当該下級行政機関の関与の具体的態様，程度，当該処分等に対する影響の度合い等を総合考慮して決」定される。そして，「事案の処理に当たつた下級行政機関」を，具体的に述べると，㋑下級行政機関が積極的に事案に係る調査を行い，意見を付して処分庁に報告し，これに基づいて処分庁が処分した場合とか，㋺下級行政機関が処分庁に意見を具申していないが処分要件が一義的に明白であり，下級行政機関の具体的態様によって実質的に関与が認められる場合，である。しかし，Ⓐ下級行政機関が処分庁の依頼により単に事案の処理の一部の調査をした場合，とか，Ⓑ下級行政機関が，申請書や添付書類を形式的に審査し，不備を指摘し補正又は追完させた上，単に処分庁に進達した場合には，事案の処理に当たった下級行政機関とはいえないことになる。この決定は，経由機関の法規定も様々あること，そして，実際に経由機関の事案の処理も異なっていることを暗に示しているといえよう。本稿との関係でこの決定の重要なことは，受付の権限しか有しない経由機関の行為が申請に関する行政の意思形成過程において，「その核心的部分」に成り得る可能性を認めたことであろうか。なお，本決定は，学説において好意的に受け取られている[83]。

82）民集55巻1号157頁。
83）岡田正則「評釈」法学教室251号（2001年）120頁，高木光「評釈」社会保障判例百選〔第4版〕

しかし，決定は，下級行政機関が処理する事務が機関委任事務であったことについては触れていない[84]。この点では，機関委任事務が廃止された後又は機関委任事務とは別の事務について，大臣が処分庁で，その処分に別の行政主体の知事が経由機関として関わる場合とか，経由機関が独立行政法人であった場合にも，下級行政機関として判断されるのか，という問題は残っている。これらは，下級行政機関の定義との関係で後の最高裁決定で判示される[85]。ところで，この決定は，後述のように，その後の最高裁決定で維持されている。

　機関委任事務は2000年の地方分権改革でなくなるが，そうした場合に上記の知事が下級行政機関となるのか，が問題となる。最高裁平成15年3月14日第二小法廷決定は，自治体の団体委任事務に関する経由機関の処理が争われた事案の中で，この問題に答えを与えた。旧軍人普通恩給改定請求については，旧恩給給与規則により都道府県知事と厚生大臣を経由して裁定庁である総務庁恩給局長に提出するとされていた。在職年数についての改定請求が総務庁恩給局長になされたが，同局長はこれを却下した。この処分についての取消しの訴えが京都地方裁判所に提起された。これについて管轄違いであるとする申立てがなされ，この処分について履歴書等を作成し，意見を具申した京都府知事が事案の処理に当たった下級行政機関に当たるかどうかが問題とされた。原原審の京都地裁平成14年1月15日決定及び原審の大阪高裁平成14年4月30日決定は，当たると判断している。最高裁も，以下のように述べて京都府知事が，事案の処理に当たった下級行政機関であるとした。

　　「行政事件訴訟法12条3項にいう当該処分又は裁決に関し事案の処理に当たった下
　級行政機関とは，当該処分等に関し事案の処理そのものに実質的に関与した下級行
　政機関をいうものと解すべきところ（最高裁平成12年（行フ）第2号同13年2月27日

(2008年)99頁，荏原明則「判例評釈」民商法雑誌125巻1号（2001年）79頁以下。本決定により，「応訴管轄（行訴法7条，民訴法12条）が生じる事例も増えるものと考えられる」（金子順一「評釈」判例タイムズ1096号（2002年）269頁）という見解もある。私は，総合的考慮説をとったことで決定に賛成していた。参照，小林博志「判例評釈」判例評論515号（判例時報1764号）(2002年)158頁。
84）ただし，1審の和歌山地裁決定は次のように指摘していた。「同知事が本件処分に関して行った事務は，国の機関委任事務であり，同知事が申立人社会保険庁長官の『下級行政機関』に当たることは明らかである」（民集55巻1号175頁）と。
85）加島康宏「判例評釈」行政判例研究会『平成13年行政関係判例解説』（ぎょうせい，2003年）241頁。

第三小法廷決定・民集55巻1号149頁参照），この下級行政機関に当たるものは，当該処分等を行った行政庁の指揮監督下にある行政機関に限られないと解するのが相当である。

　本件において，改定請求の可否の判断は，相手方が昭和21年3月16日から同34年7月26日までの間も軍務に服したということができるかどうかに係るところ，前記事実関係によれば，京都府保健福祉部地域福祉・援護課の担当者は，相手方の履歴について，履歴書の原本と照合してその審査をし，前記通知の処理方針に従って，本件請求は認められないとの実質的な判断をし，相手方の軍人退職年月日を現地召集解除日の昭和21年3月15日と記載した履歴書を作成して証明書を添付し，上記の経過を記載した意見書を添え，厚生省を経由して裁定庁である総務庁恩給局長に送付したのであり，本件処分は，専ら同課の調査結果及び意見に基づいてされたものとみることができる。そうすると，京都府知事は，本件処分につき，事案の処理そのものに実質的に関与したものということができ，行政事件訴訟法12条3項にいう事案の処理に当たった下級行政機関に当たるというべきである[86]」と。

　この決定は，「事案の処理に当たつた下級行政機関」を「処分等に関し事案の処理そのものに実質的に関与した下級行政機関」であるとして，前述の平成13年決定を踏襲し，さらに，この下級行政機関は「当該処分等を行った行政庁の指揮監督下にある行政機関に限られない」という新しい判断を行った。この判断には，賛成するが，決定について理由付けが足りないというのが大方の意見であろう[87]。この判断により，大臣の処分について，指揮監督関係のある機関委任事務でなく，経由機関として知事等が関わった場合でも，知事の関わり方如何で「事案の処理に当たつた下級行政機関」として認定されることとなった。

　次に，問題となるのは，独立行政法人化や民間化が進んだ行政組織を「下級行政機関」として捉えることができるのか，である。これは，最高裁平成26年9月25日第一小法廷決定に係る事案で問題とされた[88]。

86）判例タイムズ1120号100頁。

87）岡田正則「評釈」判例評論540号（判例時報1840号）（2004年）165頁。なお，本決定の評釈として，以下もある。岡田正則「評釈」法学教室275号（2003年）117頁，古賀栄美「評釈」行政判例研究会『平成15年行政関係判例解説』207頁。

88）ただし，既に，高知地裁平成24年6月26日決定がこの最高裁決定を先取りしていた。なお，この高地地裁決定については，26年最高裁決定と対比を含めた，木藤茂の詳しい検討がある。参照，木藤茂「評釈」自治研究91巻4号（2015年）131頁以下。

事実の概要は次のとおりである。本案訴訟の原告は，平成24年9月3日に障害基礎年金裁定請求書を徳島北年金事務所に提出して厚生労働大臣に対して裁定請求を行ったが，平成24年10月1日付で裁定請求を却下する旨の処分（以下「本件処分」という）を受けた。そこで，原告は，この処分の取消しの訴えを徳島地方裁判所に提起した。この訴えに対し，国側は，本案訴訟の管轄は徳島地裁には属さないとして，東京地裁又は原告の便宜を考慮して高松地裁にあるとして事案の移送を申し立てたのである。この移送の申立てに対し，申立ての相手方（本案の原告）は，本件処分については，厚生労働大臣から委任を受けた日本年金機構（国民年金法109条の10）徳島事務センターが関与しており，同センターは12条3項所定の「事案の処理に当たつた下級行政機関」に該当するところ，同センターは徳島市内に所在するから，同条同項により本案の管轄は徳島地裁にも属すると主張して，申立ての却下を求めた。

　徳島地裁平成26年3月27日決定は，以下のように述べて，日本年金機構徳島事務センターは厚生労働大臣の下級行政機関ではないとした。

　　「本件処分行政庁は厚生労働大臣であるところ，日本年金機構は，平成22年1月1日に施行された日本年金機構法によって設立された特殊法人である。したがって，日本年金機構が，社会保険庁及びその地方支分局が行っていた業務について，厚生労働大臣の委託によって引き続き窓口として業務を行っているとしても，同機構をもって『行政機関』に該当するとは文言上言い難い。このことは，同法54条並びに同法施行令3条1項及び2項において，日本年金機構を行政機関とみなす場合を限定列挙しているのに対し，本件処分又はその同種の処分にかかる事務については，上記と同旨の規定が同法に置かれていないことからも裏付けられる[89]」と。

　また，控訴審の高松高裁平成26年3月27日決定も，同様の理由で抗告を棄却した。

　　「日本年金機構は，国家行政組織法上も厚生労働省設置法上も，厚生労働大臣の下部組織とはされておらず，その監督を受けるとしても一般には行政機関には当たらない。このことは日本年金機構法54条が，不動産登記法及び政令で定めるその他の法令については，機構を国の行政機関とみなして，これらの法令を準用すると定めていることからも明らかである。そして，同条及び日本年金機構法施行令3条1項，3

項にも，厚生労働大臣が抗告人に対して平成24年10月1日付けでした障害基礎年金裁定請求却下処分（以下「本件処分」という。）について，日本年金機構ないし日本年金機構徳島事務センターを国の行政機関とみなす規定は存在しない。したがって，本件処分の取消訴訟につき日本年金機構徳島事務センターは行訴法12条3項の『事案の処理に当たった下級行政機関』に当たらないといわざるを得ない。[90]」と。

こうした判断は，時代にそぐわないものであった。

それで，許可抗告審である最高裁平成26年9月25日第一小法廷決定は，これら下級審の判断を否定し，一方で，年金機構の徳島事務センターが下級行政機関であることを認め，他方で，「事案の処理に当たったか」を判断するため，本件を高松高裁に差し戻した。前者の判断だけ掻い摘んで要約する。

　同決定は，まず，「『事案の処理に当たった下級行政機関』とは，当該処分等に関し事案の処理そのものに実質的に関与した下級行政機関をいうものと解される」として，平成13年決定と平成15年決定を確認し，「このような行政事件訴訟法12条3項の趣旨等に鑑みると，処分行政庁を補助して処分に関わる事務を行った組織は，それが行政組織法上の行政機関ではなく，法令に基づき処分行政庁の監督の下で所定の事務を行う特殊法人等又はその下部組織であっても，法令に基づき当該特殊法人等が委任又は委託を受けた当該処分に関わる事務につき処分行政庁を補助してこれを行う機関であるといえる場合において，当該処分に関し事案の処理そのものに実質的に関与したと評価することができるときは，同項にいう『事案の処理に当たった下級行政機関』に該当するものと解するのが相当である。[91]」そして，年金機構が法律により役員の任命等や業務計画の認可などの監督を厚生労働大臣から受けていること，同大臣の監督の下で年金に関する広範な事務をおこなっていること，法律に基づいて年金の権利に関する裁定を行っていることから，「厚生労働大臣が年金の給付を受ける権利の裁定を行うに当たっては，上記の裁定に係る事務の委託を受けた機構の下部組織である事務センターが機構法等の定めに従って裁定請求の審査を行い，機構の本部を経由して同大臣にその結果が報告されるものであること等に照らせば，事務センターは，法令に基づき機構が委託を受けた上記の裁定に係る処分に関わる事務につき同大臣を補助してこれを行う機関である。[92]」

90）民集68巻7号792頁。
91）民集68巻7号795頁。
92）民集68巻7号796頁。

この決定についても，賛同する意見が多いようである[93]。

　最高裁決定の論理についてはここで詳述することは控えるが，最高裁は被告の訴訟追行に問題はないとして特殊法人を下級行政機関とみなしたと考えられる。そこには，特殊法人への法的な委任と特殊法人の処分への実質的な関与があれば，争われている処分の適法性について被告側の十分な立証活動が期待できるということであろうか[94]。最高裁の判断について，私見を纏めておこう。下級行政機関には，行政組織の独立行政法人化，民間化を受け，独立行政法人及び特殊法人などは当然入るといえる。その論拠であるが，1つは，行政事件訴訟法の「行政庁」に法律の根拠があれば，私的団体や私人が含まれることである[95]。したがって，行政庁の下級行政機関に私的団体や私人さらに特殊法人が含まれないという結論は矛盾しているのである。とくに，最高裁昭和63年6月17日第二小法廷判決は，人工妊娠中絶の「指定医師」の指定の撤回に取消訴訟が提起された事案で，指定をし，それを撤回するのは医師会であるが，別段それを問題とすることなく取消訴訟の提起を認め，撤回について「法令上別段の根拠がなくとも，公益上の必要性が高い場合には」撤回は認められると判断した。医師会は，現行の母体保護法では，「都道府県の区域を単位として設立された公益社団法人たる医師会の指定する医師（以下「指定医師」という。）は，次の各号の一に該当する者に対して，本人及び配偶者の同意を得て，人工妊娠中絶を行うことができる」（14条1項本文）を根拠に指定をするわけであるが，最高裁判決は，この医師会を行政事件訴訟法3条の「行政庁」と解している訳である。この判決との整合性を考えると，「処分に関わる下級行政機関」に，法律が申請や請求の提出先として指定しておれば，独立行政法人や私人が入るといえよう[96]。

93）服部麻理子「判例評釈」ジュリスト平成26年重要判例解説（有斐閣，2015年）47頁，木藤茂「評釈」判例評論680号（判例時報2265号）（2015年）144頁，湊二郎「評釈」民商法雑誌151巻1号（2014年）74頁，諸岡慧人「評釈」法学協会雑誌135巻11号（2018年）2773頁。

94）岩本浩史「評釈」新・判例解説Watch 16号（2015年）56頁，諸岡慧人・前掲注93）2773頁。

95）この点，薄井一成は，①法律の根拠を有する公法人の公権力の行使，②法律の根拠を有する，私人の公権力の行使の2つに分けて論じている。参照，薄井一成「行政処分」小早川光郎＝青柳馨編『論点体系　判例行政法1』（第一法規，2017年）142〜143頁。

96）最高裁決定の調査官解説では，「規制改革等に伴う行政事務の民間開放が進められている今日において，本件のように従前，行政庁のなす処分について行政組織法上の下級行政機関が担ってき

2つ目は，行政機関の権限の解釈であるが，作用法の法令の定めにより，経由機関が置かれた理由は，申請や請求についての国民の便宜に資するためである。作用法における法にほとんど変化がないが，組織法における法規定に変化があることから，国民の権利に不利な変更を認めることは妥当でないと考える。3つ目に，法令により行政官庁理論に変更を加えることを一旦認めたならば，論旨一貫してこれを認めるべきであり，平成13年決定は結局平成26年決定に行き着くと考える。

　最後に，不作為の違法確認の訴えの管轄について，若干の検討をしておきたい。基本的には，前述したように，処分の取消しの訴えに関する議論が妥当しよう。問題となるのは，処分庁が大臣であり，経由機関が知事又は独立行政法人等である場合である。前章で検討したように，不作為の違法確認の訴えが問題となるのは，経由機関である知事又は独立行政法人等が申請書を返戻したとか，進達をしない場合である。不作為状態は経由機関が現出したため，被告は大臣であるが，知事又は独立行政法人等が「事案の処理に当たった下級行政機関」の言い換えとしての「不作為に関わった下級行政機関」として当然にみなされるものと考える。

　最後に，管轄の問題は，行政事件訴訟法という救済法の問題であり，その立法趣旨は尊重されなければならないと思うが，電子機器が発達した今日，原告と被告の双方の証拠の提示などはテレビ会議などのシステムを利用すれば，かなり視点の異なる結論に至るように思われるのである。

小括

　以上，経由機関を検討してきたわけであるが，一応以下のように纏めることができる。経由機関は，戦前から存在していたわけであるが，経由機関がその経由機関としての意味を持ったのは，1963（昭和37）年に制定された行政不服審

た処分要件の審査事務等を特殊法人，認可法人等が担う場面も増えてきているものと推察され，今後このような組織による審査を経てされた処分の取消訴訟における管轄のあり方等をめぐる実務に少なからざる影響を与えることは否定できないものと思われる」（寺岡洋和「最高裁平成26年9月25日決定解説」最高裁判所判例解説　民事編（平成26年度）398頁）と述べられているが，本文で取り上げた最高裁昭和63年判決も同一視点で重要な判決であるといえよう。

査法においてである。すなわち，行政不服審査法は，以下の経由機関に意味づけをした。審査請求は審査庁に対してするが，①処分庁を経由しても可能であり，②処分庁に提起したときに，審査庁に提起したとみなし，③審査請求期間もそのように計算する，と。

　そして，国（大臣）や都道府県（知事）に対する申請や届出についても，国民の便宜を考慮してか経由機関は存在した。すなわち，国（大臣）の本省の事務所又は，都道府県（知事）の本庁に対してではなく，①国又は都道府県の地方局や出張所に，若しくは，②国への申請等について都道府県知事，都道府県知事に対する申請等については市町村長にすることが可能であるとされたのである。さらに，行政組織の民間化を受けて，独立行政法人が申請の提出先とされることがある。経由機関の設定は国民の利便性を考慮したものである。また，地方分権又は行政組織の民営化に対応した側面も有している。

　こうした経由機関は，行政官庁理論との関係での整理が必要であり，さらに，行政手続法や行政事件訴訟法の法解釈でも整理が必要である。

　行政手続法では，経由機関は，申請に関する手続においては，6条の標準処理期間と審査応答義務で問題となり，さらに，届出手続においても問題とされた。とくに，問題となったのは，①申請の手続において，経由機関の受付の意義と経由機関の審査範囲，②届出においては，経由機関に提出された効果である。そして，①に関してであるが，申請を受け付けた経由機関が申請書を決定機関に進達しない場合又は申請書を返戻した場合に，どのような救済が認められるのか，が問題とされた。判例においては，①訴えの形式として，不作為の違法確認の訴えが認められるのか，それとも拒否処分取消しの訴えが認められるのか，②そして，その被告は経由機関（現在は，経由機関が帰属する行政主体）なのか，行政庁（行政庁が帰属する行政主体）なのか，③さらに，被告を行政庁が帰属する行政主体としても，不作為の違法確認の訴えと拒否処分取消しの訴えを併合提起すること，が問題とされた。判例では，被告については，処分権限を有する行政庁が所属する行政主体が被告であることが，ほぼ確定されている。また，訴えについても，不作為の違法確認の訴えの提起を認める判例が確定しているように思われ，他方，経由機関の返戻を拒否処分と捉えて拒否処分取消しの訴えを認めることは賛同がえられていない。

そして，次に，訴えの管轄についても，経由機関が行政事件訴訟法12条3項の「事案の処理に当たった下級行政機関」に該当するかどうか問題となった。ただ，この問題については，2004（平成16）年に行政事件訴訟法12条4項の特定管轄裁判所が創設された後では，実務的な意義はかなりなくなっている。しかし，裁判の追行という視点でまだ問題はある。最高裁は，3つの決定で，「事案の処理に当たった下級行政機関」について判断を示した。平成13年決定では，①「事案の処理に当たった下級行政機関」とは，当該処分の形成に実質的に関与した機関であり，実質的に関与したかどうかは，法規定，処分の性質，関与の形態などを総合的に判断して決定するとした。そして，平成15年決定では，②指揮監督関係にない，行政機関も，①の基準を満たす限り，該当するとした。そして，平成26年決定では，③法令に基づき，行政庁の監督の下で委任された事務を行う特殊法人又はその下部組織も，①の基準を満たす限り，12条3項の「事案の処理に当たった下級行政機関」に該当するとした。

　こうした最高裁の考えは，行政組織の変容を受け入れるもの，すなわち法令による行政官庁理論への変容，申請の受付権限や意見付与権を経由機関に与えることに対応するものである。しかし，このことは，実体法の規定が変わっていないのに，組織が変わったということだけで，国民や住民の権利の後退を許すことはできないということでもある。最高裁の判断は，経由機関の法的権限と実質的な権限行使を区別し，より実態に迫っていることも特徴的である。

　経由機関の意義は，国民の利便性を考慮したものであり，行政事件訴訟法における解釈論は救済法としての枠組みの中で詰める必要があるが，他方，経由機関の意義を忘れた解釈や理論は認められないと思う。

第3章　許認可又は免許の更新

はじめに

　最近，阿部泰隆の『廃棄物法制の研究』を読んでいて，更新という言葉に興味を覚え，これを少し検討しようと考えた。阿部が問題としているのは，X社がA支店の産業廃棄物処分業の許可の更新を申請したが，Y知事がこれを不許可にした事案である[1]。問題は，①X社がA支店の処分施設で使用する破砕機械を変更したが，これについて手続を怠っていたことを理由に，本件不許可処分がなされたことが適法であるかどうか，②本件不許可処分に連動して，X社の産業廃棄物処理業の許可やX社の保有する廃棄物処理場に関する6支店2営業所のすべての許可が取り消されたことが，比例原則に反しないかどうかである。阿部泰隆は，許可を要する変更の許可と許可を要しない変更の届出の区別など様々な視点からこの事案について興味深い検討を行っているが，許可の更新という視点で検討していないことが確認された[2]。もちろん，阿部が展開している法解釈には賛成するが，許可の更新という視点も重要ではないか，と考え，さらに昔，行政法の教科書[3]を書いていたとき，許可の更新というものについて言及した教科書はなかったこと，最近，高齢者が運転する自動車が人身事故を起こし，高齢者の自動車運転免許の更新が問題となっていることも踏まえ，許認可又は免許（以下「許可等」という）の更新について検討しようと考え，この論文を書くことにした。

---

1) 阿部泰隆『廃棄物法制の研究』（信山社，2017年）237〜239頁。
2) 阿部が検討している，機械の更新は，本稿で問題とする許認可又は免許の更新とは異なる。
3) 小林博志『行政法講義』（成文堂，2004年）123頁。ただし，同教科書では，「行政行為の消滅と更新」という表題で，付款と期間との関係，道交法の免許の更新や放送局の免許の判例に触れられているだけである。

最初に，学説における許可等の更新の議論を検討し，次に，行政手続法の制定と許可等の更新の議論を概観し，最後に許可等の更新に関する判例を検討することにする。

Ⅰ　学説と許可等の更新

　最初に，戦前の学説から，許可等の更新についての議論をみてみることにする。

　戦前の行政法学を代表する美濃部達吉は，行政行為の附款の中の期限の説明の中で，期限と更新について以下のように述べている。すなわち，「行政行為の効果に期限の附いて居るのは，多くは法的期限で，行政行為自身に期限を附するのは比較的実例が少ないが，例えば年限を限って営業を許可し，日限を定めて道路の使用を許可するような例は無いではない。期限は法的期限の場合でも行政行為で定めた場合でも，其の更新が許される場合と否とに依って，其の意義を異にする。更新の出願が許さるる場合には，更新に依って其の効果を継続することが初めから予想せられて居るもので，更新を出願すれば満期の時までに更新が未だ許可せられずとも，満期に依って其の効果が当然に消滅するものではなく，其の許可又は不許可が決せらるるまでは其の効力が不定の状態に在り，満期後に許可せられても其の効力は中断なく継続したものとなり，不許可になれば満期の時に遡って其の効力は消滅する。凡て期限の更新は新たなる効果を生ずる行政行為ではなく，前の行政行為の効果を継続せしむる行為である[4]」と。美濃部の説を纏めると，期限が付されている行政行為にも，①更新が認められる行政行為と②更新が認められない行政行為の2つがあり，前者で更新を認められた行政行為は新たな行政行為ではなくいわゆる前の行政行為を継続する行政行為であり，更新の出願が認められた行政行為については期限が到来しても当然消滅するものではなく，更新が決定されるまで，行政行為は継続することになる。更新と継続する行政行為，さらには更新出願の効果の2点が注目される。その他の教科書に許可等の更新の言葉又はその議論はないようである。

　そして，戦後においても，許可等の更新という言葉は学説において余り問題

4）美濃部達吉『日本行政法　上巻』（有斐閣，1936年）234〜235頁。

とされなかったし，現在でもそのようである。戦後行政法学を代表する田中二郎の著作においても，許可等の更新という言葉はあまり出てこない。例えば，1957（昭和32）年の『行政法総論』では，行政行為の附款の中の期限の説明の中に更新は出てこない。「道路・河川等の使用許可とか公企業の特許とかに，それらの使用の目的又は公企業の性質に照らし，不当に短期の期限を定めることも少なくないが，かような期限は，一般には，許可又は特許の条件の存続期間の性質をもち，その期限の到来により，その条件の改訂を考慮する趣旨と解すべきで，期限の到来によって当然に，許可又は特許が失効するものと解するのは妥当ではない[5]」と。しかし，許可等の更新は，この文章の中の最後「妥当ではない」の注でかろうじて出てくる。「ダム建設又は水道用水引用のための河川使用の許可についても，5年というような短期の期限を附していることがある。これらの場合に，期限の到来によって，当然に許可が失効するものと解するのは，実情に反するのみならず，行政庁の意思にも合致しない。5年経過のうちに，種々事情の変更もあり得るのであろうことを考え，使用料その他の使用条件の改訂を考慮するために附された期限と解すべきで，許可の更新の申請があった場合には，新たな許可の申請と同様に考えうることはできない[6]」と。しかし，田中二郎のもう1つの代表的な教科書である，『新版　行政法　上巻〔全訂第2版〕』では，行政行為の付款の中の期限の説明は短く，更新という言葉は全く見当たらない。「行政行為の効果を将来到来するこの確実な事実にかからしめる意思表示をいう。期限の到来によってその効力を生ずることがあり（始期），期限の到来によってその効力を失うこともある（終期）。何月何日に種痘をすべきことを命じ，日限を定めて道路の使用を許可するがごとし[7]」。他の教科書[8]をみても，許可等の更新という言葉は見当たらないのである。許可等の更新が学説で明確に議論されるのは，1993年の宇賀克也の行政財産の使用許可の

5）田中二郎『法律学全集6　行政法総論』（有斐閣，1957年）315頁。

6）田中二郎・前掲注5）316～317頁。

7）田中二郎『新版　行政法　上巻〔全訂第2版〕』（弘文堂，1974年）128頁。

8）南博方＝原田尚彦＝田村悦一『新版行政法（1）』（有斐閣，1986年）172頁，神長勲『入門　行政法ゼミナール〔改訂版〕』（実務教育出版，2000年）129頁，原田尚彦『行政法要論〔全訂第7版〕』（学陽書房，2010年）173頁，小早川光郎『行政法　上』（弘文堂，1999年）284頁。

論文を除いて，現在の塩野宏及び宇賀克也の教科書である。許可等の更新があまり議論されなかった理由として，①戦後直後の学説においては行政行為又は許可等の消滅があまり意識されていなかったこと，②許可等の更新が注目されるようになったのが行政手続法制定の議論を経てからであったこと，③判例でも，許可等の更新がそれほど問題とされなかったこと，最後に，④親概念としての行政行為の附款についての議論も遅かった[9]こと，の4つが挙げられよう。ところで，田中二郎の許可等の更新に関する考えを整理すると，許可等の更新の申請は新たな許可等の申請とは異なり，許可等の使用料や使用条件の改訂を行うための手続ということになる。また，施設との関係で「短期の期限」が付せられている許可等については更新が認められると読み込むことになろう[10]。

　ところで，「短期の期限[11]」という内容については明らかではなかった。この内容及び撤回と期限との関係について，一定の整理をしたのが，宇賀克也である。「行政財産の使用許可の撤回と損失補償」という論文で，宇賀は，使用許可の「期間の経過により使用（占用）が完全に終了するのか，それとも，更新を前提としたものかということである。もし，前者であるとすれば，期間経過後の申請を拒絶することは，そもそも，実質的にみても使用（占用）許可の撤回ではないことになる。これに対して，後者であるとすれば，形式的には新規の申請の拒否であっても，実質的には，許可の撤回になる[12]」として，宇賀は，昭和40年代から50年代の判例を検討して以下の3つを区別する[13]。①使用許可の短期

9）附款に関しては，塩野宏「附款に関する一考察」『公法の課題』（有斐閣，1985年）265頁以下，人見剛「西ドイツにおける行政行為の附款論」『西ドイツの行政行為論』（成文堂，1987年）43頁以下が本格的な研究といえよう。

10）なお，阿部泰隆は，田中二郎が更新の拒否を撤回と同視していると指摘する（阿部泰隆『地方自治法制の工夫』（信山社，2018年）493頁）が，引用箇所は確認できなかったので，阿部と違う見解をとっている。

11）原龍之介も，次のように述べている。「当該行政財産の使用目的や性質にてらし，不当に短期の期限は，一般には許可の条件の存続期間の性質をもち，その期限の到来により，その条件の改訂を考慮する趣旨と解すべきで，期限の到来によって当然に許可が失効するものと解するのは妥当でない」（原龍之介『公物営造物法〔新版〕』（有斐閣，1974年）325頁）として，使用期間の更新と継続を主張する。

12）宇賀克也「行政財産の使用許可の撤回と損失補償（上）」ジュリスト1016号（1993年）55頁。

13）宇賀克也・前掲注12）55〜56頁。

の消滅に，相手方が同意しておれば，更新を前提としないもの（主観説），②占用目的との関係で，目的達成に不十分とはいえない期間が経過していると使用権は消滅するもの（客観説），③相手方の同意と占用目的と期間との関係の双方を考慮するもの（折衷説），である。宇賀の論文は，許可等の更新の申請よりも，行政財産の使用許可とか損失補償の方に力点を置いていたこともあり，許可等の更新という問題で注目されることはなかったと思われる。ただ，阿部泰隆が宇賀に続いて，行政財産の目的外使用について論文を書き，庁舎や公立病院の売店や書店などに1年の短期の使用を許可することは，無効であるとしながら[14]，「期限は無効であるので，出てもらいたくても，期限満了を理由としては追い出せない。その場合には公益上の理由による職権取消し（講学上の撤回）と構成するべきである。許可の更新申請を拒否した場合も，新規申請の拒否ではなく，これまでの許可を受けてきた地位を奪うものであるから，撤回と考えるべきである。しかし，そうすると，行政手続法上，処分基準の設定と聴聞，不服申立て・訴訟の教示が必要である」と述べていた。

　次に，現在の行政法教科書の記述をみてみよう。塩野宏は，法律関係の消滅と申請に対する処分に関する手続の2つの箇所で許可等の更新について言及している。前者では，行政行為によって成立する法律関係が行政行為以外によって消滅する事由として「期限の到来」が挙げられる。この部分は美濃部や田中と異なり行政行為の附款と切り離されて議論されている。「一定の期限の到来によって，行政行為によって成立した法律関係が消滅することがある。たとえば，運転免許は，運転免許のための適正試験を受けた日の後の5回目の誕生日を経過すると（70歳未満の場合），当然効力を失う（道路交通法92条の2）。期限は法律でなくて，行政行為の付款の形で付けられることがある（後出第8章参照）。」「期限の定めがある場合にも，厳格にこれを設定しようという場合と，更新を予定している場合とがあり，いずれの制度をとっているかを具体の法律ごとに判断していく必要がある（放送局の免許について，最判昭和43・12・24民集22巻13号3254頁，行政判例百選Ⅱ180事件，河川敷におけるゴルフ場の占用について，横浜地判昭

14）阿部泰隆「行政財産の目的外使用と目的内（本来の）使用許可」『地方自治法制の工夫』（信山社，2018年）497頁。なお，阿部は，このような使用関係の場合には行政財産を普通財産に管理替えをして使用させるべきである（同496頁）とか，実質は目的内使用であるとも述べている（同497頁）。

和53・6・26行裁例集29巻6号1197頁参照）[15]」。次に，塩野は，「申請に対する処分に関する手続」の中で，申請と聴聞手続の関係で申請一般には聴聞は必要ないが，許可等の更新を拒絶する場合には聴聞は必要とする。「ただ，申請制度は多様なものが含まれているので，聴聞等をすべき場合とそうでない場合を立法上区別することは困難であること，申請については，審査基準の公表，情報の提供等の制度が用意されていること，申請書の提出で，申請者の情報は決定権者に提供されていること等の点に鑑み，法は申請については，聴聞等の手続的権利を用意していないと解される。もっとも，更新の拒否のような場合は，申請者の既得の利益を奪うことになるので，撤回に準じた不利益処分として構成することも可能と解される（制定法上も，薬事法76条は，許可更新を拒否する場合は，弁明および有利な証拠の提出の機会を与えるものとしている）[16]」。

　宇賀克也も2カ所で議論し，その内容は塩野と同じであるが，議論する箇所の見出しが「許認可等に共通する事項」と行政行為の分類の中の「申請に対する処分と不利益処分」というように異なる。前者については，「法律で有効期間が定められている場合，期間の満了によって当該許認可は完全に失効し，新たな許認可等の申請がなされる仕組みとみるべきか，更新がなされることを原則とした仕組みとみるべきかという問題がある。河川敷においてゴルフ場のための占用許可を与えるような場合，期間を1年として毎年占用許可申請書を提出させることとしていることとしていても，多額の投下資本を回収するためには占用期間は短すぎる場合，占用許可は更新を前提としたもので，占用許可期間満了時は占用条件を見直すためのチェックポイントとしての意味を持つにとどまると解するのが通説・裁判例の立場といえよう」とし，更新制として，「法律の中には，更新制を明示したものもある（道路交通法101条1項）。また，許認可等の効力が期間満了により失われる前に一定期間内に更新の申請のない場合，申請があったものとみなすことにして，失効を防止する仕組みをとっているものがある。保険医療機関又は保険薬局の指定が効力を失う日の前6か月より3か月までの間の指定の申請がない場合，指定の申請があったものとみなすのが

15）塩野宏『行政法I〔第6版〕』（有斐閣，2019年）197頁。
16）塩野宏・前掲注15）323頁。

その例である（健康保険法68条2項）[17]」と。また，後者について，宇賀は，許可等の更新の拒否処分は不利益処分であるとする。「また，申請拒否処分も行政手続法の『不利益処分』に含まれないが，（同号ロ），更新を前提とした申請を拒否することは，許認可等の撤回と同視することもでき，『不利益処分』に該当すると解する余地もある。『医薬品，医療機器等の品質，有効性及び安全性の確保等に関する法律』76条は，更新拒否処分をしようとする場合と新規の許可申請を拒否する場合を区別し，前者につき弁明および有利な証拠の提出の機会を付与している[18]」と。塩野と宇賀の学説は，期限の終期をとくに法律関係や許認可の消滅[19]という形で捉えるもので，その意味では，基本的には美濃部や田中の学説と異なるものである[20]。また，許可等の更新を前提とした申請が拒否された場合にそれを不利益処分又は撤回とみなすことも，美濃部や田中にはみられないものであり，これは後述の行政手続法の制定に関する更新の議論や判例の検討を踏まえたものであろう。ただ，前者における，許可等の更新の申請がある場合とない場合の区別については，美濃部や田中の議論の継続的行政行為や更新が使用料などの条件の改訂を行う手続であるという議論を引き継いでいるといえよう。

II　行政手続法制定に関する議論と許可等の更新

　許可等の更新の手続は，許認可の手続であるため，許認可手続の1つとして議論される可能性があった。また，他方，それが申請を前提とするため，許認可手続としても，申請の手続として議論される可能性もあった。どちらにしても，行政手続の重要な手続であり，行政手続の中で議論されることになる。本節では，行政手続法の制定に向けた各種の法案の中で議論されている許可等の

17）宇賀克也『行政法概説 I〔第6版〕』（有斐閣，2017年）96〜97頁。
18）宇賀克也・前掲注17）322頁。
19）なお，森稔樹は，終期について行政行為の効力について維持させることが相応しくない時に有効であると説いている。参照，同「行政行為の附款の機能」早稲田法学会誌46巻（1996年）124〜125頁。
20）塩野宏は，美濃部や田中が認めた法定附款について疑問を提起している（塩野宏・前掲注15）199頁）が，期限が法律で決まっていることも関係しているかもしれない。なお，法定附款が不要であることについては，森稔樹「行政行為附款の法理・序説」早稲田大学法研論集75号（1995年）300〜301頁が詳しい。

更新の手続を拾い出してみることにする。

　最初に，1952（昭和27）年に国会に提出された国家行政運営法案では，許可等の更新について以下の規定があった。すなわち，（許可等の処理）9条5項「許可等の更新につき処分行政機関の定める期限内に申請があった場合には，有効期間を経過してもその更新の処分が確定するまでは，従前の許可等は，なおその効力を有する[21]」である。これは，許可等の更新の申請に対する不作為について申請の相手方を保護するものであり，同条2項の通常の申請に対する不作為について一定の期間が経過した場合に許可があったものとみなす規定と同一の趣旨を持つものといえそうである。そして，内容から理解されるように，前述した美濃部達吉の学説と一致すると思われる。

　次に，1964（昭和39）年の臨時行政調査会第3専門部会第2分科会の「行政手続に関する報告」の中の行政手続法草案では，「（許可等の更新）第22条　継続的性質を有する許可等について更新の申請が適法になされたときは，有効期間満了後も行政庁が当該申請を拒否するまでは，なおその効力を有する。2　前項の更新の申請については，行政庁は，正当な理由がなければ，これを拒否することができない」という規定があった[22]。これは，内容からして，国家行政運営法案9条5項などを参考にしたものである[23]。第1項については，継続的性質を有する許可については期間を付するのが好ましくないという議論を受けたものであり，更新について特例を設けたものであるという説明がある[24]。ということで，更新がなされる許認可については継続的性質を有する許認可ということになる。

　次に，行政手続について議論がなされそれが集約されるのは，1983（昭和58）年11月の行政手続法研究会報告——法律案要綱（案）[25]である。ただし，これには，許可等の更新について特別の定めはないようである。ということは，許

21）塩野宏＝高木光『条解　行政手続法』（弘文堂，2000年）382頁。

22）橋本公亘『行政手続法草案』（有斐閣，1974年）53頁。

23）橋本公亘・前掲注12）132頁。電波法13条，たばこ専売法32条なども参考にしているようである。

24）橋本公亘・前掲注12）132頁。

25）行政手続法研究会『行政手続法研究会報告——法律案要綱（案）』ジュリスト810号（1984年）44
　　〜58頁。

121

可等の更新も「第5 申請」の手続によって処理されるということであろうか。さらに，1989（平成元）年10月に出された行政手続法研究会（第2次）中間報告の中の行政手続法（仮称）要綱案にも，許可等の更新について特別の定めはない。しかし，現行法の不利益処分に該当する「侵害処分」に更新の拒否が含まれるという指摘はある。すなわち，「このような侵害処分に該当するものとしては，例えば，①許認可の取消，撤回，廃止，停止，更新の拒否　②建築物の除却，移転　（以下略）[26]」。したがって，許認可の更新の拒否については，弁明手続又は聴聞手続が行われることになる。しかし，許可等の更新の拒否についてのこのような取扱いについては，制定された行政手続法になく，後述するように，行政手続法案の審議の中で，そのような取扱いは否定されることになる。

　ところで，1989（平成元）年12月15日の「許認可等に係る国民負担の軽減方策について」（各省庁許認可等検討会議申合せ[27]）では，「1 申請等手続の簡素化」の「(3) 更新申請手続」では，「ア　更新申請の期間は，法令等において明確に定めることとする（更新申請期限は，暦年，年度の期首あるいは申請者の誕生日等分かりやすく設定する。）　イ　許認可等の更新申請書の記載事項は，原処分の継続希望の表明のみとすることとする。（新規の申請書記載事項に変更がある場合は，その旨付記する。）　ウ　更新申請書の添付書類は，既提出資料と異なるもののみを徴することとする」との指摘がある[28]。

　さらに，1990（平成2）年に設置された第3次行革審において，行政手続法の統一的整備が決定され，1991（平成3）年1月に専門的な調査・検討を行う手続部会の設置が決まり，審議を開始するが，同年5月には部会の中に小委員会が設置される。1991（平成3）年5月10日第1回小委員会に提案された事務局作成の行政手続法（案）では，15条で，「継続的性質を有する許認可等についての更新の申請が適法に行われた場合において，当該申請に対する拒否処分を行おうとする場合については，第3章第1節から第3節までの規定を準用する[29]」との規

26）総務庁行政管理局『行政手続法の制定にむけて』（ぎょうせい，1990年）20頁。

27）塩野宏＝小早川光郎編『日本立法資料全集106　行政手続法制定資料（4）要綱案関係資料編Ⅰ』（信山社，2012年）139頁以下。

28）塩野宏＝小早川光郎編・前掲注27）141頁。

29）塩野宏＝小早川光郎編・前掲注27）184頁。

定がある。ただし，この15条には「本条を設ける場合，従前の許認可等の効力についてどう考えるか[30]」という疑問文が添えられている。そして，同年に各省庁に配布された「一覧表作成の趣旨[31]」では，「許認可等の更新については，法令の規定の仕方が区々であり，また，条文からは，これが既得権の侵害とみれるかどうか必ずしもはっきりしないことから，今回の整理ではすべて除外している[32]」との記述がある。結局，15条は，削除される。すなわち，角田礼二郎部会長によれば，「その次の『許認可等の更新の規定の再検討』。この案では，その規定を落としております。これは，火曜日の議論では，継続的性質を有する許認可の更新というものを拒否する場合に侵害処分の規定を準用するというか，それの例によるということが中心的な考え方であったわけですが，先週の議論にも出ましたけれども，許認可等の更新というものの実態というものが，非常に千差万別であって，事務当局も十分それをつかんでいないし，またそれを拒否するといっても，行政上，どういう扱い，運用をしているかということについて非常にわからない，実態が分からないということで，一応許認可の更新については，まだ検討が十分されていないものですから，実は，私が差戻しということで，とても今の段階では，こういうものは，法律の規定には書けないということで，落とした訳であります[33]」と。なお，塩野宏委員の再検討案があったが，角田部会長は，許認可等の更新規定について削除するということで案を纏めたとのことである[34]。さらに，6月7日の部会においても，許認可等の更新については個別法での検討が必要であるとされている。「それから，『更新許可等の拒否処分』というのが書いてございます。これは，期限の定めのある許認可等について更新ということが行われる訳でありますが，更新というものがどういう性格のものであるか，個別法によって非常に定め方がばらばらなようであります。更に，その更新許可について拒否する場合の処分についてどういう性

30）これについては，許可等の適法な更新申請がなされている場合に，聴聞手続などで期限が経過したときに，その効力を維持するかどうかという問題のようである。

31）塩野宏＝小早川光郎編・前掲注27）147頁以下。

32）塩野宏＝小早川光郎編・前掲注27）149頁。

33）平成3年5月31日の第4回小委員会での発言（塩野宏＝小早川光郎編『日本立法資料全集103　行政手続法制定資料（1）議事録編Ⅰ』（信山社，2012年）487頁。

34）塩野宏＝小早川光郎編・前掲注33）510頁。

格づけをするということについては，なお，もう少し個別法の検討が必要かと思います。[35]」これ以後，許可等の更新については検討されていないようである。

　以上のように，許可等の更新については，当初，美濃部達吉や田中二郎の影響を受けて，継続的処分としての規定すなわち，更新の申請があったときは有効期間を経過しても決定があるまで有効であるというものが考えられたが，議論が進むにつれ許可等の更新の拒否処分は不利益処分なのかどうかの議論に移り，最後には，個別実定法の規定は区々分かれているので，統一的な手続規制をおくことはできないということで，許可等の更新の手続は行政手続においては問題とされないこととなる。ただし，学説の検討でみたように，塩野と宇賀は許可等の更新申請の拒否を不利益処分と考えているのであるが，これは，以上の議論や判例の検討を受けていると考えられる。

III　判例と許可等の更新

　許可等の更新についての裁判例を，①昭和40年代から昭和50年代，②昭和の50年代から平成元年，そして，③最近の判例の3つに区分して考察することにする。

1　昭和40年代から同50年代の判例

　最初の判例は，最高裁昭和40年8月2日第二小法廷判決である。この事例では，自動車運転免許の取消処分を受けた者が，取消処分の理由である道交法違反について簡易裁判所で無罪判決を受け，それを理由に運転免許取消処分の取消しを求め，それが認められたが，被告側が控訴したがこれも棄却され，さらに，上告し，その理由として，上告期間中に免許期間が満了し，更新をしていないので，訴えの利益が消滅したと主張したものである。最高裁判決は，以下のように述べて，訴えを提起し係争中の者には更新の手続は必要ないとした。「右道交法101条が，免許証有効期間満了にあたり適性検査を行ない，その結果自動車等の運転に支障がないと認められる者については免許証の有効期間を更新

35）第15回部会での角田部会長の発言（塩野宏＝小早川光郎編『日本立法資料全集104　行政手続法制定資料（2）議事録編II』（信山社，2012年）601～602頁）。

して免許を存続させることにし，同法105条が，免許証の有効期間の更新を受けなかつたときは免許は効力を失うものとしたのは，現に免許証を行使しつつある者に対し，その運転適性を維持しているかどうかについての定期検査を強行し，不適格者には適宜の処置をとる目的に出でたものであることにかんがみれば，これら規定は，本件のように免許が現在取り消されており，その取消しの適否が訴訟によつて争われている場合についてまで適用を予定したものとは解しがたい。むしろかような取消処分の係争中の免許については，その取消処分の取消しが確定して免許証を行使しうる状態に復帰した際に，その適性検査の時期に至つたものとして取り扱うのが相当であり，道交法上もそのような取扱いを許されないとする根拠は認められない。してみれば，本件被上告人の免許証の有効期間の経過は，なんら本件訴の利益の存続に影響するところはないと解するのを相当とする[36]」と。係争中に免許期間が満了した場合でも，免許取消処分の取消しの訴えの利益が消滅しないことは当然といえば当然である。

　次の事例は，FM局やテレビ局の開設の免許が争われたものである。その1つは，東京地裁昭和43年8月9日決定であり，FM東海事件と呼ばれている。事案は，学校法人東海大学がFMの試験局として免許を受け，その再免許を受けたが，2度目の再免許の申請について，電話による拒否の通告を受け，その取消訴訟を本案として執行停止の申立てがなされたものである。同決定は，更新について以下の2つの判断を示している。許認可の期限と更新の申請について，「一般に，免許，許可等の処分に期限が付されている場合において，その期限の到来によって，当然に免許，許可等が失効すると解するのは妥当ではなく，免許，許可の目的，性質に照らしその附された期限が不相当に短期である場合には，かかる期限は免許，許可の条件の存続期間の性質を持ち，その期限の到来により，その条件の改訂を考慮する趣旨と解すべきであり，したがって，期限の到来の前に適法な更新の申請がなされている限り，期限の到来によって免許許可等が失効しないものと解するを相当と」する[37]。次に，電波法の免許期間が1年である無線局が期間満了1カ月前に再免許の申請をした場合に郵政大臣が

36）民集19巻6号1395〜1396頁。
37）行集19巻8・9号1358頁。

簡易な審査で免許を与える手続について，「右再免許手続に関する規定は，従来の免許人に再免許の申請権という形式で更新を認め，適合していないと認めるときは，再免許をしないという形式で更新を拒否することを建前としていると解するのが相当であって（行政裁判所昭和9年5月18日宣言，行政裁判所判決45輯301頁参照），本件通告のごとく，再免許申請に対する応答としてではなく，被申立人おいて一方的に免許を打ち切るような処分は，まったく異質の処分であって，前記法条の予定していないところである[38]」。この決定は，美濃部学説及び田中学説と一致する。とくに，期限が不相当に短期の場合には，適法な更新の申請がなされていれば期限が満了しても免許が失効しないとすることは田中学説と一致する。

　もう1つの判例も電波法の無線局の免許についてのものであるが，テレビ局の開設免許が問題となったものである。テレビ局開設免許申請が競合した中で申請の拒否処分を受けた者が提起した異議申立てについて棄却決定を受け，その棄却決定の取消の可否が争われた，最高裁昭和43年12月24日第三小法廷判決である[39]。本事件では，被告が上告理由とした，①原告本人に対する拒否処分に対する異議申立ての棄却決定が取り消されたとしても，第三者に付与された免許が失効する訳でなく，棄却決定の取消の訴えの利益はない，②第三者に付与された予備免許は期間が経過し失効し，現在本免許を経由し再免許となっているため，予備免許の取消を求めても訴えを維持する利益はない，の2種類の訴えの利益が争点となり，後者が更新に関する問題であった。同判決は，後者について次のように述べている。「訴外財団に付与された予備免許は，昭和39年4月3日本免許となつたのち，翌40年5月31日をもつて免許期間を満了したが，同年6月1日および同43年6月1日の2回にわたり，これが更新されていることが明らかである。もとより，いずれも再免許であつて，形式上たんなる期間の更新にすぎないものとは異なるが，右に『再免許』と称するものも，なお，

38）行集19巻8・9号1360頁。

39）なお，本事件については，裁決主義（電波法96条の2）により異議決定だけが取消訴訟の対象となり，また，高裁の専属管轄（同法97条）により原審が東京高裁である。原審の東京高裁昭和40年6月1日判決は，原告の請求を認容している。なお，裁決主義については，小林博志「裁決主義」西南学院大学法学論集52巻1号（2019年）1頁以下【本書第5章】を参照されたい。

本件の予備免許および本免許を前提とするものであつて，当初の免許期間の満了とともに免許の効力が完全に喪失され，再免許において，従前とはまつたく別個無関係に，新たな免許が発効し，まつたく新たな免許期間が開始するものと解するのは相当でない。そして，前記の競願者に対する免許処分（異議申立て棄却決定）の取消訴訟において，所論免許期間の満了という点が問題となるのであるが，期間満了後再免許が付与されず，免許が完全に失効した場合は格別として，期間満了後ただちに再免許が与えられ，継続して事業が維持されている場合に，これを前記の免許失効の場合と同視して，訴えの利益を否定することは相当でない。けだし，訴えの利益の有無という観点からすれば，競願者に対する免許処分の取消しを訴求する場合はもちろん，自己に対する拒否処分の取消しを訴求する場合においても，当初の免許期間の満了と再免許は，たんなる形式にすぎず，免許期間の更新とその実質において異なるところはないと認められるからである[40]」。これは，更新がなされる免許又は許可は継続的行為である，という学説と一致する。この判決に田中二郎裁判官が関与していることからもこのことは是認されると思われる。とはいえ，テレビ局の施設との均衡上免許期間が短いという指摘[41]や再免許が簡易な手続で付与される[42]ことからすれば，免許の対象であるテレビ局の開設免許の性質と電波法の法規定をも考慮しなければならないということであろうか。免許期間が5年（電波法13条1項，27条の5第3項）と短いことは，国際条約の改正に対応し，電波技術などの向上から電波の公平効率的な運用を考慮した電波の再配分（周波数利用の見直し）のためとされている[43]。

　次の事例は，行政財産の使用許可に関するものである。最初の判例は，東京中央卸売市場の土地の使用許可の更新の拒否に関するものである。原告は1942（昭和17）年頃から当該土地を使用していたが，1953（昭和28）年頃から短期間で使用が許可され，1967（昭和42）年にはその一部について更新が拒否され，翌年には残り全部について更新が拒否され，それらを理由に損失補償を請求したも

40）民集22巻13号3254頁。

41）原田尚彦「判例評釈」民商法雑誌61巻3号（1969年）503頁。

42）高柳信一「判例評釈」法学協会雑誌87巻3号（1970年）419頁。

43）今泉至明『電波法要説』（情報通信振興会，2018年）111頁。

のである。東京高裁昭和50年7月14日判決[44]は，更新の拒否について以下のように判示している。「そうすると，被控訴人の右返還請求は，所定の使用期間の満了に際しその期間を更新しないという形式でなされているのであるが，同請求は，地方自治法238条の4第5項東京都中央卸売市場業務規程46条4号に基づく使用許可の取消と解され，右取消（講学上の使用許可の撤回）によって，控訴人の本件各物件に対する使用権は消滅したと解される[45]」。つまり，更新の拒否は撤回と捉えられるというものである。道路の占用の許可について，同様の判示をした東京地裁昭和47年8月28日判決がある。「このように期間の更新が予定されている道路占用許可について，最終的に期間を定め，その期間経過後には右占用権が消滅する旨の更新許可がなされた場合は，期間更新に対する拒絶を意味するものと解するのが相当であり，斯かる場合の更新拒絶は，期間の定めがない場合における許可の取消とその実質において異らないものと解すべき[46]」であると。

　次は，河川区域の使用許可が問題とされた，東京地裁昭和53年6月26日判決である。事案は，Xは河川区域内の土地について，訴外神奈川県知事から占用期間10年の占用許可を受けゴルフ場を経営し，その期間満了後も3年から3カ月の期間で占用許可を8回受けていたが，1969（昭和44）年に新河川法の施行により河川の一般公衆への開放を図ること（第1次開放計画）から，新管理者である関東地方建設局長Yから占用面積を半分にされ，さらに，Yは，1974（昭和49）年には第2次解放計画により期間の短い1年の占用許可を与え，Xがその期間満了前に更新の申請をしたが，占用面積の半分しか許可しなかったので，Xが不許可部分の取消を求めたものである。判決は，まず河川敷地についての占用許可について更新が予定されているのかについて消極的に解する。「もともと河川敷地は，河川管理施設と相まつて雨水等の流路を形成し，洪水の際には安全にこれを疎通させ，洪水による被害を除却し又は軽減させるという重要な

44）この高裁判決は，1審の東京地裁昭和47年3月13日判決を是認し，さらに，上告審である，最高裁昭和51年9月6日判決も，この2つの判決を是認しているとのことである。参照，宇賀克也・前掲注12）55頁。
45）判例時報791号81頁。
46）判例タイムズ286号339頁。

目的に供せられるべき公共用物であり，平水時には本来一般公衆の自由な使用
に供せられるべきものであるから，特定人に対し本来の用法を超えて特別の使
用権を設定する占用許可に当たつては，その占用期間についても，右目的を阻
害することのないよう必要最小限の期間を設定すべきであつて，占用期間が占
用目的に照らして極めて短期間であり，従前の占用の経緯やその実態さらには
右公共用物であることからの制約を考慮に入れても，なお使用権の存続期間と
して到底合理的な意味を持ち得ないような例外的事情の存する場合を除いては，
占用期間の定めは更新を予定するものではなく，当該占用許可に基づく使用権
は右期間の満了によつて当然消滅するものと解すべきである[47]」。そして，同
判決は，占用許可の期間を設定した経緯や不許可の経緯を検討し，本件は更新
の拒絶ではないとする。「本件不許可の直前にされた占用許可（別紙一(9)）の期
間は一年間というものではあるけれども，右期間が占用許可の存続期間とし
て合理的な意味を持ち得ないものとはいえず，右占用許可に係る使用権は右期
間の満了によつて当然消滅すると解すべきで，本件不許可をもつてその実質は
更新の拒絶であるということはできず，新たな占用許可申請に対する拒否処分
と解すべきである[48]」と。控訴審の東京高裁昭和57年6月10日判決[49]も，同様
の判断を示している。

　東京地裁判決と同じような事案を扱うのは横浜地裁昭和53年9月27日判決
である。事案は，都市公園法5条2項に定める管理許可により川崎市から市有
地を借りてゴルフ場を経営していたXが市長Yから更新不許可処分を受け，さ
らに，Yから許可期間は満了したので同土地を明け渡すよう命ずる戒告を受け，
その後，代執行に着手されたので，Xは，期間更新不許可処分の取消及び市有
地使用権の確認の訴えと予備的に損失補償などを求めたものである。更新につ
いては更新不許可処分の取消訴訟において判示されている。1つは，不許可処
分について更新の申請がなされていないので訴えの利益がないとする被告側の
主張を否定するものである。「要するに，倶楽部側は，市長が，本件更新不許可
処分の取消判決の趣旨に従つて改めて許可処分をなした時点において（本件の

47）行集29巻6号1207〜1208頁。
48）行集29巻6号1214頁。
49）行集33巻6号1258頁。

場合は，都公法5条3項所定の制限により，右許可に付すべき期間がすでに過去のものと
なることは明らかであるが），その期間更新の申請の手続をとることができ，かつ，
それで足りると解するのが相当であり，これに反する市長の主張は失当であつ
て，倶楽部側は本件更新不許可処分の取消を求めるにつき訴えの利益を有す
る[50]」。さらに，同判決では，FM東海事件決定と同じように，期限が短期の場
合についての言及がある。「右の許可に付せられた期間の満了に際し，これを
更新するか否かについては，右の許可期間の定めが，当該公園施設の設置また
は管理許可の趣旨，目的に照らして不相当に短期のものである場合は，『正当な
事由』のないかぎり，相当の期間が経過するまでは，公園管理者において右許
可期間の更新が，それ相当の制約のもとに予定されていたものと解するのが相
当である[51]」。

　以上6つの事例を検討したが，この時期においては，美濃部学説や田中学説
が問題とする更新と継続的行政行為，さらには比較的短期の期限などが判例で
議論されていたといえよう。

2　昭和50年代から平成元年の判例

　この時期においては，免許の更新について免許の監督が問題とされる事例が
登場する。更新における免許の監督が争点とされたのは，最高裁平成元年11月
24日第二小法廷判決[52]に係る事案である。これは，宅地建物取引業法上の宅地
建物取引業を営む免許の付与及びその更新を受けた者が不動産の取引において
甚大な被害を与えたことについて，被害者から免許の付与及び更新をした知事
等の責任を追及して国家賠償請求がなされた事案である。すなわち，京都府知
事Y₁から1972（昭和47）年10月に同法の免許を受け，さらに，1975（昭和50）年
10月に同免許の更新を受けたA会社の実質的経営者Bが，多額の債務を抱えた
ことから，他人所有の不動産を自社所有としてXに売却し，Xが750万円の損害
を被ったことから，Xが，Bに本件免許を付与し，その免許の更新をしたこと，
及びBに対する業務停止処分や免許取消処分をしなかったことが違法であると

50）判例時報920号97頁。
51）判例時報920号98頁。
52）判例時報1337号48頁，判例タイムズ717号87頁。

して，京都府Yを被告として国家賠償請求を提起したものである。1審の京都地裁昭和58年7月11日判決は，免許の更新の違法性を次のように述べていた。「昭和50年10月23日の前記免許の更新についてみるに，免許の更新は，一定期間ごとに改めて資格要件等の適合性を判断し，不適格者排除の実効性を期するものであると解されるところ，右当時においても，前記認定のとおり㈲誠和住建は実質的に大野の個人会社であり，被告西口は単なる名目上の取締役にすぎず，大野が「取締役と同等以上の支配力を有する」という実態については何らの変化もない。このことは，被告知事においても知り，もしくは容易に知りえたものと解され，これに反する証拠はない。しかして，右当時，大野はいまだ前記判決に基づき執行猶予中であり，宅建業法5条1項7号，3号により㈲誠和住建に対し免許の更新をしてはならなかったことが明らかである。しかるに，〈証拠〉によれば，被告知事は，前記の形式的見解に基づき，これらの点についての一切の考慮を払うことなく，免許の更新を行ったものとみとめられる[53]」と。しかし，この1審の判断は，大阪高裁昭和61年7月1日判決によって否定される[54]。この事件は上告されたが，最高裁平成元年11月24日第二小法廷判決は，「知事等による免許の付与ないし更新それ自体は，法所定の免許基準に適合しない場合であっても，当該業者との個々の取引関係者に対する関係において直ちに国家賠償法1条1項にいう違法な行為にあたるものとはいえない[55]」とか「当該業者の不正な行為により個々の取引関係者が損害を被った場合であっても，具体的事情の下において，知事等に監督処分権限が付与された趣旨・目的に照らし，その不行使が著しく不合理と認められるときでない限り，右権限の不行使は，当該取引関係者に対する関係で国家賠償法1条1項の適用上違法の評価を受けるものではないといわなければならない[56]」として，上告を棄却し，請求を棄却した。この上告審判決には，奥野久之裁判官の補足意見が付けられ

53）判例タイムズ517号181頁。

54）判例時報1222号46頁以下。

55）判例タイムズ717号90頁。この部分は，反射的利益論的思考をとっていると説明されている。
　　参照，宇賀克也「判例評釈」行政判例百選Ⅱ〔第7版〕（2017年）457頁。

56）判例タイムズ717号90頁。この部分は，裁量権消極的濫用論を打ち出したものである。宇賀克也・前掲注55）457頁。

ており，同意見は次のように述べている。「法が，宅建業者につき免許制度を設け，かつ，その事業に必要な規制を定め，免許・監督に関する権限を知事等に与えている趣旨は，直接的には宅地建物取引の安全を害するおそれのある業者の関与を未然に排除することにより取引の安全を確保し，宅地建物の円滑な流通を図るところにあることはいうまでもないが，同時に，購入者等の利益の保護をも目的とするものであり（1条），知事等に指導，助言及び勧告の権限（71条）や，業者に報告を求め，事務所等に立ち入り，帳簿等を検査する権限（72条），業者が取引関係者に損害を与えるおそれがあるときは必要な指示をする権限（65条1項1号）までも付与し，業者には取引の相手方の損害を補塡するための営業保証金の供託を義務づけている（25条，26条）ことをも考えると，知事等としてはこのような法の目的を達成するため，免許ないしその更新に当たっては免許基準（5条1項）を厳正に適用し，またいったん免許を付与した後においても，随時適切に指導監督すべき職責を有するものというべきである[57]」と。すなわち，奥野裁判官によれば，宅地建物取引業法の免許においては，更新に際しても厳格に免許基準を適用すべきとしているのである[58]。

3 許可等の更新に関する最近の判例

　許可等の更新に関する最近の判例で最初に登場するのは，自動車の運転免許の更新の申請に関わるものである。この事例も，免許の監督規制に関わるもので，とくに法制度に関わるものである。これは，優良運転者，一般運転者及び違反運転者等の3つに区分された免許付与が問題となっており，更新申請に対する一部拒否処分という内容の事例である。原告Ｘは，道路交通法20条1項ただし書の道路通行帯違反の通告を受けたが，反則金を払わず放置していたところ，検察庁は不起訴処分とした。ＸはＹ公安委員会からの更新通知書を受けて，免許証の更新手続を行ったが，「一般運転者」の記載の運転免許証が交付された。

57）判例タイムズ717号91頁。

58）なお，更新の事例でもなく，また，宅地建物取引業法の免許の事例でもなく，建設業法の許可について，違法な許可を与えたとして損害賠償請求が提起された事案について，長野地裁平成21年5月13日決定（判例時報2052号72頁）は，奥野裁判官の指摘などを受けて損害賠償責任を認めた。しかし，控訴審の東京高裁平成21年12月17日判決（判例タイムズ1319号65頁）はこの判決を取消した。

そこで、Xはこれを不満として、Y公安委員会へ異議申立てを行った。これに対し、Yはこれを棄却する旨の決定を行った。そこで、Xは、①更新処分の一部取消し、②「優良運転者」の記載のある運転免許の交付を義務付ける義務付けの訴え、③棄却決定取消しの訴えを提起した。争点は、「一般運転者」の免許の交付を受けた者が、「優良運転者」の免許を求めて訴えを提起することができるのか、である。1審の横浜地裁平成17年12月21日判決は、免許証更新処分における運転者区分の認定ないし確認行為は、「行政庁の処分その他公権力の行使に当たる行為」には当たらないとして、取消訴訟や義務付けの訴えなどを不適法として却下した。これに対し、控訴審の東京高裁平成18年6月28日判決は、「優良運転者には一般運転者に比べて優遇的措置が存在しその法的地位を異にしているということができ、直接国民の権利義務を形成し又はその範囲を確定することが法律上認められているものというべきである」として、運転者区分の認定等を処分であると認め、各訴えを適法であるとした。これに対して、上告が行われ、最高裁平成21年2月27日第二小法廷判決は、訴えの利益があるとして、上告を棄却した。「以上のとおり、道路交通法は、優良運転者の実績を賞揚し、優良な運転へと免許証保有者を誘導して交通事故の防止を図る目的で、優良運転者であることを免許証に記載して公に明らかにすることとするとともに、優良運転者に対し更新手続上の優遇措置を講じているのである。このことに、優良運転者の制度の上記沿革等を併せて考慮すれば、同法は、客観的に優良運転者の要件を満たす者に対しては優良運転者である旨の記載のある免許証を交付して更新処分を行うということを、単なる事実上の措置にとどめず、その者の法律上の地位として保障するとの立法政策を、交通事故の防止を図るという制度の目的を全うするため、特に採用したものと解するのが相当である。」「確かに、免許証の更新処分において交付される免許証が優良運転者である旨の記載のある免許証であるかそれのないものであるかによって、当該免許証の有効期間等が左右されるものではない。また、上記記載のある免許証を交付して更新処分を行うことは、免許証の更新の申請の内容を成す事項ではない。しかしながら、上記のとおり、客観的に優良運転者の要件を満たす者であれば優良運転者である旨の記載のある免許証を交付して行う更新処分を受ける法律上の地位を有することが肯定される以上、一般運転者として扱われ上記記載のな

い免許証を交付されて免許証の更新処分を受けた者は，上記の法律上の地位を否定されたことを理由として，これを回復するため，同更新処分の取消しを求める訴えの利益を有するというべきものである[59]」。なお，差戻審の横浜地裁平成21年12月14日判決は，原告に違反はあったとして更新処分が適法であるとし，取消訴訟等を却下し，そして，精神的損害を被ったとして提起された国家賠償請求を棄却した[60]。これ以後もこの種の判決は多く提起されている。大阪高裁平成25年6月27日判決は，速度違反があったとして「一般運転者」として更新処分を受けた原告が，違反行為はなかったとして，「一般運転者」の部分の取消しと優良運転者である旨の記載がある運転免許証の交付を求めた事案で，1審はこれを認めなかったが，同判決は原告の請求を認めた[61]。神戸地裁平成31年3月27日判決も，同種の訴えについて原告の請求を認めている[62]。

　次の事例は，許可の更新申請の拒否処分が争われたものである。1つは，銃砲刀剣類所持等取締法（以下「銃刀法」という）による銃の所持等の許可の更新が争われたものである。原告は，銃刀法に基づいて東京都公安委員会から散弾銃の所持の許可を受けていたが，許可の更新の申請をしたところ，更新不許可処分と散弾銃の仮領置処分を受けたことから，これら2つの処分は違法であるとして各処分の取消しを求めていたものである。2つの処分の理由は，更新申請書に添付されていた同居親族書には同居していない配偶者の氏名が書かれていることから，重要事項虚偽記載があり，銃刀法5条1項柱書の許可基準（「申請書若しくはその添付書類中に重要な事項について虚偽の記載があり，若しくは重要な事実の記載が欠けている場合においては許可してはならない」）に適合しないということであった。東京地裁平成28年2月16日判決は，配偶者間暴力の認定について，「以上のとおり，本件の事情の下においては，D巡査長らとしては，本件同居親族書の記載内容のいかんにかかわらず，原告による配偶者暴力のおそれを中心に

59）民集63巻2号309〜310頁。なお，申請権との関係で，一般運転者記載の運転免許証の取消しの訴えと優良運転者記載の義務付けの訴えを提起することができるかについては意見が分かれている。室井啓司「判例評釈」自治研究87巻1号（2011年）143頁，山本隆司『判例から探究する行政法』（有斐閣，2012年）476頁及び477頁注1。

60）判例地方自治332号81頁。

61）LEXDB文献番号25501464。

62）LEXDB文献番号63093255。

不許可事由の調査検討を行うべき事情があったものといえるから、同書面に事実と異なる記載があったとしても、それにより、許可の審査を著しく困難とし、又は審査に当たって判断を誤らせることになったとはいえない。したがって、本件の事情の下では、当該記載は、銃刀法5条1項柱書にいう重要な事項に当たらない[63]」。控訴審の東京高裁平成28年7月20日判決[64]も控訴を棄却し、この判断を維持している。

もう1つの事例は、個人タクシー事業の許可の更新拒否処分に関わるものである。横浜地裁平成19年7月2日決定は、申立人が一般旅客自動車運送業（個人タクシー事業）の許可の更新申請をしたところ、拒否処分を受けたため、拒否処分の取消訴訟を提起し、これを本案として拒否処分の執行停止を求めた事案である。ただし、本件許可処分には、期限を2006（平成18）年11月30日までとし、ただし書きとして「（申立人が）この期限までに更新の申請をした場合においては、これを更新する旨又は更新しない旨の通知を受ける日までの期間は、本件許可に係る事業を引き続き経営することができる」としていた。同決定は、「本件処分の効力が停止され、申立人が本件申請をした状態になった場合、本件ただし書きの理由として、申立人は、申請に対する処分の効力が生ずるまでの期間、本件事業許可処分に係る事業経営を継続することができるものと解される」として、拒否処分について執行停止を求める利益が認められるとしたが、法人タクシーの運転手として雇用される可能性を指摘し、重大な損害を避けるための緊急の必要性はないとして、執行停止の申立てを却下した[65]。他方、横浜地裁平成22年10月29日決定は、同じ事例で、同居している父母との生活の継続やタクシー協会からの除名処分を考慮して、執行停止を認めた。さらに、大阪地裁平成26年4月22日判決は、同じような事案で、更新拒否処分を取り消し、そして、更新拒否処分についての国家賠償請求を認め、被告国に対し、43万7,224円の損害賠償金の支払いを認めた[66]。

さらに、前橋地裁平成30年2月14日判決は、都市公園における記念碑の設置

63）判例タイムズ1431号200〜201頁。
64）LEXDB文献番号25448428。
65）LEXDB文献番号25421084。
66）LEXDB文献番号25446710。

許可の更新に関するものである。原告たちは，県立公園内に戦時中の朝鮮人労働者の追悼のための記念碑を設置するため群馬県から設置期間10年とする許可を得，記念碑を建て管理し，期間が満了する前に許可の更新の申請を行ったが，同県が許可条件に違反したとして，更新許可申請を拒否したので，拒否処分の取消と許可を10年間延長させる義務付けの訴えを提起したのである。前橋地裁は，政治的・宗教的行事を行ったという条件違反はあるが，それが「本件公園の効用を全うする機能を喪失していたということができない」として処分取消しの訴えを認めた[67]が，一方，義務付けの訴えについては，更新許可を10年とすべきかどうかは県知事の裁量に委ねられているとして，認めなかった。

　以上のように，判例においては，当初，昭和40年代から昭和50年代にかけて，行政財産の使用許可や電波法の免許を中心にして，継続的行政行為，処分をさらに，短期の期限と更新の関係について，争われていた。さらに，昭和から平成に入って，更新における免許の監督に関する事例がでてきて，これは更新についての新しい局面といえる。そして，2005（平成17）年の自動車の運転免許の更新についての優良運転者，一般運転者及び違反運転者等という3区分の運転免許の付与に関しての事例では，更新申請に対する一部拒否が出現した。この事例も更新における免許の監督の1つの形態と考えられる。さらに，個人タクシー事業について，許可の更新を拒否された場合における執行停止の決定が求められた事例も数件みられる。

小括

　行政手続法における許可等の更新の議論にみられるように，許可等の更新について，統一的な規制は見送られた。これは，許可等の更新といっても，更新に関する個別法の規定が区々分かれていることがその理由とされている。確かに，個別法の規定は分かれている。例えば，判例で問題とされた宅地建物取引業の免許の期間は5年であり（宅地建物取引業法3条2項），引き続き同免許を取得しようとする者は，「免許の更新を受けなければならない」（同条3項）とされて

---

67) 北見宏介は，社会観念審査と結合した判断過程審査を行ったものとする。参照，同「判例評釈」新・判例解説 Watch 23号（2018年）64頁。

いる。更新には手数料を払う必要がある（同条6項）。このように免許の更新という制度が設けられているのが普通であろう。一方，漁業権の免許の更新については，現行の漁業法には更新という制度はない。漁業計画に適合した者に新規免許を与えるという形をとっている。しかも，漁業計画については，海区漁業調整委員会の諮問，公聴会等の手続がある[68]。しかし，実際は優先順位があり，既存の免許者が有利になる[69]ようで，事実上の更新制度といえよう。また，関係者への意見聴取と同意という手続が認められているものに，河川法の許可水利権というものがある。例えば，熊本県球磨川に熊本県により設置された荒瀬ダムは，平成30年に撤去された。これは，水利権が切れることから，水利権の更新を考えたが，関係者の同意が得られないと判断し，撤去したというものである[70]。また，判例で問題となった電波法の免許であるが，更新ではなく再免許という制度がとられている。これは，国際条約の改正や電波技術などの向上から電波の公平効率的な運用のための再配分（周波数利用の見直し）のためとされている[71]。さらに，医薬品，医療機器等の品質，有効性及び安全性の確保等に関する法律では，許可の更新を拒否する場合には，相手方に弁明の機会や証拠の提出の機会を与えなければならない（76条）とする。

　以上のように，確かに，許可等の更新について個別法の規定は分かれている。したがって，許可等の更新については，個別法の規定に従い解釈することが重要であろう。一方，判例に現れているように，更新が問題となる事例について，一定のグループ分けは可能であり，そのグループにおける利益状況に応じて一定の解決方法を見出すことが可能ではないか，と思われる。

　訴えの利益の問題では，①許可の取り消しの係争中であれば，更新の申請をするまでもなく，許可の期間が経過しても訴えの利益は認められ，②さらに，更新という言葉が使われていなくても，実質的には更新と変わりない再免許の場合には，前の免許の取消しの訴えについては再免許が付与された場合でも継

68）金田禎之『新編漁業法のここが知りたい〔2訂増補版〕』（成山堂書店，2016年）46頁以下。

69）金田禎之・前掲注68）35頁，阿部泰隆・前掲注10）399頁。

70）梶原健嗣『戦後河川行政とダム開発』（ミネルヴァ書房，2014年）317頁注12，熊本県ウェブサイト，荒瀬ダム撤去の経緯。

71）今泉至明『電波法要説』（情報通信振興会，2018年）111頁。

続して訴えの利益が認められる，といえよう。さらに，許可等の更新の拒否については，学説が認めるように，不利益処分として聴聞の手続をとることも必要であるし，許可等の期間が施設等に比較して短期である場合にも，更新を前提にしているとして，更新拒否処分も不利益処分と構成することが望ましいといえよう。さらに，事業（例，個人タクシー事業）などの継続に関わる免許等の更新については，それを更新しないことが事業の廃業などに繋がる恐れがあることから，拒否処分の執行停止が有効である。それ以外の，例えば，許可等の更新を受けた者より損害を被った者からの更新を与えた行政主体への損害賠償請求や更新の申請に関する不備などの問題は，更新独自の問題ではなく，前者は個別法の規制との関係で，後者は申請一般との関係で処理できるのではないか，と思われる。

　ただし，許認可又は免許の監督と更新の関係については，論じ尽くせなかったことも多く，これについては別稿で検討したいと考えている。

第4章　行政活動における台帳, 名簿及び帳簿

はじめに

　一昨年, 土地とくに農地や森林について所有者不明問題を検討した論文を書いた[1]。土地所有者不明問題とは, ①所有者が管理していない土地, 農地や森林があり, ②そのため, 道路などの事業, 農地の集約及び森林の管理の妨げになっていること, ③所有者に連絡を試みても, 登記簿が最新でないため, 連絡がつかないこと, に纏められる。それで, ③に関わるが, 所有者を確認する解決策として, 農地については, 農地法により農地台帳の整備[2], そして森林については森林法で林地台帳の整備[3]が規定された。そこで, 他の行政に関わる個別法律を調べると, 台帳というものが多く存在することが分かった。台帳とは, 「ある事柄についての土台となる帳簿, 基本の帳簿」[4]であり, 行政権の対象と

---

1) 小林博志「不明所有者と裁定——土地所有者不明問題から」行政法研究26号（2018年）1頁以下【本書第6章】。

2) 農地法52条の2第1項は次のように規定する。「農業委員会は, その所掌事務を的確に行うため, 前条の規定による農地に関する情報の整理の一環として, 一筆の農地ごとに次に掲げる事項を記録した農地台帳を作成するものとする。一　その農地の所有者の氏名又は名称及び住所, 二　その農地の所在, 地番, 地目及び面積, ——。」そして, 農業委員会は, 農地に関する地図を作成し, 農地台帳とともに公表することとなった（農地法52条の3第2項）。

3) 森林法191条の4は以下のように規定する。「市町村は, その所掌事務を的確に行うため, 一筆の森林（地域森林計画の対象となっている民有林に限る。略）の土地ごとに次に掲げる事項を記載した林地台帳を作成するものとする。一　その森林の土地の所有者の氏名又は名称及び住所, 二　その森林の土地の所在, 地番, 地目及び面積, 三　その森林の土地の境界に関する測量の実施状況, 略」そして, 市町村は, 森林に関する地図を作成し, 林地台帳とともに公表することとなった（森林法191条の5第2項）。

4) 吉国一郎他編『法令用語辞典〔第9次改訂版〕』（学陽書房, 2009年）506頁。法令用語研究会編『有斐閣法令用語辞典〔第3版〕』（有斐閣, 2006年）も, 台帳を「ある事柄を記録する帳簿で土台となるもの」とする（907頁）。

なる人や財産について，整理した名簿又は帳簿が台帳のようである。人につい
ての代表的なものが，住民基本台帳であり，財産とくに土地や不動産について
その代表的なものが，固定資産税の所有者などを規定する固定資産課税台帳で
ある。こうした台帳について個別的に検討したものはある[5]が，それを一般的
に検討した論文はないようである。とくに，固定資産税の課税台帳については，
筆者が福岡市の固定資産評価審査委員会の委員を務めた中で，少し疑問もあり，
検討する必要性を感じていた。そこで，本稿では，台帳さらに行政活動におい
て使用される基本の名簿や帳簿等[6]（以下，「台帳等」とする）について検討するこ
ととした。

　以下では，まず，台帳等の種別，そして，それらの調製とその訂正，さらには，
それらに基づく行政活動について検討する。

I　台帳等の種類と内容

　行政上の法律において，基本となる人や財産，権利関係について整理した帳
簿については，台帳，名簿又は簿・原簿という用語が使われている。台帳とい
う用語が使われているのは，住民基本台帳，固定資産税課税台帳，林地台帳（森
林法191条の4），農地台帳（農地法52条の2），被災者台帳（災害対策基本法90条の3），
道路台帳（道路法28条），河川現況台帳（河川法12条2項）及び水利台帳（河川法12
条2項），さらに，身体障害者手帳交付台帳（身体障害者福祉法施行令9条）や被爆
者健康手帳交付台帳（被爆者援護法施行令2条）などである。その中でも，住民基
本台帳は，基本という用語が付いた台帳である。名簿という用語が使われてい
るのものとして，選挙人名簿，公認会計士名簿（公認会計士法17条），弁護士名簿
（弁護士法8条），税理士名簿（税理士法19条）等がある。そして，帳簿を表わす簿
又は原簿が使われているものとして，登記簿，特許原簿（特許法27条），意匠原簿

5）例えば，住民基本台帳については，それを検討したものは多い。そして，最近では，林地台帳に
　ついて検討した，小澤英明＝横手聡＝山本真彦＝大城朝久「林地台帳の法的性格について」自治研
　究94巻6号（2018年）83頁以下がある。
6）吉国一郎他・前掲注4）は，基本的帳簿として，台帳の外，鉱業原簿（鉱業法59条1項），社債原簿
　（会社法681条1項）及び原簿の原簿（予算決算及び会計令128条），さらに，選挙人名簿，公認会計
　士名簿，弁護士名簿の名簿，また，医籍を挙げている（506頁）。

（意匠法61条），商標原簿（商標法71条），著作権登録原簿（著作権法78条），国際意匠登録原簿，国際商標原簿，鉱業原簿（鉱業法59条），社債原簿がある。さらに，行政文書ファイル管理簿（公文書管理法7条），法人文書ファイル管理簿（公文書管理法11条2項），さらに個人情報ファイル簿（行政機関個人情報保護法11条）というファイルの帳簿もある。また，籍という言葉が使われているものとして，戸籍，医籍（医師法5条），歯科医師籍（歯科医師法5条），保健師籍（保助看法10条），助産師籍（保助看法10条），看護師籍（保助看法10条）がある。ただし，戸籍は戸籍簿（戸籍法7条）が名簿といえよう。皇族の身分を表わす皇統譜（皇室典範26条）もある。マイナンバー法では，住民基本台帳と戸籍簿に連動した「電子情報処理組織」（8条3項）が名簿なのであろうか。

　次に，台帳等の対象が人，物又は権利関係であるかにより区別が可能である。人を対象とするものに，市町村という団体の構成員の名簿である，住民基本台帳がある。さらに，戸籍簿は夫婦や親子等の身分関係を表わすものであるが，日本国民の名簿にも該当する。また，公認会計士名簿や弁護士名簿などは，それぞれの資格を有する者，又は会計士協会若しくは弁護士会の会員の名簿である。これに対し，道路台帳や河川現況台帳は，道路又は河川という公共用物の帳簿である。国土を形成する土地に注目して台帳を整理すると[7]，港湾台帳（港湾法施行規則14条）や海岸保全区域台帳（海岸法24条）[8]もある。さらに，自動車税（地方税法145条1項）を課する基礎となる自動車登録ファイル[9]や軽自動車税（地方税法445条）にかかる同様のファイルもそうである。これらに対して，登記簿，特許原簿，意匠原簿などは，権利に関する帳簿である[10]。文書ファイルが帳簿の対象である，行政文書ファイル管理簿や法人文書ファイル管理簿などもある。

7）田中二郎によれば，旧土地台帳，国有財産台帳，河川台帳，道路台帳，海岸保全区域台帳さらには港湾台帳があり，「これら全体を総合してはじめて国土を構成する土地の状況をつかむことができる」とされていた（田中二郎『法律学全集15　土地法』（有斐閣，1960年）3頁。ただし，田中二郎は，こうした台帳が正確であるかどうかは定かでないとしていた。

8）なお，海岸保全区域台帳の内容については，海岸法施行規則8条及び「海岸保全区域台帳の調製について」（昭和34年9月1日34地局第4020号・34水港第714号・港管第1206号・建河発第630号）が規定している。

9）川村栄一『地方税法概説』（北樹出版，2009年）330頁。

10）吉国一郎他・前掲注4）224～225頁。

さらに，法律上の根拠がある台帳等と法律上の根拠がない又は明確でない台帳等が区別される。住民基本台帳や選挙人名簿等は，法律に根拠のある簿・名簿である。とくに，住民基本台帳は，地方自治法13条の2の「市町村は，別に法律の定めるところにより，その住所につき，住民たる地位に関する正確な記録を常に整備しておかなければならない」を受けた，住民基本台帳法という法律自体の名称となっている。戸籍簿や登記簿も，戸籍法や不動産登記法という個別法に基づいて調製される。これに対し，法的な仕組み[11]として，名簿が調製され，それに基づいて行政が行われることも多い。この場合，法的根拠がないものが多い。規制行政において，例えば，道路交通法上の行政処分として行われる自動車運転免許の取消又は停止処分等は，いわゆる点数制度[12]に基づいて行われるが，この点数制度は，自動車免許を受けた者の名簿に基づいて行われていると推測される。免許証を紛失した場合に行われる再交付（道交法94条2項）も名簿に基づいて行われる。しかし，運転免許者名簿について明確な法的根拠はない[13]。ただし，運転免許を交付された者が多く，免許証番号などで管理されている。さらに，給付行政においても，名簿は作成されている。例えば，生活保護の受給者名簿である[14]。さらには，水道の供給について，契約者名簿も作成されている[15]。契約といえば，いわゆる調達契約について，一般競争入札（地方

---

11) 塩野宏『行政法Ⅰ〔第6版〕』（有斐閣，2015年）97頁，宇賀克也『行政法概説Ⅰ〔第6版〕』（有斐閣，2017年）85頁以下。なお，「例えば，「許可」という行政行為について，《罰則による「自由」の一般的禁止→許可の申請→申請に対する手続的規律→許可による一般的禁止状態の解除→許可を受けた者に対する監督，指導，許可更新制度→違反者に対する許可の停止・取消し→それをめぐる行政の事前・事後手続》といったように，一定の行為を中心とするシステムないし法律関係の展開の仕組み（法的仕組み）として理解することが重視されるようになっている」（稲葉馨『行政法〔第4版〕』（有斐閣，2018年）22頁）。

12) 運転免許研究会編『点数制度の実務〔8訂版〕』（啓正社，2017年）。

13) 実務書では，点数制度は，道交法90条，103条及び107条の規定の「政令による基準」として採用されたとする。参照，運転免許研究会・前掲注12）19頁。したがって，法的根拠は道交法施行令33条の2～33条の4，38条及び40条であるが，運転免許者名簿の根拠規定であるとは明確にはいえない。

14) 「生活保護費過大支給で職員処分」という見出しで，福岡市のある職員が生活保護台帳を作成していなかったことから，受給者に支給する保護費を過大支給し，また，それを同僚も見過ごしていたという記事が掲載されていた（西日本新聞2019年4月27日朝刊19面）。

15) 最高裁平成18年7月14日第二小法廷判決では，旧高根町が住民と別荘所有者という準住民とを

自治法234条）が一般的であるが，指名競争入札を行う場合には，指名業者について名簿が作成されていると思われる。また，選挙の資格や各種の資格について市町村が備えているいわゆる犯罪人名簿[16]は，よく知られているように，法律上の根拠がないものである[17]。印鑑登録証明[18]に係る登録簿も同じであろうか。ただし，印鑑登録証明については自治事務として，自主条例や規則で根拠が与えられている[19]。

　また，公開している台帳等と非公開のそれが区別される。権利関係に関する簿は，ほとんどが公開されているものである。登記簿，特許原簿，意匠原簿などは公開され，権利の重複を避けることになっている。例えば，登記簿及び特許原簿については，「何人」からも閲覧請求が認められている（不動産登記法119条2項，特許法186条）。一方，選挙人名簿も限定的に閲覧請求を認めている（公選法28条の2）。また，文化財については，遺跡台帳があるようであり，とくに埋蔵文化財というものが全国に2012（平成24）年で40万3千カ所[20]あり，その位置や内容等は，開発工事から保護するため地図で公表されている（文化財保護法98条）。つまり，埋蔵文化財の遺跡地図と台帳が公開されているのである[21]。

　　区別して水道料金を設定したことが問題とされたが，住民との区別は名簿によるものと推測される。

16）最高裁昭和56年4月14日第三小法廷判決は，犯罪人名簿の存在について言及する。

17）ただし，政府見解（質問主意書に対する平成22年3月12日の答弁書）では，犯罪人名簿の調製は自治事務なので，法律等の根拠は必要とされない，とされている。参照，冨永康雄『前科登録と犯歴事務〔5訂版〕』（日本加除出版，2016年）40～43頁。

18）長谷部謙『公証実務の基礎知識』（日本加除出版，2013年）387頁

19）長谷部謙・前掲注18）287頁。なお，事務の統一については，「印鑑登録証明事務処理要領」（昭和29年2月1日自治振10号自治省行政局振興課長通知）がある（田村達久「公証行為における審査のあり方の一考察」公証法学49号（2020年）17頁）。

20）和田勝彦『遺跡保護の制度と行政』（同成社，2015年）95頁。

21）埋蔵文化財の所在地や状況の把握については，1950（昭和25）年に文化財保護委員会から都道府県教育委員会に対して，通知「埋蔵文化財の発掘について」（昭和25年12月11日付け文委保第26号）が出され，『埋蔵文化財を包含する遺跡（例えば，貝塚，遺物散布地，古墳，窯跡，寺跡，住居跡等）について総合的調査（発掘を伴わず）を行いその基本台帳を作成するよう』求める文書が出されている（和田勝彦・前掲注20）26頁）。そして，1958（昭和33）年には通知「遺跡台帳の作成等について」も出されている。これは，文化財保護法の改正で付け加えられた「埋蔵文化財を包蔵する土地として周知されている」（57条の2第1項，1954（昭和29）年法律131号）とか「周知の埋蔵文化財包蔵地」（同条同項，1975（昭和50）年法律49号）という文言の中の「周知」という文言の解釈として

さらに，行政機関が保有する簿と相手方国民が保有しなければならない簿も区別される。例えば，所得税や法人税について青色申告をする者は，財務省令で定める帳簿書類を備え記帳しなければならない。また，建設業の許可を受けた者は，営業所毎に帳簿を付けることとなっており（建設業法40条の3），保存期間も5年又は10年となっている（同法施行規則28条1項）。これに対し，選挙人名簿や住民基本台帳，さらには，道交法の点数制度の基礎である運転者名簿は，行政機関が所有する名簿である。

　最後に，台帳のとくに重要なものについては，副本が作成される。その典型的なものは戸籍である。正本は市町村に所在するが，副本は管轄法務局や地方法務局が保管する（戸籍法8条）。副本は，正本が滅失した場合にこれを再製する資料として保管され，また，法務局が市町村の適正な戸籍に関する事務処理を指導するために使用される[22]。さらに，磁気ディスクで調製された副本は，法務大臣が所有する（戸籍法119条の2）。また，固定資産課税台帳は，固定資産である，土地，家屋そして償却資産の3つについて，それぞれ土地課税台帳と土地補充課税台帳，家屋課税台帳と家屋補充課税台帳及び償却資産課税台帳の5つから構成される（地方税法341条9号）。すなわち台帳といっても，複数の帳簿から構成されるものもあるのである。さらに，コンピュータによる事務処理やコンピュータネットワーク化が進んだ結果，台帳，名簿及び簿・原簿が従来の紙による簿から，電子簿，磁気ディスクによって調製されたものに代替されるようになってきている。例えば，戸籍簿（戸籍法118条）や住民票（住基法6条3項）は磁気ディスクにより調製されることが認められている。

Ⅱ　台帳等の作成手続と訂正について

1　台帳等の調製

　次に問題とするのは，台帳や名簿の作成である。作成手続について，①担当行政機関の職権による作成（調製），②構成員からの申請に基づいて担当行政機関が作成（調製）するもの，③構成員による届出に基づいて担当行政機関が作成

　実施され，現行の文化財保護法では，95条1項の「周知のための必要な措置」として実施されている。
[22]　東京都市町村戸籍住民基本台帳事務協議会住民基本台帳事務手引書作成委員会『初任者のための住民基本台帳事務〔8訂版〕』（日本加除出版，2018年）19頁。

（調製）するもの，④届出と職権を併用し，担当行政機関が作成（調製）する場合の4つが区別される。

　①の型に属するものに，選挙人名簿がある。選挙人名簿は，「市町村の選挙管理委員会は，選挙人名簿の調製及び保管の任に当たるものとし，毎年3月，6月，9月及び12月（略）並びに選挙を行う場合に，選挙人名簿の登録を行うものとする」（公選法19条2項）ということで，市町村の選挙管理委員会が職権で作成することになる。しかも，「選挙人名簿の登録は，当該市町村の区域内に住所を有する年齢満18年以上の日本国民（略）で，その者に係る登録市町村等（略）の住民票が作成された日（略）から引き続き三箇月以上登録市町村等の住民基本台帳に記録されている者について行う」（公選法21条1項）ことから理解されるように，市町村選挙管理委員会は，住民票から選挙人名簿を作成するのである[23]。この点，在外選挙人名簿は，申請によっている（公選法30条の4第1項）。これは，住民票に当たるものがないということであろう。

　これに対し，行政書士名簿（行政書士法6条）などの名簿については，登録されることが行政書士の資格要件なので，行政書士の資格を有すると考える者が登録の申請を行い，その申請に基づいて日本行政書士連合会が登録を行う（同条3項）。そして，「心身の故障により業務を担当できない者」又は「行政書士の信用又は品位を害するおそれのある者」等については，登録を拒否しなければならない（6条の2第2項）ので，申請主義がとられているのである。これは，弁護士名簿，公認会計士名簿や税理士名簿などに妥当する。さらに，医師の免許も「医師国家試験に合格した者の申請により医籍に登録することにより行う」（医師法6条1項）ので同じである。保健師籍，助産師籍，看護師籍も同様である。

　次に，住民票，住民基本台帳は，市町村において「その住民につき，住民たる地位に関する正確な記録を常に整備」（地方自治法13条の2）するという目的で調製されるものであるが，その正確な調製は，市町村の機関のみでは不可能であ

23）このことは，住民基本台帳の目的の中の「選挙人名簿の登録その他の住民に関する事務の処理の基礎とする」（住基法1条）から明らかであるし，「選挙人名簿の登録は，住民基本台帳に記録されている者——について行う」（住基法15条）からも明らかであるし，さらに，住民基本台帳への記載事項として，「選挙人名簿に記載された者については，その旨」（住基法7条9号）が挙げられよう。

る[24]ことから，住所の変更等については基本的には住民の届出に基づいて調製される。すなわち，当該市町村の区域内に住所を定めた住民は，今まで住所を有していた市町村に転出届（住基法24条）を出し，そして，新しく住所を定めた市町村に転入届（住基法22条）を出して新住所，旧住所，世帯主及び住民票コード等を市町村長に知らせるのである。市町村内の区域内で住所を変更する者は，転居届（住基法23条）を市町村長に出すことになる。住所の変更等については転出届，転入届及び転居届に基づいて，市町村長は，住民基本台帳を整備することになる（住基法8条）。なお，虚偽の届出や届出の懈怠を防ぐため，そうした行為には過料が科せられる（住基法52条）。ただし，一方，①届出事項について届出がない場合，②戸籍の届出等一定の事項が発生した場合，③住民基本台帳に誤りがある場合，④外国人住民の通称に係る一定の事項が発生した場合には，市町村長は職権で住民票の記載を行う（住基法8条）。つまり，住民基本台帳法は，住民票の調製においては，届出主義と職権主義を併用しているのである。この併用とくに職権主義が問題となったのは，戸籍法違反の出生届を不受理処分にし，住民票を作成しなかったことに対して，住民票の記載を求める「申出」をしたが，これに対して，区長が応答しなかったため，応答しないことの取消しの訴え，住民票の作成の義務付けの訴え，及び住民票が作成されなかったため精神的損害を受けたとしての国家賠償請求の訴えが提起された事案である[25]。

　以下では，この事案を検討する中で，住民票の調製について考えてみたい。この事案では，適法な出生届が出されていないため，区長としては住民票を職権で作成することができないとすることが適法かどうか，が争われている。最高裁平成21年4月17日第二小法廷判決は，だいたい以下の論理で，住民票を作成しなかった区長の行為を適法とした。①本件「申出」は住民基本台帳法14条2項の申出であり，応答は事実上の行為であり，「処分」ではないので，取消しの訴えは却下すべきである，②住民基本台帳法（以下「法」という）1条，3条，8条及び同法施行令（以下「令」という）12条3項は，「当該市町村に住所を有する者すべてについて」住民票を作成して，事務処理の基礎とすることを制度の基本

24）遠藤文雄「住民基本台帳について」自治研究43巻11号（1967年）18頁。
25）最高裁平成21年4月17日第二小法廷判決，民集63巻4号638頁。

とし，これは，出生届が受理されず戸籍の記載がされていない子についても変わりない，③法22条1項括弧書は子が出生した場合，転入届を出すことを課しておらず，「出生届の受理等又はこれに関する関係市町村からの通知に基づき，職権で住民票の記載をすべきものとしている（令12条2項，法9条2項），④「法が出生した子に係る転入届等の届出義務を課さなかったのは，その義務を課すると，戸籍法の定める上記の届出義務に加えて二重の届出義務を課すこととなるほか，出生届の提出を待って，戸籍の記載に基づき住民票の記載をする方が，戸籍の記載と住民票の記載との不一致を防止し，住民票の記載の正確性を確保するために適切であると判断されたことによるものと解される[26]」，⑤出生届が提出されなかった場合，イ届出義務者に届出を催告し，届出の提出を受けて職権で記載する方法（法14条1項）と，ロ職権調査を行って，子の身分等を把握し，職権で記載する方法（法34条），の2つがあるが，法は，前者の催告等による方法を原則としている，⑥住民票の記載がされない場合には，行政サービスに支障が出る場合があるので，市町村長による職権調査による方法で，住民票の記載を義務付けられることもある，⑦しかし，本件では，被上告人が付せん処理を提案していることから，上告人母が出生届を懈怠していることに合理的な理由があるということはできない，⑧住民票の記載についての最大の不利益である選挙権の行使についても，不利益が現実化しているとはいえない，と。以上のことから，最高裁多数意見は，「そうすると，区長において，上告人子につき上告人母の世帯に属する者として住民票の記載をしていないことは，法8条，令12条3項等の規定に違反するものでないというべきであり，もとより国家賠償法上違法の評価を受けるものではない[27]」と結論づけた。ただし，今井功裁判官は，「市町村の側で，そのこと（筆者挿入：出生届の懈怠）を理由として住民票の記載を拒否することは，関連が深いとはいえ，別個の制度である戸籍と住民基本台帳を混同するものであって，先に述べたように，住基法の趣旨に反し，違法というべきである[28]」としながら，国家賠償法上の違法性は否定し，この点は多数意見と足並みを揃えた。

26）民集63巻4号646頁。
27）民集63巻4号649頁。
28）民集63巻4号653頁。

以上の最高裁判決について，以下の批判が可能である。1つは，戸籍と住民票という2つの名簿を結びつけているが，これには幾つかの問題がある。2つの制度は，戸籍が身分関係を公証するための名簿であるが，住民票は住民の居住関係を公証する名簿であり，その目的が異なるし，前者が法定受託事務であり後者が自治事務という違いもある。しかし，とくに違いとして意識しなければならないのは，今井裁判官が指摘している[29]ように，住民票は住民の居住関係の公証とともに，市町村が行う事務処理の基礎となるものであるということである。したがって，戸籍と住民票を安易に結び付けることはできない。最高裁多数意見は，法的には，法8条，令12条3項，さらに，22条1項括弧書などの規定を挙げているが，選挙人名簿の調製で指摘したように，「住民票の作成においては戸籍を基本とする」という明文の規定が必要であるように思われる。出生に関わる住民票の作成は，いわば住民票の創設であり，これについて，法8条と施行令12条の規定だけでは，住民票の変更が法22条以下で規定されていることとの均衡からして問題があるように思われる。法8条や12条3項が旧住民登録法5条等を踏襲し[30]，また，22条1項括弧書も，旧住民登録法22条但書を踏襲したものであり[31]，これらの見直しが必要とされるのではないか[32]。一方，多数意見は，④に纏めたように，二重の届出を避け，戸籍と住民票の不一致を避け，正確性を確保するために，出生届に基づく職権による作成の方法を推奨する。しかし，身分関係の正確性と住民の住所の正確性とは異なるのではないか。さらに，多数意見は，⑤に関わるが，出生届が出されていない場合を補う方法として，法14条により，届出を催告し，提出を待って住民票を作成するとしているが，法14条の届出には，出生届は入らないであ

29）今井裁判官は，「戸籍は夫婦と子などの身分関係を公証するための公の登記簿」といい，他方，住民基本台帳は，「住民の居住関係の公証等住民に関する事務処理の基礎とするために，住民の住所等を記載する公の帳簿」といい，区別している（民集63巻4号651頁）。

30）市町村自治研究会編『全訂　住民基本台帳法逐条解説』（日本加除出版，2014年）125頁。

31）市町村自治研究会・前掲注30）301頁。

32）住民基本台帳の制定で議論されたところを確認したが，住民票と戸籍の連結性については，議論されていないようである。参照，住民台帳整理合理化調査会「住民基本台帳制度の合理化に関する答申（昭和41年3月）」自治研究42巻5号（1966年）41頁以下，「住民基本台帳法（案）要綱（昭和42年2月）」自治研究43巻1号（1967年）206頁以下。

ろう[33]。以上のように，最高裁判決には，問題があり，学説から支持されていない[34]。法的に連結性が明確でない（施行令による職権行使）戸籍と住民票の制度を「根幹において緊密に結びついているのである[35]」という認識の元に結論を展開しているからであろうか。

2 台帳等の訂正

台帳等については，正確でなければそれらを使うと，結局，誤った行政活動を引き起こす。

ただし，台帳等の正確性を期するため，関係当事者による訂正等の手続を認めているものと，台帳等の秘匿ため，関係当事者の訂正手続を認めていないものが区別される。関係当事者の訂正手続としては，①確認の手続としての，閲覧と縦覧の手続，そして，②訂正の手続としての，審査請求と訴えが考えられる。

(1) 縦覧と閲覧

まず，閲覧や縦覧という手続が認められているのは，権利関係や課税の根拠となる台帳等である。例えば，固定資産課税台帳は，課税の平等性，適正性を配慮して縦覧と閲覧の制度が設けられている。当初，本人が本人に対する課税の根拠である固定資産課税台帳の該当箇所を閲覧する制度（地方税法382条の2）しかなかった。これでは，平等性等が担保できないという批判[36]を受けて，平成14年の地方税法の改正で，ようやく縦覧制度が導入された。ただし，この縦覧制度は，「所在，地番，地目，地積，価格」を記載した土地価格等縦覧帳簿と「所在，家屋番号，種類，構造，床面積，価格」を記載した家屋等縦覧帳簿を作成し（地方税法415条），前者は土地の所有者に，後者は家屋の所有者に対して4月1日から20日まで縦覧に供される（地方税法416条1項）。また，縦覧の場所，期間は公示される（地方税法416条3項）。以上のように，固定資産税課税台帳の縦覧制度は，プライバシーに配慮し，比較に必要な土地又は家屋の価格等に限定さ

33）渡井理佳子「判例評釈」自治研究85巻10号（2009年）157頁。

34）山本隆司『判例から探究する行政法』（有斐閣，2012年）53頁，太田直史「判例評釈」民商法雑誌141巻2号（2009年）236頁。

35）清野正彦「最高裁判所判例解説（民事編）」法曹時報62巻6号（2011年）1611頁。

36）金子宏『租税法〔第23版〕』（弘文堂，2019年）749〜750頁。

れているのである。

　次に，選挙人名簿について抄本の閲覧制度がある。選挙権という重要な権利の行使に関わるため置かれている。しかし，当初，選挙人名簿も縦覧制度がとられていた[37]が，個人情報の保護の観点から2016(平成28)年の公職選挙法の改正（法律94号）で，縦覧制度が廃止され，抄本の閲覧制度だけになった。すなわち，選挙人名簿の一部・抄本を請求人の「活動に必要な限度において」開示するものである（公選法28条の2）。

　また，登記簿の閲覧は，規定上地図等や登記簿の附属書類（不動産登記法120条2項，121条2項，不動産登記施行規則202条）に限定されているが，「何人も――登記記録に記載されている事項の概要を記載した書面の交付を請求できる」という登記事項要約書の交付請求（不動産登記法119条2項，不動産登記規則198条）が閲覧と同じような意味を持っているようである。ただし，これらの閲覧及び交付請求には手数料を納付する必要がある。

　(2)　不服申立てと訴え

　不服申立てについては，①通常の処分に対するものと，②台帳独自の不服申立ての2つを区別することができる。

　前者の処分に対する不服申立て，そして，取消訴訟という訂正方法が一般的である。例えば，登記簿について登記官の処分については，審査請求が認められており（不動産登記法156条），そして，審査請求が棄却又は却下された場合には，取消訴訟を提起することができる。ただし，固定資産税の課税については，処分について不服申立てが可能であるが，裁決主義の問題がある[38]。

　後者として，特異なのは，選挙人名簿に関する不服申立てと訴えである。選挙権が重要であり，かつ選挙権を有するのが，当該市町村に住所を有する18歳以上の住民であることから，まず，公職選挙法は，「選挙人名簿の登録に関し不服のあるときは」当該市町村選挙管理委員会に異議を申し出ることができる（公選法24条1項）。これに対し，当該市町村選挙管理委員会は，異議が正当であ

37）林田和博『法律学全集5　選挙法』（有斐閣，1958年）90頁。なお，縦覧期間が短い場合に，選挙人名簿の効力について，判例及び学説で議論があったようである。林田和博・同90頁注1。

38）固定資産税の課税についての裁決主義については，拙稿「裁決主義」西南学院大学法学論集52巻1号（2019年）82頁【本書第5章】を参照されたい。

るかどうかを決定し，正当であると決定したときは，異議に従い，選挙人名簿を訂正し（同条2項），訂正内容を異議申出人及び関係人に通知する。そして，この決定に不服のある異議申出人又は関係人は，当該選挙管理委員会を被告として，訴えを当該選挙管理委員会の住所地を管轄する地方裁判所に提起することができる（公選法25条1項）。そして，地方裁判所の判決に不服がある当事者は，最高裁判所に上告することができる（同条3項）。いわゆる，選挙民たる資格で提起する民衆争訟と民衆訴訟（行政事件訴訟法5条）である[39]。在外人選挙人名簿についても，同様の民衆争訟と民衆訴訟が規定されている（公選法30条の8，30条の9）。なお，異議申出人について，公職選挙法は「選挙人」としているが，これが当該選挙区の選挙人に限定されるのか，が問題となった事案がある。すなわち，長野県知事（当時）田中康夫が同県泰阜村の村おこしに参加し，ほぼ月に1日しか居住しない泰阜村に住所を移し，泰阜村長がこれを認め，同村選挙管理委員会が同村の選挙人名簿に田中康夫を登載したことについて，長野市に住所を有する者たちから同村選挙管理委員会へ異議申立てがなされ，同委員会がこれを棄却し，これに対して，異議申立人が長野地裁に訴えを提起したものである。長野地裁平成16年6月24日判決は，次のように述べて原告適格を認めた。「この異議の申出ができる者としては，『選挙人』であることが要求されている（同法24条1項）。そして，この『選挙人』の意義については，広く選挙権を有する者又は選挙権を有すると主張する者をいい，市町村選挙管理員会が調製した当該選挙人名簿に登録された者であることを要しないし，当該市町村の選挙人であることも要しないと解するべきである。なぜならば，公選法が選挙人名簿の制度を設け，その結果発見される名簿の脱漏又は誤載につき修正の申立権を『選挙人』に与えた趣旨は，公の選挙に参加する資格を公証する選挙人名簿への登録内容につき，脱漏や誤載がないかどうかを広く選挙人一般に公開し，選挙人名簿の登録機関である市町村の選挙管理員会のみならず，選挙人自身の審判をも受けることによって，より正確な選挙人名簿が作成され保持されることを目指すところにあるが，選挙人名簿は各選挙に共通して使用されるものであり（同法19条1項），参議院比例代表選出議員の選挙については全都道府県の区域を

39）南博方編『条解　行政事件訴訟法〔第4版〕』（弘文堂，2014年）143頁。

通じて選挙するものとされているなど（同法12条2項），そこに選挙区の観念を取り入れることは理論的に困難であるからである。」「本件の原告らは，上記第2の2のとおり，いずれも同法25条1項における異議申出人に該当し，かつ，選挙権を有する者である以上，同法24条1項の『選挙人』にも該当するから，本件訴えにつきそれぞれ原告適格を有する[40]」。判決に賛成したい。というのは，公選法19条の選挙人名簿には選挙区の概念がないし，選挙人名簿の公正さを保障するためには，選挙人を広く解した方がよいからである。

Ⅲ　行政権の行使と台帳

　次に，行政権の行使と台帳との関係を考えることにする。1つは，台帳の写し，免許証や手帳の交付である。もう1つは，台帳に基づく行政権限の行使であり，これには，監督権限の行使と台帳課税がある。後者の例は，固定資産税課税台帳による固定資産の課税である。

1　台帳の写し，免許証や手帳などの交付

　就学，就職，自動車の登録，運転免許の取得などについて本人確認のため，住民票，住民基本台帳の写しの交付（住基法12条）を受ける。同じように，就学，就職，婚姻届などについて本人確認のため，戸籍の謄抄本の交付（戸籍法10条）を受ける。他にも，戸籍の附票の交付又は印鑑登録証明書の交付を受けたりすることがある。さらに，取得した資格を使用するために都道府県知事などから免許証又は手帳を交付されることがある。

　こうした行為は，従来の行政法学では，準法律行為的行政行為の一種である，公証又は公証行為といい，「争いのない法律事実又は法律関係について，公の権威をもって形式的にこれを証明し，これに公の証拠力を与える行政行為であり」，認識の表示である[41]，とされてきた。しかし，今日では，公証又は公証行為ということでは，通説，判例では，行政行為又は処分とみなされていない[42]。とくに，公の証明力だけでは処分とはいえないとされている。本稿は，台帳等

40）LEXDB文献番号28100559。

41）田中二郎『行政法総論』（有斐閣，1957年）312頁。

42）塩野宏・前掲注11）131～132頁。

の行政活動における位置づけを問題としているため，この問題に深く介入することは避けるが，相手方国民の権利を変更する公証行為はまた別に考えることが可能であろう。

　ところで，写しの交付がなされるのは，それを予定しているものに限定される。例としては，住民票とか戸籍の謄抄本などである。しかも，申請して写しを交付する場合と証書又はカードを交付する場合に分かれる。自動車の運転免許は，運転する場合に携帯する義務があるので，運転免許証として発行される（道交法92条）。健康保険証（健康保険法施行規則47条）や国民健康保険証（国民健康保険法施行規則6条）も保険医療機関や保険薬局を利用する際に組合員であることを証明する必要があるので，証書として発行されている。さらに，許可証について，掲示義務が課されている場合もある。風俗営業についてはそうである（風俗営業取締法6条）。被爆者や身体障害者に対して被爆者健康手帳や身体障害者手帳が交付されるように，手帳の交付もそうである。マイナンバーカードもその例であろうか。ただこうした証書又は手帳については，番号で管理されているのが今日の特徴である。

　さらに，台帳の写しや証書の交付で問題となるのは，1つは，交付された内容が正しいのかどうかであり，もう1つは，交付の手続等において，本人や家族のプライバシーが保護されているかどうかである[43]。最後に，様式の統一性は必要なのかどうかである。とくに，法律の根拠なく調製されている台帳については，それが問題となる。職員の派遣などが求められ，早急の措置が必要な場合には，統一性は必要となる[44]。

43）本人以外の第三者（行政書士）の請求に基づいて行った住民票の写しの交付について，業務の委託を受けた会社の担当者が基礎証明事項以外の事項について記載のある写しを交付したことについて，横浜地裁令和元年11月28日判決（判例地方自治463号11頁以下）は，原告のプライバシーを侵害するものであるとして，慰謝料請求を認めている。

44）台帳ではないが，罹災証明書の統一化について，統一化によって「被災自治体に応援に入った他自治体の職員が円滑に業務に携わることができるようにして，スピーディーに発行。被災者がより早期に支援を受けられるようにする」（西日本新聞2020年2月25日朝刊5頁）という主張がみられる。過去の災害での応援派遣で，罹災証明書の発行業務にあたった応援職員が派遣先の様式に戸惑う事例があったようである。ただし，自治体により独自支援のため必要な項目もあり，どの程度統一するのかを検討する必要がある。

2　台帳に基づく監督関係

　許認可が付与された場合に，その後の許認可を受けた相手側との関係，とくに，担当行政機関が許認可を監督する関係で，①調査を行った結果，違法行為が発見され，その違法行為を是正する行政指導，指示又は改善命令をするのか，②違反が著しい場合，許認可を変更，停止又は取消すのか，③付与された免許証を紛失した場合等に，再交付を認めるのか，④再免許を認める場合はどういう場合か，⑤更新の申請にどう対応するのか，が問題となる。以下では，台帳等との関係でこれらの問題を整理してみたい。これらの問題は，個別法の解釈問題であるといえるが，判例等で問題とされた事例を中心にみていくことにしたい。ただし，1つの事例で，複数の問題が争点とされることが通例である。

　①と②について，例えば，生活保護法（以下「法」という）では，「保護の実施機関は，被保護者に対して，生活の維持，向上その他保護の目的達成に必要な指導又は指示をすることができる」（法27条1項）が，この指導をいつするのか，そして，必要があれば，「要保護者の資産及び収入の状況，健康状態その他の事項を調査させるため，――当該要保護者に報告を求め，若しくは当該職員に，当該要保護者の居住の場所に立ち入り，これらの事項を調査させ，又は要保護者に対して，保護の実施機関の指定する医師若しくは歯科医師の検診を受けるべく命令することができる」（法28条1項）ので，どのような場合に，報告を求めるのか，又は職員を派遣させるのか，あるいは医師の診察を受けるよう命令するのか，問題となる。そして，保護の変更をするのか，一時停止又は廃止という処分をする（法62条3項）のか，問題となる。この場合，過去の保護に対する被保護者の作為，不作為そして担当者の対応なども考慮せざるを得ないが，これは台帳によることになろう[45]。

　それでは，具体的に判例をみて検討することにしたい。最初は，さいたま地裁平成27年10月28日判決の事例である。所有マンションの売却を法27条により指示されたが，これに従わなかったため，法62条3項により生活保護の停止処分を受け，その取消しの訴えを提起し，これが認められたものである。控訴

45）なお，太田匡彦は，ケースワーク過程という異なった視点で分析する。参照，太田匡彦「生活保護法27条に関する一考察」小早川光郎＝宇賀克也編『行政法の発展と変革　下』（有斐閣，2001年）605頁。

審においても，控訴が棄却され確定している。時系列で，この事例を概観すると，①原告Ｘは，2010（平成22）年6月からさいたま市見沼区で2階建戸建て住宅に子Ｃと住んでいたが，同年7月から体調を崩し就労ができなくなり，同年10月から生活保護を受給し，⑩Ｘは，30年前から春日部市中央病院に通院しており，自宅からの通院に負担を感じており，とくに，2011（平成23年）3月に交通事故に遭い，歩行に困難が来して松葉杖を使うようになったことからも不便さを感じ，さらに，2階の自宅にも不便さを感じていた，⑥病院の主治医に相談したところ，引越しを勧められたので，見沼区の自宅を売却し，春日部市のマンションを購入した（購入について，出費はなく，転居費用だけ貯金から出している），⑤Ｘが，2013（平成25）年12月に見沼区福祉事務所に転居を報告し，転居費用の共助を申請したところ，福祉事務所は，2014（平成26）年1月16日に生活保護を廃止した，⑥Ｘが転居した12月に，春日部市福祉事務所に生活保護を申請したが，これは，見沼区で保護を受けているのでできないとされたが，1月20日に春日部市福祉事務所を再度訪れ生活保護を申請したところ，今度はマンションを所有していると保護を受けることができないとの説明を受け，申請ができなかったが，同月24日に申請が受理された，⑥春日部市福祉事務所は，Ｘの生活状況，健康状況及び資産状況を調査し，保護が必要であると判定し，保護が開始されたが，口頭でマンションを売却すべき旨を説明された，⑥春日部市福祉事務所は，2014（平成26）年2月21日に，ＸとＣとの面談で，保護の補足性からマンションの売却に着手し媒介契約書を提出し，売却で収入を得た場合に保護費の返還と残額を生活費に充てることを法27条により，指導又は指示した，①3月24日に，ＸとＣ，さらに弁護士Ｐの面接で，福祉事務所は，指導，指示は，生活保護問答集3-1を参照したものであること，本件指導に従わない場合の保護の停止又は廃止を説明し，これに対し，Ｘは，引越しは主治医との相談を踏まえたものであることなどを説明した，①福祉事務所は，62条3項の保護の停止又は廃止をする場合に必要となる，弁明の機会を4月22日に与え，当日，Ｘは，築年数や面積等からマンションを売却する必要はないと考えていること，同席した弁護士は，従前，見沼福祉事務所が戸建ての所有を認めていたこと，それを移管するという手続で問題はないのでは，と主張した，②福祉事務所は，Ｘの弁明には正当性がないこと，Ｘが今後も指導，指示に従わないことを明言し

たことから，停止等の不利益処分をするしかないと判断し，他方，違反は本件
指導，指示違反しかないことから，保護の停止とし，その開始を2014（平成26）
年6月1日とした。Xは，この処分に対し埼玉県知事に審査請求を提起したが，
この審査請求は8月12日に棄却された。そこで，保護停止処分の取消しの訴え
を提起し，同時に停止処分の執行停止の申立てを行った。さいたま地裁平成27
年10月28日判決は，マンションは受給者の生活に必要であるとして，保護の停
止を取消している。以上のことから分かるように，生活保護法における保護に
関する監督は，相手方の行動，資産状況を踏まえ，さらに，生活保護法の27条，
さらには62条3項，4項などを踏まえ，手続を踏んで行う必要がある。この判
例では，生活保護台帳というものは出てこないが，生活保護台帳は，被保護者
それぞれについて，過去の指示，それに対する被保護者の行為などを記載した
かなり詳細なものであることが推測される。

　生活保護台帳が判例上明確な形で登場したのは，名古屋地裁平成31年1月17
日判決[46]の事案であろう[47]。事案は，日本に帰化した原告が名古屋市に居住し，
2012（平成24）年12月から生活保護を受けていたところ，名古屋市港区福祉事
務所は，海外渡航，会社の取締役の就任，銀行の預金口座などの情報を得たが，
法29条の調査の同意書の提出を求めても，また，法27条の指示を出しても調査
に非協力であった。そして，2016（平成28）年5月に本人の保護の辞退を受けて，
保護を廃止したが，その後，調査の結果，原告にかなりの額の収入があること
が判明したので，法73条による生活保護費の徴収決定を行った[48]。それに対し
て，原告が自己の生活保護に関わる生活保護台帳の開示を求めたが，名古屋市
長が一部不開示決定をしたので，その取消しを求めたものである。この判決を
契機に，生活保護に対する福祉事務所の指導，監督と生活保護台帳との関係が
明らかになることになると推察される。2018年の統計では，生活保護を受けて
いるのは163万7千世帯（受給者209万7千人）であり，一方，担当する福祉事務所

46）判例地方自治457号22頁以下。

47）ただし，生活保護台帳という言葉がみられるのは，名古屋地裁平成13年1月12日判決と水戸地
　　裁平成29年12月18日判決であろう。

48）なお，この事案では，徴収決定について取消しの訴えが提起されており，名古屋地裁平成31年1
　　月31日判決は，4回の決定の内，1つを行政手続法14条の理由の不備で取消している。

は1,250（令和2年：都道府県206，市999，町村45）であるから，平均すれば，1事務所が1万数千に及ぶ生活保護台帳を付けていることになる。内容は，事案によるが，判例に現われたかなり詳細な記述に及ぶものもあると推測される。

　②について，とくに不利益処分の監督関係の事例として，道路交通法の「点数制度」を検討することにする。「点数制度」は，道路交通法施行令の一部改正（昭和43年政令298号）で1969（昭和44）年10月1日から導入された。点数制度とは，「自動車等の運転者の過去3年間の交通違反や交通事故にあらかじめ一定の点数を付し，その合計点数（以下「累積点数」という。）の多寡に応じて，免許の拒否，保留及び取消し，停止等の処分を行うことを内容とする制度である[49]」。ただし，これには例外があり，違反から無違反・無事故で1年が経過した場合とか，免許の停止又は取消しを受けた場合には，過去の違反は累積点数にはならない。点数制度は，免許所持者の住所地の公安委員会が免許所持者の道交法違反などを理由に免許の停止又は取消しを行う権限（道交法103条）などを具体的に行使する制度である。3年間というのは，当時のアメリカの諸州で採用されている制度の最大公約数ということである[50]。また，点数制度は，①常習的な違反者の捕捉を的確に行い，これらの者に適正，効果的な処遇を施すことによって，交通事故の未然の防止を図ろうとしていること，回個々の交通違反等に付される点数や免許の停止，取消しの基準点を公表しておくことにより，運転者，とくに処分の基礎点数に近づいた運転者がさらに交通違反をしないであろうという心理的な自制効果を期待して，交通事故の未然防止を図ろうとすること，という2つの目的[51]を持っていたようである。

　ところで，こうした点数制度はどのように運用されているのであろうか。原田春吉[52]によれば，従来，都道府県別で運転免許者台帳が法的根拠もなく自然発生的に作成され，掲載される違反歴も停止又は取消処分に限定されており，

49）運転免許研究会・前掲注12）18頁。

50）石瀬博「運転免許の停止，取消しに関する点数制度の採用のための道路交通法施行令の一部改正について」警察学論集22巻11号（1961年）6頁注1。

51）石瀬博・前掲注50）2頁，西川芳雄「運転免許の停止，取消しに関する点数制度」時の法令660号（1968年）1頁。

52）原田春吉「点数制度および運転管理センターの諸問題」警察学論集22巻11号（1961年）44〜55頁。

さらに，1948（昭和23）年には通達により「既往1年以内に道交法違反での処罰3回で停止処分とする」と規定されたこと，免許証の備考欄に違反歴を掲載する，としたこと，さらに，交通切符適用事案に係る違反歴を免許証の備考欄に記載することもあったようである。しかし，備考欄への違反歴の記載については，事務の負担から実行が困難であること，さらに，備考欄の記載を消去するための再交付の制度の悪用等の理由により，廃止された。そこで，1966（昭和41）年から1969年にかけて警察庁に運転者管理センターが創設され，当センターの大型電子計算機と都道府県公安委員会とを結び，新規免許者情報，更新情報，違反の情報及び国際免許情報などを大型電子計算機に蓄積し，点数制度を実施したようである。ただし，免許の拒否や保留という処分（法90条）もあるので，こうした処分に対応した情報も蓄積されているのであろう。こうしたシステムは現在でも稼働している。

この点数制度が争われた最高裁判例として，昭和55年11月25日第三小法廷判決がある。事案は，踏切前の一旦停止義務違反を含めて道交法違反が4件，累積点数6点として30日の免許停止処分を受けた者が，違反のうち1件の前記停止処分は違法であるとして，停止処分の取消しと審査請求の棄却裁決の取消しを求めたものである。主要な争点は，点数制度において停止処分を受けてから1年を経過すると，前歴はなくなることから，訴えを提起する法律上の利益があるのかである。1審は，免許証への違反歴の記載から原処分の存在を覚知され不利益を受けるとして訴えの利益を認めたが，請求は棄却した。2審も同様の理由により訴えの利益を認め，さらに，裁決の基礎とされた資料に問題があるとして裁決を取り消した。最高裁は，次のように述べ訴えの利益がないとして訴えを却下した。「福井県警察本部長は，昭和48年12月17日被上告人に対し自動車運転免許の効力を30日間停止する旨の処分（以下「本件原処分」という。）をしたが，同日免許の効力停止期間を29日短縮した，被上告人は，本件原処分の日から満一年間，無違反・無処分で経過した，というのである。右事実によると本件原処分の効果は右処分の日一日の期間の経過によりなくなったものであり，また，本件原処分の日から一年を経過した日の翌日以降，被上告人が本件原処分を理由に道路交通法上不利益を受ける虞がなくなったことはもとより，他に本件原処分を理由に被上告人を不利益に取り扱いうることを認めた法令の

規定はないから，行政事件訴訟法9条の規定の適用上，被上告人は，本件原処分及び本件裁決の取消によつて回復すべき法律上の利益を有しないというべきである[53]」。確かに，点数制度からすれば，1年を無事故無違反で経過すれば，不利益を受けることはない。しかし，1969（昭和44）年に導入された点数制度前においては，前述したように，免許証への違反歴の記載の制度があり，こうした制度を経験した者において，違反歴の記載を受けることは実際上，事実上の不利益があり，それはかなりのものであったとも推測される[54]。

　点数制度が運転免許者台帳を基礎に運営されていることは明らかであるが，その内容は点数を基本とするものであろう。自動車の運転免許の保有者は2015（平成27）年の統計では8,215万人であり，道交法違反は2020（令和2）年では716万7,386件（放置違反金83万6千件及び座席ベルト違反51万9千件を含む）に及んでおり，こうした数を踏まえれば，点数制度を肯定せざるを得ないようである。しかし，高山俊吉は次の4つを点数制度の問題点として挙げている[55]。㋑決められた基準を機械的に当てはめるだけの処分が多い，㋺当てはめの仕方が原因で不公平になる場合がある，㋩職業ドライバーに過酷な処分になる場合が多い，㋥背景事情を無視した処分が少なくない。確かに，こうした問題もあるようである。また，高山は，90日以上の停止又は免許の取消しについて行われる，意見聴取と聴聞についても，準備，例えば証拠の事前の提出の必要性を強調している[56]。これらは，8,000万人の免許の監督関係又は700万件の道交法違反に対応した措置の適切性の難しさを示している。

　許認可の監督，とくに不利益処分については，処分基準が策定されることが多い。いわゆる点数制度又はそれに類似する制度が処分基準として導入され，その拘束が問題とされた事例が2つある。1つは，一級建築士の免許取消処分が問題とされた最高裁平成23年6月7日第三小法廷判決である。この事案では，処分に対する理由の提示が適法かどうかが問題となった。根拠条文と違法な事

53）民集34巻6号781頁。
54）野呂充は，事案当時の道交法93条2項，103条8項には，停止処分の前歴を免許証に記載することを義務づけていたとする。参照，野呂充「判例評釈」行政判例百選Ⅱ〔第7版〕（2017年）365頁。
55）高山俊吉『入門交通行政処分への対処法』（現代人文社，2017年）31～32頁。
56）高山俊吉・前掲注55）49頁。

実の提示はあるが，処分基準に対する言及がなかったのである。処分基準は，建築士法の取消又は停止処分に関する規定が十分でないとして，意見公募手続を経て制定されていた。下級審は，行政手続法14条1項違反はないとしていた。最高裁は，以下のように述べて理由の提示として十分ではないとした。「この見地に立って建築士法10条1項2号又は3号による建築士に対する懲戒処分について見ると，同項2号及び3号の定める処分要件はいずれも抽象的である上，これらに該当する場合に同項所定の戒告，1年以内の業務停止又は免許取消しのいずれの処分を選択するかも処分行政庁の裁量に委ねられている。そして，建築士に対する上記懲戒処分については，処分内容の決定に関し，本件処分基準が定められているところ，本件処分基準は，意見公募の手続を経るなど適正を担保すべき手厚い手続を経た上で定められて公にされており，しかも，その内容は，前記2(4)のとおりであって，多様な事例に対応すべくかなり複雑なものとなっている。そうすると，建築士に対する上記懲戒処分に際して同時に示されるべき理由としては，処分の原因となる事実及び処分の根拠法条に加えて，本件処分基準の適用関係が示されなければ，処分の名宛人において，上記事実及び根拠法条の提示によって処分要件の該当性に係る理由は知り得るとしても，いかなる理由に基づいてどのような処分基準の適用によって当該処分が選択されたのかを知ることは困難であるのが通例であると考えられる[57]」。本判決は，裁量が認められる不利益処分に対する理由の提示，とくに意見公募手続を経て処分基準（「建築士の処分等について」（平成11年12月28日建設省住指発784号都道府県知事宛て建設省住宅局長通知，平成19年6月20日廃止前のもの）が制定されている場合の理由の提示に関する判決として評価される[58]が，本稿の関心からすれば，処分基準において，いわゆる点数制度が採用されていたことが重要である。すなわち，同処分基準によれば，違反のランクを1から16に設定し，1は文書注意，2は戒告，3〜15業務停止，16以上が免許取消となっており，例えば，当該建築士が設計した建物が設計上の問題により倒壊し死傷者が出た場合には業務

---

57) 民集65巻4号2081頁。
58) 北島周作「判例評釈」行政判例百選I〔第7版〕（2017年）242頁。田原裁判官は，判決の回顧で，処分基準の拘束性を「自らを拘束するということを対外表明している以上，拘束されて当然でしょうと」と述べている（田原睦夫『裁判・立法・実務』（有斐閣，2014年）177頁）。

停止6か月（9）又は免許取消（16）とか，「違反設計」や「不適当設計」に対する点数も具体的に書かれていた（前者が6，後者が2〜4）[59]。したがって，この処分基準を前提とするならば，理由の提示として，具体的な違反行為とその点数が書かれていたことが望ましいといえる。なお，一級建築士の点数制度においては，前述の道交法違反の不利益処分の点数制度と異なった形での違反行為の消滅期間がある。すなわち，「違反事由に該当する行為が終了して5年以上経過し，その間，何ら処分事由に該当する行為を行わず，適正に建築士としての業務を行うなど，法遵守の状況等が伺えるような場合は，処分しないこととすることができる。」これは，建物に対する建築士の法違反が現出するのが遅くなる場合を考慮したものであろうか。資格の取消や業務停止処分については，中央建築士会の同意という手続（法10条5項）もあるが，処分が公告されることから，一度業務停止などが公表されると業務にかなり影響が出ることから，本人に対する理由の提示については，丁寧な説明があってもよいように思われる。また，一級建築士は2019（令和元）年には37万3,490人であり，国土交通省が保有する一級建築士名簿（建築士法5条1項）に登録されており，また，懲戒処分については，2019年では取消3件，業務停止4件，2019年取消3件，業務停止6件である。こうした数からしても，事務負担はそれほどではないと思われる。

　処分基準が争われたもう1つの判例は，訴えの利益が問題とされた，最高裁平成27年3月3日第三小法廷判決である。この事案では，原告会社が展開するパチンコ店の1つが風俗営業法（以下「法」という）23条1項2号に定める「客に提供した賞品を買い取る」行為をしたとして，法26条1項に基づく営業許可の40日間の業務停止処分がなされ，その取消しの訴えが提起され，訴えを提起する法律上の利益があるかどうかが問題とされた。法26条1項に基づく不利益処分については，処分基準（「法に基づく営業停止命令等の量定等の基準に関する規程」（北海道函館方面公安委員会規程第5号））が定められており，この処分基準[60]は，警察庁が提示したモデル処分基準に従い，制定されていたようである[61]。訴えで争

59）民集65巻4号2082〜2089頁。

60）なお，この基準は裁量基準であるが，実務書では，「量定についての基準一般」として説明するものもあり（藤山信『注解風営法Ⅰ』（東京法令出版，2008年）），拘束性が強いと思われる。

61）阿久津正好「評釈」警察学論集69巻4号（2016年）29〜30頁。

点となったのは，営業停止期間が経過した場合に，営業停止処分の取消しの訴えによって回復すべき法律上の利益はあるのか，である。原告は，処分基準10条2項の「過去3年以内に営業停止命令を受けた者に対し，営業停止命令を行う場合の量定は，――4条及び3条――に定める量定の長期及び短期にそれぞれ過去3年以内に営業停止命令を受けた回数の2倍の数を乗じた期間を，長期及び短期とする」などの規程により，業務停止処分を取消さなければ，不利な処分を受ける恐れがあるとして，訴えの利益を主張した。1審及び控訴審は，処分基準の拘束性を否定して，訴えを却下した。これに対し，最高裁は，次のように述べて，1審判決を取消して，本件を1審に差し戻した。すなわち，「行政手続法12条1項の規定により定められ公にされている処分基準において，先行の処分を受けたことを理由として後行の処分に係る量定を加重する旨の不利益な取扱いの定めがある場合には，上記先行の処分に当たる処分を受けた者は，将来において上記後行の処分に当たる処分の対象となり得るときは，上記先行の処分に当たる処分の効果が期間の経過によりなくなった後においても，当該処分基準の定めにより上記の不利益な取扱いを受けるべき期間内はなお当該処分の取消しによって回復すべき法律上の利益を有するものと解するのが相当である。――（改行）――そうすると，本件において，上告人は，行政手続法12条1項の規定により定められ公にされている処分基準である本件規程の定めにより将来の営業停止命令における停止期間の量定が加重されるべき本件処分後3年の期間内は，なお本件処分の取消しによって回復すべき法律上の利益を有するものというべきである。[62]」本稿の関心である，風俗営業，パチンコ営業の許可について取消又は停止処分等の不利益処分を行う際の基準となる処分基準[63]を検討しよう。処分基準4条では，量定をAからHまでの8段階とし，量定Aは取消し，量定Bは40日以上6月以下の営業停止，――（略）――量定H　5日以上80日以下の営業停止となっており，これは，点数制度といえよう。しかし，風俗営業についての許可の取消又は停止については，まず法に遵守事項（12条～24条まで）がかなりあり，さらに，法25条の指示処分との関係，指示処分をして

62）民集69巻2号146～147頁。
63）民集69巻2号161～163頁。

からそれに従わない場合などについて取消等の処分を行い（処分基準3条），そして，3年以内に同一の違反をしたとか指示期間中に同一の違反をした場合の加重処分（処分基準11条2項）が加わり，かなり複雑な構造となっている。なお，3年というのは，自動車の免許の不利益処分に倣ったということであろうか。パチンコ営業の許可数は2019（令和元）年まで1万を超えていたが，2020（令和2）年には9,639店と1万を割っている。そして，行政処分数は，風俗営業全体では，2019年で取消77件，停止365件，指示処分4,897件，計5,339件であり，この内，キャバレー（2条1号）が一番多く3,300件であり，パチンコ等営業等（同条4号）が537件であり，パチンコ店の処分はその半分の300件ぐらいになるのではないか，と思われる。所轄公安委員会は，パチンコ店台帳を備え，各パチンコ店が法の要件を順守しているのか，さらに，指示処分，加重要件などを記載するとすれば，台帳管理の事務量はかなりのものになるかと思われる。

　③の再交付制度であるが，これは，交付された諸資格の証明書，例えば，自動車の運転免許証などを紛失したとか，焼失した場合になされるものである。この制度も，諸資格の原簿すなわち台帳に基づいて行われるものである。自動車の運転免許証を紛失などした場合には，所定の書類（再交付申請書，紛失等の事実を証明するもの，写真）等を添えて申請をすれば，免許証が再交付される（法94条2項，施行規則21条）。免許証の再交付は，日常的に免許を携帯する必要がある場合に認められる制度であろう。そのため，再交付制度は，健康保険の被保険者証（健康保険法施行規則49条），教員免許（教育職員免許法15条）や宅地建物取引主任の免許（宅地建物取引業法施行規則14条の5）について認められている。ただし，旅券については，再発給制度は，2005（平成17）年の旅券法の改正により廃止された。これは，不正使用の事例が多く出たためであり，紛失した旅券については届出が義務付けられ（旅券法17条1項），届出を受けて失効させる（旅券法18条1項6号）ことになった[64]。

　④の再免許であるが，例えば，医師法7条2項では以下のように規定されている。すなわち，「取消処分を受けた者（略）であっても，その者がその取消しの理由となった事項に該当しなくなったときその他の事情により免許を与えるこ

64）旅券法研究会『旅券法逐条解説』（有斐閣，2016年）234～235頁。

とが適当であると認められるときは，再免許を与えることができる」。再免許とは，なんらかの理由で免許を取り消された者について，免許を再び与えるものである。これも，医師の台帳，医籍に基づき，免許を取消された理由，事実経過などを確認し，その理由などがなくなった理由や事実が確認されて，再免許を付与することになる。同様の規定は，歯科医師についてもある（歯科医師法7条2項）。再免許についても，当事者の申請に基づいて，認めるかどうか判断する。

　最近問題となっているのが，児童又は生徒にわいせつ行為をして，懲戒免職処分を受けた教員の再免許である。教育職員免許法では，懲戒免職処分を受けた場合，免許は失効する（10条2項）がしかし，その期間は3年であり（5条），その期間が経過した場合，免許を申請して再取得することができる。教員免許者名簿というものからすれば，懲戒処分やその理由を知ることはできるが，本人が氏名を変更し，処分事由を明らかにしない者について，教育委員会等が処分事由を調査することは現在は不可能のようである。この問題は文部科学省でも検討されており，こういう教員について免許の失効期間を永久にする免許法の改正案も検討されたようであるが，懲役刑の執行を終えた者も10年で復帰する制度との均衡上できないということである[65]。ただし，わいせつ行為で懲戒処分を受けた教員の免許の失効情報を検索できるツールを，文科省は，自治体に提供しているようで，この提供期間を当初は3年間だったが，昨年9月には5年，そして，2021年2月からは40年にしている[66]。さらに，文科省は，2021年3月に教員免許法施行規則を改正して次の措置を行うこととした。㋑懲戒解雇又は免許取り上げとなった教員について，教員免許法13条1項の公告を官報で行うこと，そして，官報には氏名や免許番号，とくに懲戒解雇等された場合の理由（教え子に対するセクシュアルハラスメントであれば，そのこと）等を記載すること（施行規則74条の2），㋺懲戒に関する教育委員会から所管の学校法人等への通知や学校法人から教育委員会への報告について，教員の懲戒解雇等について上記の理由を記載するようにすること（同74条の3），㋩懲戒解雇された教員につい

65）2020年12月25日の萩生田文科相大臣の記者会見。

66）朝日新聞2021年3月6日朝刊31面。ただし，自治体（10都道府県）が被害者の保護を考慮し，免許の失効を官報に掲載しない事案があるとのことである。

て，上記の理由を免許状原簿に明記すること（同74条の4）の3点である。この改正について，3月26日に通知（2文科教1135）が出されている。また，2021年5月28日には，学校における性暴力の防止の基本的方針を定め，そして教育委員会に再免許を拒否する権限を与える法律（教育職員等による児童生徒性暴力等の防止等に関する法律）が成立した。

⑤の許認可の更新についても，台帳等により行われる。自動車の運転免許は，有効期間が3年から5年であるが，その期間が経過する前に，所轄公安委員会から更新の案内が送られてくる。この問題については，拙稿[67]を参照されたい。ただし，更新の申請の取扱いについては，個別法の規定さらには審査基準に規定されることも多いと思われる。

小括

以上，いろいろ書いてきたが，台帳というものが行政活動においても，重要性を発揮していることは明らかである。

67）小林博志「許認可又は免許の更新」早稲田法学95巻3号413頁以下【本書第3章】。

第5章　裁決主義

はじめに

固定資産評価審査委員会の委員を務め，その関係で出てきたいくつかの疑問について考えてみようと思い，論文を書くことにした。最初に出てきたのが，裁決主義である。すなわち，固定資産税に不服の者は固定資産の価格について固定資産評価審査委員会に対して不服の申立て（審査の申出）を行い，そして，不服申立てに対する決定の取消しの訴えを提起して争うことができるが，この方法でしか固定資産税を争うことができないのである（地方税法434条）[1]。つまり，固定資産税の賦課・課税処分に対して訴訟を提起することはできないのである。どうしてこのような規定が置かれているのか，他の法律の規定は地方税法と同じ趣旨で立法されたのかという疑問である。裁決主義全般の問題を取り扱った最近の研究もないようなので，本稿で整理したい，と考えたのである。

ところで，よく知られているように，2014（平成26）年に行政不服審査法が全面改正（施行，平成28年4月1日）されたが，それに伴った整備法で，不服申立前置主義について96法律の内，47法律が自由選択主義に変更された。検討された不服申立前置主義には，①いわゆる裁決主義，②選挙訴訟等の客観訴訟の前審である行政上の不服申立て，そして，③それらと異なる一般の不服申立前置主義，の3つが含まれていた。したがって，21あった裁決主義の規定もかなり廃止されている。

それでは，最初に裁決主義の定義や根拠さらには裁決主義を採用した規定を確認し，次に裁決主義の分類を行い，そして，不服申立前置主義の見直しの作

---

1) ただし，後述するように，価格以外の事項については，訴訟を提起することができる。また，固定資産税の担当職員の取扱いに故意・過失があって，納税者に損害を与えた場合には，国家賠償請求を提起することはできる。参照，最高裁平成22年6月3日第一小法廷判決，民集64巻4号1010頁以下。

業により廃止された規定と残された規定を確認し同時にそれぞれの理由を確認
し，最後に，裁決主義の問題，とくに救済制度としての裁決主義の問題点を検
討する。

I　裁決主義の定義，根拠及び規定

　裁決主義とは，例えば，電波法96条の2のように「この法律又はこの法律に
基づく命令の規定による総務大臣の処分に不服がある者は，当該処分について
の審査請求に対する裁決に対してのみ，取消しの訴えを提起することができ
る」という規定を意味し，裁決主義は，原処分に対する取消しの訴えを許さず，
原処分にかかる不服申立てに対する裁決の取消しの訴えのみを許すものであ
る[2]，とされてきた。そして，2004（平成16）年の行政事件訴訟法の改正で，こう
した定義を踏襲し，裁決主義は46条2項で「法律に処分についての審査請求に
対する裁決に対してのみ取消訴訟を提起することができる旨の定めがある場
合」と定義され[3]，こうした処分について行政庁の教示義務が課せられた。裁決
主義は，不服申立てや取消訴訟に関わる救済手続の1つであり，行政事件訴訟法
が採用する自由選択主義の例外をなすものであり，それが採用されている場合
には，不服申立てを先にし取消しの訴えを先に提起することはできないという
制約が課せられる。また，裁決主義は，原処分の違法性は原処分の取消しの訴え
においてしか主張できないとする，原処分主義の例外をなすものであり，裁決
の取消しの訴えにおいて原処分の違法を主張できることになる。不服申立前置
主義と比較すると，訴えの前に不服申立てを行うという点では2つは同じである
が，裁決主義の場合には訴えが裁決取消しの訴えに限定されるところが異なる
し，不服申立前置主義の場合には2つの訴えを提起することができるが，その
主張範囲は異なっている。また，救済の問題については後述するが，裁決主義と

2）田中眞次「行政不服審査法と訴訟との関係」田中二郎＝原龍之介＝柳瀬良幹『行政法講座3　行政
　救済』（有斐閣，1972年）245頁。現在の教科書でも，同じような定義である。参照，塩野宏『行政
　法Ⅱ〔第5版補訂版〕』（有斐閣，2013年）92頁，宇賀克也『行政法概説Ⅱ〔第6版〕』（有斐閣，2018年）
　134～135頁。
3）ただし，46条2項が裁決主義について教示を定めたものであるという説明はあるが，同項が裁決
　主義の定義を定めているという説明はみられないのである。

不服申立前置主義の救済上の違いの要点は，行政事件訴訟法8条2項の緩和規定の適用にあるといえる。不服申立前置主義では，8条2項が適用され，審査請求をして3カ月が経過したとか著しい損害を避けるため緊急の必要性がある場合には，原処分の取消訴訟を提起し，同時に原処分の執行停止を申立てできるが，裁決主義の場合では，後にみるように，8条2項は適用されず，審査請求をして3カ月が経過しても，不作為の違法確認の訴えしか提起できないのである。

　次に，裁決主義が採用される理由・根拠であるが，あまりはっきりとはしていないように思われる[4]。学説では，原処分は経過的な処分であり，裁決が行政の終局的な処分であるという説明[5]が多いようである。例えば，南博方は次のように述べている。「裁決主義は，原処分がたんにいちおうの処分にすぎず，裁決が実質的に終局処分の性質をもつ場合に，これをとる合理的根拠が認められる[6]」と。

　そして，裁決主義を定めた規定として，海難審判法53条4項，鉱業等に係る土地利用の調整手続等に関する法律50条，公職選挙法203条2項，207条2項，船舶安全法11条3項，地方税法434条2項，電波法96条の2，104条の3第2項，104条の4第2項，有線テレビジョン放送法28条，有線ラジオ放送業務の運用の規制に関する法律9条，農業委員会等に関する法律14条6項，土地改良法87条10項，農産物検査法19条5項，特許法178条6項，不当景品類及び不当表示防止法11条2項，弁護士法16条3項，61条2項，労働組合法27条の19第2項，第3項などが挙げられていた[7]。

Ⅱ　裁決主義の分類

　裁決主義の見直しの議論や救済方法としての問題点を理解するため，その前

4）行政事件訴訟法の制定に関わった，杉本良吉も次のように述べている。「なお，特別法で，原処分に対しては出訴を許さず，裁決についてのみ出訴することができる旨を定めるものがある。かようないわゆる裁決主義を採る根拠については，一律的に説明することができない」（杉本良吉『行政事件訴訟法の解説』（法曹会，1963年）14頁）と。

5）田中眞次・前掲注2）245頁，山代義雄「8条解説」南博方編『注釈　行政事件訴訟法』（有斐閣，1972年）97頁，田中二郎『新版　行政法　上巻〔全訂第2版〕』（弘文堂，1969年）318～319頁，筧康生「10条解説」南博方編『条解　行政事件訴訟法』（弘文堂，1987年）423頁。

6）南博方「取消訴訟の対象」『実務民事訴訟法講座8　行政訴訟Ⅰ』（日本評論社，1970年）23頁。

7）長屋文裕「10条解説」南博方他編『条解　行政事件訴訟法〔第4版〕』（弘文堂，2014年）334頁。

提作業として，裁決主義の規定の分類をここで検討しておきたい。学説におい
て，裁決主義の分類を行っているのは，山代義雄であろうか[8]。山代義雄は3つ
の分類を提示する。「このような立法をした趣旨は，処分の技術性の強さ，裁決
手続の慎重さ等を理由に，裁決をもって行政権による最終的な意思決定とし，
原処分については争わせない趣旨と解されている。たとえば，①たばこ専売法
15条，船舶安全法11条，優性保護法9条の2のように，各種の検査，審査につき
その技術性の強さからさらに上級庁の判断を待って出訴させるもの，②土地改
良法87条9項のように原処分がプログラム的ないし概算的なものであって後続
手続による是正をある程度予定しており，救済手続の裁決をもって行政庁の終
局的意思と考えるもの，③特許法178条6項，電波法96条の2，土地調整委員会
設置法50条のように，裁決手続を専門的見地から整備したもの等である[9]」と。
山代の分類は，最終処分性との関係で説かれているものである。

　ところで，私見によれば，裁決主義の規定は，大きく分けて，問題とされる訴
訟が主観訴訟であるか客観訴訟であるかにより区別される。さらに，主観訴訟
の中でも，問題とされる訴訟が取消訴訟に限定されるかそれ以外の抗告訴訟に
及ぶのかによっても，区別される。ただ今日まで，裁決主義は取消訴訟に限定
して議論されてきた。そしてまた，裁決主義で問題とされる訴訟を裁決取消訴
訟に限定した場合でも，①処分とその処分に対する不服申立てに対する裁決と
の関係，②裁決に処分庁とは別の行政機関が関わるかどうか，③裁決手続の特
殊性，④処分及び裁決の相手方が1人又は大人数であるかどうか，で区別され
る[10]。ただし，②〜④は裁決手続の内容による区別ともいえる。以下では，以上
の基準によって，裁決主義を分類し，裁決主義を検討することにする。

　最初に裁決主義が採用されているのが，主観訴訟であるか客観訴訟であるか

8）杉本良吉も次の2つの分類をしているが，後の学説には影響を与えていないと思われる。①農産
　物，船舶，計器等が所定の基準に合致するかどうか等の技術的検査について不服申立てに対する
　再検査のみを訴訟で争うこととするを妥当とするもの，②土地改良法におけるように訴願の裁決
　が実質的には最終処分に当たると考えられるもの，の2つである。参照，杉本良吉・前掲注4）14頁。
9）山代義雄・前掲注5）97頁。
10）また，弁護士法16条の訴えの中で，14条の異議決定を受けた場合の訴えについては，その決定
　を処分とみなすかどうか解釈が分かれているようである（宇賀克也『解説　行政不服審査法三法』
　（弘文堂，2015年）231頁）が，これは，裁決主義とみるかでどうかの問題である。

によって区別が可能である。例えば，公職選挙法203条2項は，地方公共団体の長又は議員の選挙の効力に関する訴えは都道府県選挙管理委員会への異議の申出又は審査の申立てに対する同委員会の決定又は裁決に対してのみ提起できるとする。選挙の効力に関する訴えは，広い意味の都道府県選挙管理委員会への不服申立てに対する裁決に対してのみ行うことができるとするのである。この規定は，地方公共団体の長又は議員の当選に関する訴訟にも準用されている（207条2項）。しかし，裁決主義の定義で確認したように，行政事件訴訟法が裁決主義を取消訴訟に限定しているので，本稿では，検討から除外している。次に，裁決主義が主観訴訟に限定されるが，裁決主義で排除される原処分への訴えが取消訴訟であるか抗告訴訟であるのか，も議論されてきた。後述する，最高裁昭和61年6月10日第三小法廷判決（以下「61年最判」という）は，裁定手続が実質的証拠法則などの準司法的手続であることを主に，また，問題とされた鉱業等に係る土地利用の調整手続等に関する法律50条が「裁定を申請することができる事項に関する訴えは，裁定に対してのみ提起することができる」と規定し，「取消しの訴え」に限定していないことを従たる理由に，同条は裁定を申請することができる処分それ自体に対しては，無効確認の訴えを含め一切の抗告訴訟の提起を禁止していると解している[11]。しかし，この判決には，救済の点で問題があり，さらにどの裁決主義の規定が一切の抗告訴訟を禁止しているのか，明確でないという問題もある[12]。しかし，一切の抗告訴訟の提起を禁止する裁決主義と取消しの訴えだけを禁止する裁決主義という区別は，判例によって形成された裁決主義の区別である[13]。

　次に，裁決主義を裁決取消訴訟に限定した場合を考えてみる。最初に，処分と裁決との関係で，区別が可能である。1つの処分と1つの裁決というものと，1つの処分に対して2つの裁決というものがある。後者は部分的裁決主義と呼

11）判例地方自治33号56頁。

12）阿部泰隆「準司法的行政機関の判断に対する裁決主義と原処分無効確認訴訟」法学セミナー397号（1988年）108頁。また，この判例について，「裁決主義が妥当する範囲は取消訴訟に限られるものではなく，他の抗告訴訟にも及ぶとするのが裁判例である」（田尾亮介「不服審査手続との関係」小早川光郎＝青柳馨編『論点体系　行政判例Ⅱ（行政訴訟）』（第一法規，2017年）165頁）と紹介するのは適切ではないと思われる。

13）宇賀克也・前掲注2）135頁。

ぶことができる。前者の例は多く，例えば，電波法96条の2である。すなわち，「総務大臣の処分に不服がある者は，当該処分についての審査請求に対する裁決に対してのみ，取消しの訴えを提起することができる」。①総務大臣の処分，②その処分に対する審査請求に対する総務大臣の裁決，③提起できる訴えはその裁決に対する取消しの訴えだけ，の3段階である。これに対し，地方税法が採用する固定資産税の賦課決定に関する裁決主義では，処分は1つであるが，裁決は2つに分かれ，裁決主義も一方の裁決に限定される。賦課決定は市町村長が行うが，賦課決定に対する不服申立ては2つに分かれている。すなわち，固定資産評価審査委員会は，市町村長の賦課決定の中の，「固定資産税台帳に登録された価格に関する不服を審査決定」（地方税423条1項）[14]し，固定資産評価審査委員会に不服を申し立てることができる事項について不服がある者は，固定資産評価審査委員会の決定に対してのみ訴えを提起することができる（同条2項）。他方，「固定資産の賦課等（非課税，減免，住宅用地の認定，負担水準に関することなど価格以外の事項）に不服がある場合には納税通知書の交付を受けた日の翌日から起算して3カ月以内に，市町村長に対して審査請求をしなければならない（地方税19条1項）[15]」。この場合には，裁決主義は適用されず，審査請求の前置はあるが，賦課決定と裁決に対して取消しの訴えを提起できるのである。このような部分的裁決主義は，通常，他にはないと思われるが，特異なケースではあるが，公害等調整委員会の裁定手続で問題となる場合もある[16]。

14）地方税法の1999（平成11）年改正で，本文の制度となった。従来，土地登記簿又は建物登記簿に登記された事項を除く「固定資産台帳に登録された事項」が広く不服申立ての対象であったことから，固定資産評価審査委員会へ審査の申立てをしなかったことにより不服の機会を逸する例などが多かった，さらに，固定資産評価審査委員会の負担を軽減することから，この改正は歓迎されたとのことである。参照，碓井光明「固定資産評価の不服審査制度に関する考察」『行政不服審査機関の研究』（有斐閣，2016年）392頁。改正前後どちらにしても，裁決制度は2つ存在する。

15）日本弁護士連合会行政訴訟センター『改正行政不服審査法と不服申立実務』（民事法研究会，2015年）122〜123頁。

16）東京地裁平成19年7月30日判決（判時1980号52頁以下）は，農地の砂利採取に関わるものである。原告の砂利採取計画の申請と農地転用の許可申請を知事が不認可と不許可を行い，そこで，原告が2つの処分の裁定手続を申請したが，公害等調整委員会は不認可処分を取消したが，不許可処分については「不服の理由が鉱業，採石業又は砂利採取との調整に関するもの」に該当せずとして，申請を却下した。そこで，この却下の裁定について取消しの訴えが提起されたものである。同判

次に，裁決に処分庁とは別の機関が関わるかどうかで区別が可能である。す
なわち，裁決に別の機関が関わるものと全く関わらないものが区別される。こ
の場合でも，処分庁とは別の機関が裁決庁である場合と別の機関の意見をきい
て処分庁が裁決する場合が区別される。例えば，前述の61年最判では，知事の
採石計画の認可について，公害等調整委員会に裁定を求めたものである。この
場合，処分庁は都道府県知事であり，裁決庁は公害等調整委員会である。これ
に対し，前述の電波法96条の2の場合には，処分庁と裁決庁は同じ総務大臣で
あるが，裁決手続に別の行政機関である電波監理審議会が関与しているのであ
る。電波法に関する総務大臣の処分について不服のある者は，総務大臣に審査
請求をすることができるが，総務大臣は審査請求について電波監理審議会の議
を経て裁決する必要がある（電波法84条）。また，労働組合法29条の17の裁決主
義では，処分としての労働委員会の救済命令と中央労働委員会の裁決というよ
うに，裁決機関が上級の別の機関となっている。これは，弁護士法16条1項や
61条2項の裁決主義における，処分機関が弁護士会で裁決機関が日本弁護士連
合会であるのと同じである。以上の場合には，裁決庁又は裁決に意見を表明す
る機関が別の機関であることがはっきりしているが，内部的に第三者が裁決に
関与するものもある。特許法178条6項の場合，審判を請求できる事項につい
ての訴えは，審決に関するものに限定され，特許庁長官の名前で処分や審判が
なされる（特許法49条，131条）が，審判は独立した審判官が3人又は5人で行う
という独自性を有する（同136条，139条等）ので，別の行政機関とみなしてよい
と思われる。これらに対し，廃止された旧土地改良法87条10項の裁決主義の
場合には，別の機関が関与していなかったのである。87条1項により，農林水
産大臣又は都道府県知事は土地改良事業計画を決定し公告し，縦覧し（同条5
項），この土地改良事業決定に対する関係者の大臣又は知事に対する異議申立

決は，「鉱業，採石業又は砂利採取業との調整」について公害等調整委員会に裁定申請することが
できることとされているのは，これらの処分に係る不服申立てのうち，鉱業，採石業又は砂利採取
業と一般公益や他産業との間の土地利用の調整が判断の対象となる場合であるとし，本件不許可
処分に対する不服の理由は裁定の対象には当たらないとして，請求を棄却した。不許可処分に対
する不服は，通常の行政不服審査法に基づく不服申立手続と行政事件訴訟法に基づく通常の訴訟
手続によって処理される。

手続をおき（旧同条7項），異議申立てに対する決定についてのみ取消しの訴え
を提起することを認めていた。関係者の意見を反映させる手続ということであ
ろうか[17]。

　次に，裁決に準司法手続が導入されているものとそうでないものが区別され
る。前者の例として，電波法96条の2の裁決手続や鉱業等に係る土地利用の調
整手続等に関する法律50条の裁定手続があり，電波監理審議会又は公害等調整
委員会の認定した事実に実質的証拠法則が認められたり（電波法99条，鉱業等に
係る土地利用の調整手続等に関する法律52条），訴えでの新しい証拠が制限された
り（鉱業等に係る土地利用の調整手続等に関する法律53条），そして，訴えが東京高
等裁判所の専属管轄になっている（電波法97条，鉱業等に係る土地利用の調整手続
等に関する法律57条）。これらに対し，旧土地改良法87条の手続では，裁決手続
として単に異議申出手続が定められているにすぎなかった。固定資産税に対す
る裁決主義にも，準司法手続は導入されていない。

　次に，処分及び裁決の相手方が1人の場合と大人数の場合が区別されよう。
裁決主義の場合，電波法又は鉱業等に係る土地利用の調整手続等に関する法律
においては，処分又は裁決の相手方は1つの法人又は個人である場合が多い。
これに対し，例えば，旧土地改良法87条10項の裁決主義の場合，土地改良事業

17）この点で，「土地改良法87条9項のように原処分がプログラム的ないし概算的なものであって後
　続手続による是正をある程度予定しており，救済手続の裁決をもって行政庁の終局的意思と考え
　るもの」（山代義雄・前掲注5）97頁）とか，「土地改良法は，土地改良事業の開始手続に係る手続の
　中で，国営土地改良事業について農林水産大臣による計画決定，都道府県営土地改良事業につい
　て都道府県知事の計画決定の後，計画の公告・縦覧があった場合に，縦覧期間満了の日の翌日から
　起算して15日という異議申立期間を定め（87条6項），異議申立てがあった場合には縦覧期間満了
　後60日以内に決定しなければならないとした上で（同条7項），『土地改良事業計画に不服がある
　者は，第7項の規定による決定に対してのみ取消しの訴えを提起することができる』としている
　（同条10項），すなわち計画決定から事業実施に至る中間段階で期限を切るかたちで異議申立ての
　手続を仕組み，異議申立てがあれば一定期間内に必ず決定をすることとしつつ，決定があるまで
　は事業実施がされないという仕組みが定められており（同条8項），合意形成手続のための法的仕
　組みとして異議申立てが活用されているという見方ができよう。もっとも，縦覧期間満了日から
　60日以内に決着させれば事業が実施されるということで，利害関係者の側に立った手続の仕組み
　ではなく，事業の円滑な実施という側面に傾いた手続という評価も可能である」（橋本博之「個別
　法による不服申立前置について」（慶応法学27号（2013年）128頁）という指摘も本文と同じ考えで
　あろう。

に関わる農地所有者等が問題となり，その数は膨大であることが多い。そのことは後述の判例からも明らかであろう。

　最後に，明文で裁決主義とされていないものについて，判例が裁決主義と認めたものがある。それは，出入国管理及び難民認定法での，不法外国人の不服申立制度についてである。同法は，不法入国について①入国審査官の審査，②特別審理官に対する口頭審理，③法務大臣に対する異議の申出とそれに対する裁決の3段階の審査と不服申立てを設けている。大阪地裁平成18年1月25日判決は，以下のように述べて裁決主義を認めた。「このような退去強制の手続に関する法の趣旨，目的等に加えて，退去強制事由に該当する旨の入国審査官の認定に対する上記2段階の不服申立手続において，当該認定に誤りがある旨の判定又は裁決がされた場合については，当該判定をした特別審理官において又は当該裁決をした法務大臣の通知を受けた主任審査官において直ちに当該容疑者を放免するものとされ，法文上入国審査官の認定に対する取消しが規定されていないことをも併せ考えると，法は，退去強制事由に該当する旨の入国審査官の認定に不服がある場合には，法所定の申立期間内に特別審理官に対する口頭審理の請求及び法務大臣に対する異議の申出という2段階の不服申立てを経るものとした上，なお不服がある場合には，当該不服申立手続における最終判断としての法務大臣の異議の申出に理由がない旨の裁決に対してのみ取消訴訟を提起することができるものとし，当該取消訴訟において退去強制事由に該当する旨の入国審査官の認定の違法を（在留特別許可を付与しないものとした判断の違法とともに）争わせる仕組み（裁決主義）を採用したものと解するのが相当というべきである[18]」と。この大阪地裁判決は，法務大臣の裁決の取消しの訴えにおいて，入国審査官の認定の違法性を主張できるという点に焦点が向けられている[19]ことに注意する必要がある。この点，東京地裁平成18年8月30日判決は，退去強制事由の認定処分，法務大臣の裁決及び退去強制令書発布処分の3つの取消訴訟を認容し，しかも，「裁決の取消しの訴えにおいて，前提となる入国審査官の認定の違法性をそのまま主張するについては制限があるとしても，当該

---

18) LEXDB文献番号28131534。
19) 石川慧子「原処分主義と裁決主義」西川知一郎編『リーガルプログレッシブシリーズ　行政関係訴訟』（青林書院，2009年）140頁。

違法によって原処分が訴訟によって取り消されることが上記裁決の違法事由に
なることまでは制限されないものと解するのが相当である」として，原処分主
義との関係で，主張制限を緩和している[20]。2つの方法のどちらを採るべきかと
いうことであろうか。ただ，大阪地裁判決に対しては，明文の規定がないこと
から裁決主義と解することができないとする反対意見もある[21]。救済という観
点から，反対意見を支持する。

　以上，様々の視点から裁決主義の規定を分類した。以上の分類をてがかりに，
以下では，見直し作業と裁決主義の救済の問題を検討することにする。

Ⅲ　新行政不服審査法の制定等に伴う裁決主義の見直し

　ところが，前述したように，行政不服審査法の改正に合わせて，裁決主義が
見直され，廃止されたものもある。以下では，見直しの作業，その経過を分析し，
残された裁決主義を確認し，それから廃止された裁決主義について確認するこ
とにする。

　行政不服審査法の見直しは，平成18年に総務省が設置した「行政不服審査制
度検討会」から始まるようである。この検討会は，2007（平成19）年11月に最終
報告を総務大臣に提出する。これを受けて，当時の自公政権は，国会に①行政
不服審査法案，②行政不服審査法の施行に伴う関係法律の整備法案，③行政手
続法改正法案の3つ（平成20年法案と呼ばれている）にまとめて提案したが，これ
らの法案は2009（平成21）年7月の国会解散により廃案となった。その後，政権
が民主党に移り，内閣府に行政不服審査法の改正を検討するための「行政救済
制度検討チーム」が設けられ，検討が進められ，その結果，2011（平成23）年12
月に「行政救済制度検討チーム取りまとめ」を公表するが，2012（平成24）年12
月の政権交代により，この案も法案化されなかった。しかし，その後の自公政
権下で，総務省は，前述の20年法案を基本として，民主党政権下の検討を含め
て，日弁連などの諸団体や各省の意見を聴いて，新しい3つの法案を纏め，

20）判例タイムズ1305号113頁。同解説は，「通常の裁決の場合とは異なる扱いを認めたものといえ
　る」（判例タイムズ1305号107～108頁）とする。
21）青柳馨「主張の制限」小早川光郎＝青柳馨編『論点体系　判例行政法2　行政訴訟』（第一法規，
　2017年）262頁。

2014（平成26）年5月に国会に上程し，これらが同年6月に成立する。

　この2014（平成26）年の行政不服審査法等の改正は多くの論点に及んでいるが，以上の行政不服審査法の改正の検討や経緯の中で，裁決主義に関わるのは不服申立（審査請求）前置主義の見直しの作業である。それは，裁決主義の場合でも，訴えを提起する場合には処分について審査請求を提起し，裁決を得る必要があり，不服申立（審査請求）前置主義の一種といえるからである。不服申立前置主義の見直しの作業は，民主党政権下の行政救済制度検討チームで行われ，成立した整備法もこれをほぼ踏襲しているとのことである[22]。法案関係者の整理によると，不服申立前置主義の問題点は，以下の2点に纏められる[23]。1つは，行政事件訴訟法8条1項は自由選択主義を採用し，個別法で定める限りで，不服申立前置主義を認めることとしているが，これが増加し（1962（昭和37）年に51法律であったのが，2011（平成23）年には102法律になっていた），自由選択主義を形骸化させているが，個別法による不服申立前置の採用が裁判を受ける権利への手続的制約にならないか，とくに不服申立期間を経過すると訴えを提起できないという問題をどう考えるかである。もう1つは，行政手続法が1993（平成5）年に制定されたことから，事後手続である不服審査手続の意味が変化していることからも，救済手続における不服申立前置主義の位置づけを再検討すべきである

22）宇賀克也・前掲注10）218頁。なお，宇賀によれば，検討チームが補完的な基準として使用した有効性の基準は整備法の段階では，採用されていないとのことである。宇賀克也・前掲注10）236頁注7。

23）本稿は，不服申立前置主義を検討するものではないので，その長所及び短所については検討しない。ただ，救済を求める本人がそれを決めるのが原則であると思う。たとえ，不服申立てに無料であるという長所があっても，そのことは不服申立てが先だとする前置主義の長所とはいえない。この点で，行政実務家から不服申立前置主義の長所として争点整理機能が挙げられている。「不服申立前置とすることの裁判所側のメリットとして，不服申立ての審理における争点整理機能が挙げられることがあるが，この点，たしかに不服申立ての審理において特定の行政分野に精通した行政職員の職権主義的な審理指揮により，両当事者とも争点が明確化された上で効果的な攻撃防御活動を行うことが可能となり，また，当事者が主張しない違法点が発見されることもあり得る。こうした場合には，裁判所の負担軽減のみならず，結局私人の権利救済にも資することとなるのであって，筆者は不服申立前置を採る場合の意義としてはこの点が最も重要ではないかと考えている」（三上正昭「不服申立前置を巡る従来の議論の整理とその存置の意義等に関する若干の考察」立命館大学政策科学21巻4号（2014年）140頁）。しかし，これは不服申立ての長所であって，不服申立前置主義の長所ではないと思う。

ことである[24]。

　上述の検討チームは，まず，行政事件訴訟法制定時の不服申立前置を認める3つの基準，①処分の大量性，②裁決が第三者機関によってなされるもの，③専門技術性を有する処分，を検討し，不服申立前置を認めることを以下の基準に集約したようである[25]。すなわち，①不服申立ての手続に1審代替性があり（取消訴訟の第1審が高等裁判所となるもの），国民の手続負担の軽減が図られている場合，②大量の不服申立て（おおむね1,000件以上）があり，直ちに出訴されると裁判所の負担が大きくなると考えられる場合，③第三者機関が高度に専門技術的な判断を行う等により，裁判所の負担が軽減されると考える場合，④その他不服申立前置を存置する特別の理由があると認められる場合，である。

　裁決主義の規定に注目すると，その多くは，①の1審代替性により存続が認められている[26]。この基準は，行政事件訴訟法制定時にはなかった基準であるが，「不服申立手続が訴訟の一審代替機能を有する場合にあっては，行政争訟手続全般を通じて，手続的負担の緩和が図られているものと評価できるため，不服申立前置を存置することとし[27]」たのである。電波法96条の2の及びこれを準用する電波法104条の4第2項，放送法180条の裁決主義，特許法178条6項の及びこれを準用する意匠法47条2項，実用新案法47条2項，商標法63条2項の裁決主義，さらには，鉱業等に係る土地利用の調整手続等に関する法律50条の

24）宇賀克也・前掲注10）217〜218頁，さらに，宇賀克也「不服申立前置の見直し」地方自治773号（2012年）2〜3頁。

25）行政管理研究センター『逐条解説　行政不服審査法　新省令対応版』（ぎょうせい，2016年）392頁〜393頁。この点，宇賀克也は，㋐不服申立件数の大量性，㋑第三者機関の関与による高度に専門技術的な処分，㋒第三者機関が関与し，相当量の不服申立てがあるもの，㋓処分の名宛人又は処分庁と処分の名宛人の関係に特殊性があるもの，㋔特殊な事情により，第三者機関が関与した見直しを存置すべきもの，㋕不服申立手続による1審代替機能，㋖個別事情の考慮，㋗二重前置の廃止，の8つの基準を設定し，纏めている（宇賀克也・前掲注10）222〜234頁）。ただし，不服申立前置主義の多くは，①〜③の基準で考えることができ，これらは㋐㋑と㋕に重なっている。

26）「実際には，裁決主義それ自体が新行審法及び整備法の施行により廃止されているので，行政事件訴訟法46条2項の教示義務規定が形骸化している」（國井義郎「行政不服審査法と土地改良法改正（1）」名古屋学院大学論集社会科学編53巻（2016年）2号131頁）という認識は，土地改良法87条10項の裁決主義は廃止されたが，その他は本文中にあるように存続しているので，誤りではないか，と思われる。

27）宇賀克也・前掲注10）230頁。

裁決手続は，裁決又は裁定に関する訴えを東京高等裁判所の専属管轄としていることから，また，弁護士法12条を受けた16条1項や61条2項の裁決主義も，日本弁護士連合会の裁決に関する訴えを東京高等裁判所に提起することができることから，1審代替機能を有するとされた[28]。さらに，地方税法434条による固定資産税について規定された裁決主義，審査請求前置主義については，不服申立てが大量であることから，存続が認められたようである[29]。ところで，裁決主義の例として挙げられる，労働組合法27条の19第2項及び3項については，以上の改正議論の中で取り上げられることはなく，存続が認められている[30]。これは労働委員会制度という特殊の救済制度ということで議論されなかったと思われる。また，客観訴訟における不服申立前置主義，裁決主義は，主観訴訟とは性質を異にするとして，見直しの対象外に置かれた[31]。

　逆に，廃止されたのは，土地改良法87条10項，植物防疫法36条3項，船舶安全法第11条1項，海洋汚染等及び海上災害の防止に関する法律19条の47第2項，4項及び19条の49条1項（船舶安全法11条の準用）及び国際航海船舶及び国際港湾施設の保安の確保等に関する法律21条2項及び4項の裁決主義である。その理由は，前述した存続の基準である，1審代替性や不服申立ての大量性が認められないということであろうか。また，農業委員会11条と14条6項は，農業委員の選挙や農業委員の中の選挙委員の解任について公職選挙法の裁決主義を準用していたが，2015（平成27）年の農業協同組合法等の一部を改正する等の法律（平成27年法律63号）により農業委員の選挙が廃止されたことに伴い，裁決主義も廃止された。前述したように，客観訴訟における裁決主義は整備法では触れ

28）宇賀克也・前掲注10）230～231頁。
29）総務省資料「不服申立前置の見直しについて」小早川光郎他『条解行政不服審査法』（弘文堂，2016年）494頁。なお，固定資産税について裁決主義が採用された理由については，碓井光明は次のように述べている。「一つの理解は，前記の第二の実額主義が採用されているとするものである」（碓井光明・前掲注14）405頁）。「もう一つの理解は，固定資産税台帳への登録は，行政の内部的な行為であって，明確な『原処分』とはいえないので，外部に明確となる『原処分』を位置付けて訴訟の対象にしたというものである。すなわち，裁決主義といっても，行政事件訴訟における本来の裁決主義とは異なり，実質的に原処分取消の訴えにほかならない，という見方である」（碓井光明・前掲注14）405頁）と。
30）総務省資料・前掲注29）494頁。
31）宇賀克也・前掲注10）219～220頁。

られていない。

　以上のように，裁決主義の見直しが行われたのであるが，見直しの基準から
も理解されるように，前節で行った裁決主義の分類の中の，裁決に専門機関が
関与し，裁決手続が準司法的手続であるものが，1審代替性を有するという理
由で存続させられ，そうでない裁決主義が廃止されたといえる。今回使用され
た見直しの基準は，直接に裁決主義の意義・根拠に直結してはいない。それは
裁決主義の「見直し」の基準であり，また，不服申立前置の「見直し」の基準で
あるからである。さらに，今回の見直しの結果，残された裁決主義も多い。阿
部泰隆[32]が指摘するように，裁決主義が救済手段として妥当であるかどうか，
とくに迅速性という視点で裁決主義を個々具体的に検証する必要があろう。こ
れらの点は，裁決主義における救済の問題として以下に詳しく検討する。

Ⅳ　裁決主義について学説及び判例上争点となった事項

1　比較的初期の段階で争点となった事項

　行政事件訴訟法で自由選択主義及び原処分主義が採用されたが，個別法でそ
れらの原則に反する裁決主義が採用されることがあり，その場合その裁決主義
の規定と行政事件訴訟法の規定との関係に齟齬が生じることとなり，行政事件
訴訟法の制定当初からそれらが議論されている。さらに，裁決主義を踏まえて，
行政事件訴訟法の規定を準用する規定もあった。関連する規定は，行政事件訴
訟法8条2項，10条2項，20条，29条及び32条の5つであった。以下では，そ
れらの議論を概観することにする。このうち，10条2項は原処分主義を採用し，
原処分の違法は原処分の取消しの訴えで主張し，裁決取消しの訴えでは主張で
きないというものであり，裁決主義には妥当しないのは当然であること，また，
32条は取消判決の効力を規定するが，原処分の違法を主張した裁決取消しの訴
えにおける取消判決がどのような効力を有するのか，という問題も当然問題と
なることから，この2つについてはここでは言及しない。

　8条2項は，不服申立前置の緩和規定である。すなわち，不服申立前置が採ら

32）阿部泰隆は，仮の義務付けや執行停止ができないことを指摘し，不服申立前置のさらなる廃止を
　求めている。同『行政法再入門　上〔第2版〕』（信山社，2016年）192頁。

れている場合でも，例えば，同項1号によれば審査請求をして3カ月を経過して
も裁決がないときには，処分取消しの訴えを提起することができるのである。
学説においては，裁決主義については8条2項の緩和規定は適用されないとさ
れてきた。例えば，杉本良吉は8条の解説で次のように述べていた。「なお，原処
分に対しては出訴を許さず，裁決についてのみ出訴すべき旨をさだめるもの（第
3条第3項参照）について，本条を適用する余地がないこともいうまでもない[33a]」
と。そして，田中眞次[33b]，濱秀和[34]，山代義雄[35]や畠山武道[36]も8条2項の適用
はないとしていた[37]。ところで，8条2項が裁決主義に適用がないとすると，例
えば，審査請求をして，3カ月が経過しても裁決がない場合にはどのような救
済方法があるのか問題となる。これについては，裁決が出てないので，裁決が
出てないことを理由に不作為の違法確認の訴えを提起するしかないとされてい
た[38]。

　次に，20条は，知られているように，行政事件訴訟法が原処分主義を初めて
採用したことから，原処分主義に慣れない者を救済する規定である。すなわち，
原処分の取消しの訴えと裁決取消しの訴えの2つの提起が認められる場合に，
当初裁決取消しの訴えを提起していたときに，原処分の違法を主張できないと
して，途中から原処分取消しの訴えを併合したときには，併合について相手側
の同意は必要とされないし，原処分取消しの訴えは裁決取消しの訴えの提起時
に提起されたものとみなすものである。併合についての相手側の同意と出訴期

33a）杉本良吉・前掲注4）32頁。

33b）田中眞次・前掲注2）245〜246頁。

34）濱秀和「原処分主義と裁決主義」ジュリスト増刊『行政法の争点〔新版〕』（1990年），同『行政訴
　　訟の実践的課題』（信山社，2012年）102頁。

35）　山代義雄・前掲注5）97頁。

36）畠山武道「8条解説」南博方編『条解　行政事件訴訟法』（弘文堂，1987年）306頁

37）ただし，最近では，類推適用の可能性を認める学説が主張されている。「なお，原処分に対する
　　取消しの訴えを提起することができず，裁決に対する取消しの訴えにおいて原処分の違法性も争
　　うべきこととされている場合（裁決主義），原処分に対する取消しの訴えについての規定である行
　　政事件訴訟法8条2項を適用ないし準用する余地はないが，類推適用については議論の余地がある
　　ものと思われる」（石川慧子「審査請求手続の前置」西川知一郎編『リーガルプログレッシブシリ
　　ーズ　行政関係訴訟』（青林書院，2009年）67頁注124）。

38）田中眞次・前掲注2）245〜246頁。

間に関する緩和規定である。学説で問題とされたのは，この逆の場合に20条を類推適用することができるのかである。すなわち，裁決主義であるにもかかわらず原処分取消しの訴えを提起して，その後裁決取消しの訴えを併合提起した場合に，20条を類推適用して裁決取消しの訴えは原処分取消しの訴えが提起されたときに提起されたものとみなされるかどうかである。とくに，問題となるのは裁決取消しの訴えが提起された時点では出訴期間が経過しているが，原処分取消しの訴えが提起された時点では出訴期間を遵守している場合である。学説は分かれていた。例えば，喜多村治雄は次のように述べていた。「逆に，裁決主義を誤った場合はどうか，たとえば，市長を被告として提起された固定資産の評価額を争う訴訟において，被告を固定資産評価審査委員会に変更する場合で，この場合に地方税法434条2項によって裁決主義がとられている。この場合には20条を類推適用することによって変更することが可能であるが，なお，原処分主義を誤った場合について述べた理由と同様の考えによって，15条，民訴232条によっても変更可能とみるべきである[39]」と。これに対し，裁決主義を厳格に捉える反対説もあった。「原処分主義が採られているときに裁決取消しの訴えを提起しても不適法ではないのに対し，裁決主義が採られているときの原処分取消しの訴えは当然に不適法なのであるから，単純な裏返しの関係にあるわけではなく，類推適用の基礎を欠くものというべきであろう[40]」と。学説の多くは類推適用説，緩和説をとっており[41]，また，判例[42]も，それをとっていた。ただし，判例では，部分的裁決主義が問題となる固定資産税についてであった。

　次に，29条は，裁決取消しの訴えに執行停止に関する25条から28条を準用することを規定する。この規定は，以下のように解されている。「本条が準用を予定したのは，第1に，不服申立手続における裁決が原処分の全部又は一部を取消し，または変更したときに，その取消，変更によって法律上の利益が害

39）喜多村治雄「15条解説」南博方編『注釈　行政事件訴訟法』（有斐閣，1972年）171頁。

40）近藤崇晴「20条解説」園部逸夫編『注解　行政事件訴訟法』（有斐閣，1989年）312頁。

41）小林茂雄「20条解説」山村恒年＝阿部泰隆編『判例コンメンタール　行政事件訴訟法』（三省堂，1984年）211頁，宍戸達徳＝金子順「20条解説」南博方編『条解　行政事件訴訟法』（有斐閣，1987年）557頁。

42）大阪地裁昭和51年9月16日判決，行集27巻9号1573頁以下，大阪高裁昭和52年7月20日判決，行集28巻6・7号660頁以下。

された者が，これを不服として，裁決の全部または一部の取消訴訟を提起し，これについて執行停止を申し立てる場合である（この場合，裁決の効力が停止されるならば，取消変更された原処分は将来に向かって，旧態を回復することになる）。第2に，特別法において，いわゆる裁決主義をとり，常に裁決に対してのみ出訴を認め，原処分に対する取消訴訟を許さないものについて，裁決の取消しの訴えを提起し，原処分についての執行停止を申立てる場合である。その裁決が原処分を取り消し，または変更したものであるときは，その取消しの訴えについては，本条によって執行停止の規定が準用されることは上述の場合と同様であるが，それが棄却裁決（または適法な不服申立てに対する却下裁決）に対する取消しの訴えである場合には，棄却裁決だけの執行停止は無意味であるので，この裁決の取消しの訴えについて，原処分についての執行停止が許されるものかどうかが一応問題となろう。思うに，裁決主義が法定されている場合には，その訴訟においては，裁決庁を被告として，原処分から当該裁決に至るまですべての行政庁の違法行為を一括して争わせる趣旨である（取消判決の効力については，第32条，第33条参照）。したがって，この裁決取消しの訴えは，実質上，当該裁決庁を被告とする原処分取消しの訴えをも包含するものとみるべきであるから，この裁決取消しの訴えについて原処分の執行停止もまた可能と解するのを相当とする。本条は，これらの場合に備えて処分の取消しの訴えについての執行停止に関する第25条ないし28条の規定を準用することにしたのである[43]」と。要するに，裁決取消しの訴えには原処分の取消しの訴えが含まれているので，裁決が棄却裁決又は却下裁決でも，裁決取消しの訴えを本案として原処分の執行停止の申立てを行うことができるというのである。これは，通説である[44]。しかしながら，これには，不服申立てに対する裁決が出されることが必須条件である。したがって，次のような批判が提起されることになる。「しかし，裁決主義を採用したことが，原処分により不利益を受けた者の権利救済について著しい不備

43）杉本良吉・前掲注4）99〜100頁。

44）平峯隆＝中江利政「29条2項解説」南博方編『注釈　行政事件訴訟法』（有斐閣，1972年）256頁，村田哲夫「29条解説」山村恒年＝阿部泰隆編『判例コンメンタール　行政事件訴訟法』（三省堂，1984年）281頁，山田二郎「29条解説」園部逸夫編『注解　行政事件訴訟法』（有斐閣，1989年）360頁，田中信義「29条解説」南博方編『条解　行政事件訴訟法』（弘文堂，1987年）661頁。

の認められるものもないではない。例えば，電波法96条の2は，『この法律又は
この法律に基づく命令の規定による郵政大臣の処分に不服がある者は，当該処
分についての異議申立てに対する決定に対してのみ，取消しの訴えを提起する
ことができる。』としている。郵政大臣の処分はいろいろ規定されているが，形
式的な処分，命令的な処分である場合（無線局の運用停止，免許の取消しなど），こ
の原処分により著しい損害を避けるため緊急の必要があっても（行訴法8条2号）
異議申立てをするほか，いまだ決定がないからこれに対する抗告訴訟を提起す
ることはできず，被処分者は異議申立てによる原処分の効力停止を求めるほか，
救済されないことになる 45）」。

　以上，行政事件訴訟法の制定時の学説を中心に，裁決主義の救済の問題を概
観した。それでは，裁決主義の救済の問題について，判例の動向に影響を与え
た，同時期の主要判例を検討することにする。まず，裁決主義を合憲とする判
例を挙げなければならないが，それは下級審判例である 46）。一方，最高裁は，裁
決主義の合憲違憲の問題について言及していないが，前述の「61年最判」にみ
られるように裁決主義を前提に判決しているところからみて，裁決主義の合憲
性を前提としていると考えられる。ところで，「61年最判」が，その後の判例の
基準となっているようである。そこで，その判決内容を確認することにする。
事案は，鉱業等に係る土地利用の調整手続等に関する法律（以下では「調整手続
法」という）50条の裁決主義が問題とされたものであるが，原告が一方で採石法

45）濱秀和・前掲注34）102頁。

46）札幌高裁昭和55年10月2日判決は次のように述べている。「抗告理由が，右明文による裁決主義
　自体を憲法第32条に違反して無効であるとしても，これをたやすく肯認することはできない。蓋
　し，公正競争規約の認定処分に関しては，右のとおり，裁決主義をとる結果，審決に対してしか訴
　えを提起し得ないことになるにしても，これによって右認定処分の適否についても併わせて裁判
　所の裁判を受ける機会が保障されているのであるから，裁判を受ける権利が奪われているという
　ことはできないのみならず，もともと憲法第76条第2項は，行政機関は終審として裁判を行うこ
　とができないとしたほかは，裁決を経ることを裁判所に対する訴訟提起の前提とするか否か，裁
　判所に対する訴訟提起の際にその対象を裁決に限定するか否かは，法律の定めるところに一任し
　ているものと解すべきである（最高裁判所昭和26年8月1日大法廷判決，民集5巻9号489頁参照）
　から，裁決主義をとるか否かは，憲法のわく内における立法政策の問題にすぎないというべきで
　あるからである」（東高民31巻10号208～209頁）。ただし，この判決には，裁判を受ける権利の時
　間的制約を問題としていないという問題がある。

33条の採取計画の認可について公害等調整委員会への裁定を経て裁定取消しの訴えを提起するとともに，他方で裁定を経ずに認可の無効確認の訴えを提起し，この無効確認の訴えが認められるかどうかが争点とされたものであるが，同判決は，次のように述べている。「採石法39条1項は，同法33条の採取計画の認可に係る処分等に不服がある者は，公害等調整委員会（以下「公調委」という）に対して裁定の申請をすることができる旨定めてゐるところ，調整手続法50条の規定によれば，公調委に対してのみ提起することができる事項に関する訴えは，裁定に対してのみ提起できるものとされている。すなわち，岩石の採取計画の認可等の処分については，採石業と一般公益又は農業，林業その他の産業との調整を図るため，行政委員会として各省から独立した権限を有する公調委（公害等調整委員会設置法2条ないし5条参照）がその不服申立に対する裁定を行うものとされているところ（調整手続法1条2号），調整手続は，その裁定手続について，裁定委員の除斥・忌避の制度（3条ないし6条），審理の公開原則の採用（32条），関係人等の審問手続等についての民訴法の準用（34条），通常の不服審査の場合と比べより慎重な準司法手続を採ることとした上で，このような裁定手続による検討が予定されている処分（1条1項2号）については，原処分そのものについての出訴を禁止し，裁定に対する訴訟の提起のみを認める（50条）とともに，その訴訟については1審級を省略し東京高等裁判所の専属管轄とする（57条）などの特例を定めているのである。」「このように調整手続法50条の規定は，同法1条1項2号所定の不服の裁定の対象となる処分については，すべて公調委による裁定に委ねてその当否を検討すべきであるとの前提に立って，処分に不服のある者は，必ずこの裁定を経たうえで裁定に対してのみ訴訟を提起すべきものとしているのであり，かかる法の趣旨及び同条が単に『裁定を申請することができる事項に関する訴え』と規定し，取消訴訟と無効確認訴訟とを区別していないことからすれば，同条は，裁定を申請することができる処分それ自体に対しては，その無効確認を含め一切の抗告訴訟の提起を禁止しているものと解するのが相当である[47]」と。この最高裁判決は，調整手続法50条の裁決主義について原処分に対して「一切の抗告訴訟の提起を禁止」していると判断したこ

47）判例時報1210号51頁。

とで有名であるが，こうした結論を出した理由について，2審が文言すなわち調整手続法50条が「取消しの訴え」に限定せずに「裁定を申請することができる事項に関する訴え」としていることを理由に同様の結論を出したのに対し，最高裁は，裁定手続が実質的証拠法則など準司法手続でなされているとする「法の趣旨」を実質的理由として，また，2審が指摘した文言を傍証の理由としているところに特徴がある[48]。そして，この最高裁判決は，「処分に不服ある者は必ずこの裁定を経た上で裁定に対してのみ訴訟を提起すべきものとしている」という文言から，不服申立人と原告の同一性をも要求していると解される。

2　最近の判例にみられる争点

裁決主義については，最近，従来型の抗告訴訟である無効等確認の訴えや不作為の違法確認の訴えを認めた判例，さらには，行政事件訴訟法の改正により，導入された義務付けの訴えや差止めの訴えを否定する判例もあり，裁決主義には救済方法として様々の問題があることを示している[49]と思われる。以下判例で問題となった訴えや項目について検討する。最初に，裁決主義の下で原処分に対する訴えとして許される訴訟類型はあるのか，という問題を検討し，それから，裁決取消訴訟の問題を原告適格，判決の効力という順番で検討していく。

　(1)　原処分に対して認められる訴え

原処分に対する訴えとして，最初に無効等確認の訴え，差止めの訴えそして不作為の違法確認の訴えと義務付けの訴えを検討することにする。

48）判例のコメント・判例地方自治33号56〜57頁，細川俊彦「鉱業土地利用調整手続法の裁決主義と原処分を争う訴訟」民商法雑誌96巻2号（1987年）257頁。

49）裁決主義について救済方法としての不備を指摘したのは，濱秀和であろう。次のように述べている。「しかし，裁決主義を採用したことが，原処分により不利益を受けた者の権利救済について著しい不備の認められるものもないではない。例えば，電波法96条の2は，『この法律又はこの法律に基づく命令の規定による郵政大臣の処分に不服がある者は，当該処分についての異議申立てに対する決定に対してのみ，取消しの訴えを提起することができる。』としている。郵政大臣の処分はいろいろ規定されているが，形式的な処分，命令的な処分である場合（無線局の運用停止，免許の取消しなど），この原処分により著しい損害を避けるため緊急の必要があっても（行訴法8条2号）異議申立てをするほか，いまだ決定がないからこれに対する抗告訴訟を提起することはできず，被処分者は異議申立てによる原処分の効力停止を求めるほか，救済されないことになる」（濱秀和・前掲注34）102頁）。

1) 原処分に対する無効等確認の訴え

　原処分に対して，無効等確認の訴えを提起することができるのか，という問題については前記，61年最判では否定されていた。ただし，61年最判では，鉱業等に係る土地利用の調整手続等に関する法律50条の裁決主義が検討され，裁定手続が準司法手続であるという理由に，50条が取消しの訴えに限定していないという文言解釈を加えて，原処分について無効等確認の訴えを含め，一切の抗告訴訟が認められていないとされた。そのことから，同判決の射程が不明確である，という指摘や無効確認の訴えを認めない同判決や控訴審判決について，「適法な審査請求を欠いたために裁決を得られなくなった場合には，原処分に対する無効確認訴訟が許される余地も残されている[50]」という指摘や「なおかつ後者（審査請求に対して裁決が出されない場合）のように，審査機関の不作為・違法により迂遠な救済を強いられるときには，無効確認訴訟が認められる余地もあるように思われる[51]」という批判もあった。ただ，こうした指摘や批判も，精密に検討されたものでないようで，どのような射程を持っているのか定かではなかったと思われる。

　近年出された裁決主義に対する判例は，原処分に対する無効等確認の訴えを認めないものと認めるものに分かれている。ただし，前者は特許法の裁決主義に関する事例であり，後者は，土地改良法の裁決主義に関する事例であり，2つの裁決主義は法規定や手続において異なる。東京地裁平成23年7月20日判決は，特許法178条6項の裁決主義に係る無効等確認の訴えを不適法とする。同判決は次のように述べている。「特許法は，特許権を無効として消滅させるため，特許無効審判を定め，その審理対象の高度な専門技術性を考慮して，審判官の合議体が審理を行うものとした。審決には裁判と同様の公正さが必要とされるため，その手続は裁判類似の手続により行われ，また，特許無効審判では，無効理由は限定されるものの，請求人適格が緩和され，請求期間についても制限がな

50）晴山一穂「判例評釈」判例時報1126号（判例評論309号）187頁。この批判は，控訴審判決に向けられたものであるが，最高裁判決にも妥当する。また，最高裁判決の評釈を書いた，細川俊彦も晴山の意見と同じ趣旨のことを示唆している。参照，細川俊彦・前掲注48）257～258頁。

51）磯野弥生「判例評釈」自治研究62巻8号（1986年）107～108頁。この批判も控訴審判決に向けられている。

く，その審決に対する不服申立てとして，裁決主義による取消訴訟を採用している。以上の特許法の定めを考慮すると，特許無効審判及びその審決に対する取消訴訟は，特許権を成立させる行政処分である特許査定と特許の設定登録について，その対世的効力を否定して特許権を無効とするための唯一の行政争訟であると解するのが相当であり（特許無効審判の審決に対する取消訴訟は，行政事件訴訟法1条の「他の法律に特別の定めがある場合」に該当する。），そのように解しても救済手段に欠けるところはないというべきである。」「そうすると，特許無効審判及びその審決に対する取消訴訟によらないで，特許査定と特許権の設定登録の瑕疵を主張して，その対世的効力を争うことは許されないから，本件特許査定及び本件設定登録の無効確認の訴えは（請求5及び請求6）は，いずれも不適当である[52]」と。

　それに対して，さいたま地裁平成27年1月28日判決は，次のように述べて，土地改良法87条10項の裁決主義は原処分の無効等確認の訴えについて及ばないとして，原処分に対する無効確認の訴えを適法と判示している。「換地計画について上記のとおり裁決主義が採用された趣旨は，段階的に手続が積み重ねられる土地改良事業の特質を考慮し，早期に行政庁に違法是正の機会を与え，かつ，関係権利者の権利保護に簡便な途を開くことによって，後の段階で手続が覆滅される混乱の生じる危険を少なくしようとしたことにとどまるのであって，換地計画に重大かつ明白な瑕疵があるような場合について，当該換地計画に関して利害関係を有する者の権利保護の要請を後退させてその救済の途を遮断することまで予定しているものとは解されない。法87条10項が，文言上，『取消しの訴え』についてのみ規定し，その余の訴訟類型について規定していないのは，このような趣旨によるものと解される。」「そうすると，法89条の2第4項の準用する法87条10項の採用する裁決主義は，当該換地計画に重大かつ明白な瑕疵があるとして提起される無効確認の訴えには及ばないものと解される[53]」と。

　2つの判例を比べると，前者は裁定手続が準司法的手続であること，後者は

52）LEXDB文献番号25443725。
53）判例地方自治403号78頁。

そうでないこと，さらには，前者の規定が「審判を請求することができる事項に関する訴え」であり，後者が「取消しの訴え」に限定している，という文言の違いがあり，これらのことから結論を異にした。そうした理由からすれば，2つの判例は61年最判の基準に従い判断したといえそうである。ただし，2つの判例とも，61年最判が判示した「一切の抗告訴訟の提起の禁止」には言及していない。そうすると，今後判例は，手続が準司法手続であることと訴えに関する文言を基準にして，原処分に対する無効等確認の訴えの許容性を判断するものと推測される。ただ，文言にこだわっている点では，制定法準拠主義という評価は避けられないと思われる。しかし，さいたま地裁判決が，土地改良法に裁決主義が援用された趣旨に言及し，段階的に手続が積み上げられる土地改良事業の特質を考慮して，権利保護の要請の見地から換地計画に重大かつ明白な瑕疵のあるような場合には裁決主義が働かないとしたことは，裁決主義を個別的に検討して原処分に対する無効確認の訴えの許容性を判断しようとするものかもしれない。しかし，裁決主義とは個別性を考慮して解釈すべき性格のものなのであろうか。

2）不作為の違法確認の訴え

次に，裁決主義にかかる原処分を申請したが，行政庁がこれに対してなんらの処分を行わない不作為状態が長期間続いている場合に，不作為の違法確認さらには義務付けの訴えを提起することができるのか，問題となる。不作為の違法確認の訴えが争われたのは，1つである。事案は，一般廃棄物・産業廃棄物の収集，運搬及び最終処分業務，採石業を目的とする会社が，2000（平成12）年5月に採石法33条の採取計画の認可申請及び森林法10条の2第1項の定める林地開発許可を申請したが，高知県知事が定められた標準処理期間を大幅にこえても不作為状態を続けたので，右会社が不作為の違法確認の訴えを提起したものである。争点となったのは，鉱業等に係る土地利用の調整手続等に関する法律（以下「鉱調法」という。ただし，61年最判では「調整手続法」とされていた）50条によれば，公害等調整委員会（以下「公調委」という）に裁定を申し立てることができる事項に関する訴えは，裁定についてのみ提起することができるとされ，上記の2つの申請に裁定を申請できる（採石法39条1項及び森林法190条）ことから，裁定を申立てていない原告の不作為の違法確認の訴えが認められるのかどうか

が問題とされた。高知地裁平成14年12月3日判決は，以下のように述べて，50条の裁決主義については不作為の違法確認の訴えを提起できるとし，また，不作為状態が違法であることを確認した。「鉱調法1条2号は，公調委の裁定の対象について『処分』としか規定していない上，同法は，行服法と異なり，裁定の手続について，専ら処分に対する不服申立ての規定しか置いておらず，不作為についての不服申立ての規定を置いていない上，同法が『処分』に加えて『不作為』も公調委の裁定の対象に含むべきことを想定していると見ることはできず，同法1条2号の『処分』に『不作為』がふくまれると解することはできない。」「被告は，その主張の根拠として，整理法の附則2項を挙げるが，この法律は，行服法（昭和37年9月15日法律160号）の施行に伴う関係法律の整理等を一括して処理するためのものであり，その附則は，関係法律すべての附則であって，鉱調法独自の附則ではないから，かかる附則によって鉱調法1条2号の解釈に変更が生じたとみる余地はない。」「なお，被告は，不作為についても，処分と同様に専門機関としての公調委の判断に任せるのが適当である旨主張するが，公調委の専門性が期待されるのは，許認可処分であるにせよ，不許可・不認可処分であるにせよ，行政庁第一次判断が示された上で，その適法性を判断することにあり，申請に対し行政庁としての第一次判断を留保していることの当否にまでは及ばないというべきである[54]」と。

　裁決主義と不作為の違法確認の訴えの関係については，不服申立て・審査請求をして3カ月を経過しても，裁決庁が何もしない場合について議論されていた。すなわち，裁決主義には行政事件訴訟法8条2項が適用されないため，原処分の取消訴訟を提起することはできず，裁決庁に対して不作為の違法確認の訴えを提起することができるとされていた[55]。したがって，原処分を求める段階での不作為は議論されていなかったといえる。本判決は，鉱調法の文言さらには行政庁の第一次判断がなされていないことを理由に，裁決主義は妥当しないとした。救済という点では，本結論は肯定されるが，鉱調法の解釈ということで本判決の射程も明確ではないように思われる。また，前述の61年最判は，鉱

54）判例タイムズ1212号110～111頁。
55）中込秀樹他『改訂　行政事件訴訟の一般的問題に関する実務的研究』（司法研修所，2000年）202頁，晴山一穂・前掲注50）187頁。

調法50条の裁決主義について原処分について一切の抗告訴訟を提起できないとしていた。確かに，不作為が裁定の対象となるのか，という問題として考えると原処分との関係を考慮する必要がないと思われるが，原処分の段階での不作為の違法確認の訴えとして捉えることもできると思われる。そうすると，本判決は，61年最判の判旨を超えたものと評することも可能である。

3）義務付けの訴え

　裁決主義が採られている原処分を義務づける訴えは認められるであろうか。この問題が争点となった判例は1つあり，固定資産の価格について希望価格を義務付ける訴えの是非が争われている。事案は，洲本市に不動産を有する会社が当該不動産の固定資産課税台帳の登録価格が異常に高いとしてその修正と修正後の価格を登録することを求めて，義務付けの訴えを提起し，同時に損害賠償等の請求をしたものである。神戸地裁平成19年3月16日判決は次のように述べて義務付けの訴えが不適法であるとして却下している。「原告らは，法（筆者挿入：地方税法）417条1項に基づいて，洲本市長が本件登録価格を原告らの主張に係る価格に修正し，かつ修正後の価格を登録するよう求めて本件義務付け訴訟を提起していることが明らかであるところ，法には，そもそも納税者に，市町村長に対して納税者の求める価格への修正及び修正価格の登録を求める申請権を定めた規定は存在しない。したがって，本件義務付け訴訟は，いわゆる申請型義務付けの訴え（行訴法3条6項2号）ではなく，非申請型義務付けの訴え（行訴法3条6項1号）にあたる。」「法は，登録価格に不服がある場合は，審査委員会に対する審査申出（法432条1項）ができ，同委員会の決定に不服のある納税者はその取消しの訴えを提起することができる（法434条1項）としている。そうすると，固定資産の価格に対する不服については，上記審査申出及び取消訴訟という争訟方法が法律上用意されているといえる。また，上記審査申出又は取消訴訟に理由があるとされた場合は，通常市町村長によって登録価格が修正されていることを考慮すれば，他に適切な争訟手段が存在するといえる。」「したがって，固定資産の価格に不服を有する原告らは，上記審査申出及び取消訴訟を通じて市町村長に対し登録価格の修正及び修正価格の登録をさせることができるといえ，『損害を避けるため他に適当な方法がない』（補充性の要件）場合とはいえず，本件義務付け訴訟は不適法であると解すべきである。」「イ(ア)原告らは，〔1〕登録

価格に対する不服について争訟方法及び期間が制限されすぎていること，〔2〕審査申出期間経過後に不動産を購入した場合は，次の基準年度まで一切登録価格について争えないこと，〔3〕申告納税制度と比較した場合の行政への資料の偏在や不服申立期間が短すぎること等を主張して，本件義務付け訴訟を認めるべきであると主張する。」「しかし，これらの主張は，いずれも現行の登録価格についての据置制度及び不服申立制度の不当をいう立場から，立法の欠陥を義務付けの訴えの解釈を通して修正補完しようとするものといえるが，後記のとおり，現行の前記据置制度及び不服申立制度がその立法趣旨に反する解釈を他の規定においてしなければならないほど不当であるとは到底解されない[56]」。

この判例は，裁決主義に関して申請を前提とする原処分とそうでない原処分の2つがあり，行政事件訴訟法の義務付けの訴えも，申請を前提する処分には申請型の義務付けの訴えの許容性が，申請を前提としない処分については非申請型の義務付けの訴えの許容性が問題となるとし，固定資産税の賦課処分においては，後者の非申請型の義務付けの訴えが問題となるとし，その場合「補充性の要件」が必要であるが，固定資産評価審査委員会への審査申出と裁決に対する取消訴訟が認められているので，補充性の要件を充足しないとして，非申請型の義務付けの訴えを不適法として却下したものである。判旨は正当である。電波法や鉱調法にみられる申請型の裁決主義の場合には，別の判断がなされるといえよう。ただし，平成16年の行政事件訴訟法の改正で，申請型義務付けの訴えについて，37条の3第7項が設けられている。これは，裁決主義及び変更裁決により原処分が消滅した場合における義務付けの訴えを認めるための規定である[57]。したがって，この規定により，裁決を義務付ける訴えは認められるのである。

4）　差止めの訴え

同じような問題として，裁決主義にかかる処分について差止めの訴えが認められるのか，という問題がある。判例では，3ないし4つの事案でこれが問題とされた。電波法の裁決主義に係る処分の差止めを求めた事案が1つあり，そし

56）判例地方自治303号28～29頁。

57）小林久起『行政事件訴訟法』（商事法務，2004年）178頁，川神裕「37条の3解説」南博方編『条解行政事件訴訟法〔第4版〕』（弘文堂，2014年）773頁。

て，採石法に係る認可処分についての差止めの事案が1つないし2つあり，さらに，土地改良法による換地処分の差止めの事案が1つある。裁決主義との関係で判旨が展開されているのは，電波法の事案と採石法の事案の1つである。

　最初に，電波法の事案からみていくことにする。アマチェア無線の免許を有する原告らが2006（平成18）年に総務大臣が行った広帯域電力線搬送通信設備の解禁に伴う型式指定処分について，電波の漏えいが起こりアマチェア無線ができなくなるとして，この型式指定処分の取消しと将来行われる型式指定処分の差止めを求めて訴えを提起したものである。争点となったのは，①裁決主義について行政事件訴訟法8条2項が適用され，取消しの訴えについて裁決を経ていないことが認められるのか，②裁決主義が採られている規定の下で差止めの訴えは可能であるか，である。東京地裁平成19年5月25日判決は，①の問題について次のように述べ，8条2項の適用を否定した。「裁決主義が採用され，裁決に対する取消しの訴えのみが認められ，原処分の取消しの訴えが認められていない場合には，そもそも，自由選択主義を採用している行政事件訴訟法8条1項本文の適用がないから，同項ただし書の更に例外を定めた同条2項の適用の余地がないことは明らかである」と。そして，同判決は次のように述べて差止めの訴えを認めなかった。「このように，電波法が，同法又は同法に基づく命令の規定による総務大臣の処分に対する取消訴訟について，裁決主義及び実質的証拠法則を採用し，東京高等裁判所の専属管轄を定めた趣旨は，電波法等に基づく処分の適否という専門的技術的事項については，電波監理審議会の専門的知識経験に基づく事実認定を尊重し，裁判所が証拠に基づく事実認定を行うことを留保するのを適当としたものと考えられる。」「(3)　平成16年法律第84号により行政事件訴訟法が改正され，差止めの訴えが創設された際には，行政不服審査法において事前差止めを求める異議申立ての制度は創設されておらず，また，裁決主義を定めた電波法96条の2の規定についても特段の手当てはされていない。そして，上記改正後の行政事件訴訟法の文言やその立法の経緯においても，取消訴訟について異議申立ての前置や裁決主義が採用されている場合には，差止めの訴えが不可能あるいは不適法となることなどが検討された形跡は認められない。」「しかしながら，差止めの訴えも取消訴訟と同じく抗告訴訟であるところ，仮に総務大臣の上記処分に対する差止めの訴えが適法であ

るとすると，行政事件訴訟法37条の4第5項に基づき，総務大臣が上記処分を
することがその裁量の範囲を超え，又はその濫用となるか否かが，電波監理審
議会の審理を経ることなく，地方裁判所において直ちに審理されることになる。
そうなると，専門的な知識経験については必ずしも十分ではない裁判所が，専
門家のした事実認定とそれに対する判断を具体的に知ることなくして，自由に
事実を認定し，同時に，その当否の判断をすることになる結果を是認すること
となり，事実については専門的な知識経験を有する行政機関の認定を尊重し，
裁判所はこれを立証する実質的な証拠の有無についてのみ審査し得るにとどめ
ようとする規定の趣旨を没却することになるというべきである。」「このような
点を考慮すると，行政事件訴訟法の上記改正に際して裁決主義を定めた電波法
96条の2について特段の手当てがされなかったことからすれば，同法は，行政
事件訴訟法の上記改正後においても，電波法又は同法に基づく命令の規定によ
る総務大臣の処分については，電波監理審議会の審理を経た後の決定に対する取消訴訟
のみを救済手段として予定していると解するのが相当であり，本件のような処分の差止
めの訴えは予定していないと解されるから，本件差止めの訴えは不適法というべきであ
る[58]」。また，控訴審である，東京高裁平成25年12月5日判決も，次のように述べて，控
訴を棄却した。「以上の点に加えて，行政事件訴訟法の上記改正以前には，行政庁の公権
力の行使の差止めを求めるいわゆる無名抗告訴訟の適法要件として，行政庁が当該処分
をすべきでないことが一義的に明らかであり，事前審査を認めないことによる損害が大
きく事前救済の必要性が顕著であり，かつ，他に適切な救済方法がないことが必要であ
ると解され，上記改正後には，行政処分の差止めの訴えは，一定の処分がされることによ
り重大な損害を生ずるおそれがある場合に限り提起することができ（行政事件訴訟法37
条の4第1項本文），その損害を避けるため他に適当な方法があるときはこの限り
でないものと規定されているが（同項ただし書），裁決主義及び実質的証拠法則
を定めた電波法の規定について特段の手当がされなかったことを併せ考慮すれ
ば，実定法の趣旨は，上記改正後においても，電波法又は同法に基づく命令の
規定による総務大臣の処分については，その処分によって生ずるおそれがある
損害を避けるための救済方法として，電波監理審議会の審理及び議決を経た後

58）訟務月報53巻8号2445～2446頁。

の決定に対する取消訴訟や電波法101条，82条1項に基づく総務大臣の措置命令のみを予定しているものと解するのが相当である。したがって，本件差止めの訴えは不適法というべきである[59]」。

東京地裁判決は，裁決主義に係る処分について差止めの訴えが認められないことを初めて判断したものである[60]。同判決は，①原処分への出訴を認めると，電波法が裁決主義，実質的証拠法則及び東京高裁への専属管轄を認めた趣旨，すなわち電波法の処分については専門機関である電波監理審議会の事実認定を尊重するということを没却させることになること，②平成16年の行訴法の改正で，差止めの訴えの創設について電波法96条の2などについて特段の手当がされなかったこと，の2点から差止めの訴えを不適法として却下した。そして，控訴審の東京高裁も，同じような理由を示して控訴を棄却した。両判決で問題となるのは，後者の判断すなわち行訴法の改正で特段の手当がなされなかったという理由では，差止めの訴えは，認められる余地はないことになる。また，東京地裁判決で示された，電波監理審議会での平均審理期間が2年弱であるとし，これを「必ずしも迅速性に欠けることにはならない」という判断をしているが，今日の常識と比較すると問題があるように思われる。

次に，砂利採取計画の認可に関する事案は，青森県知事等が行った砂利採取計画に対する認可の取消訴訟と併合して提起された新たな砂利採取計画に対する認可の差止めの訴えである。砂利採取の土地を所有する原告は，砂利採取に関する契約書を偽造して申請したとして，2つの訴えを提起したものであるが，青森地裁平成19年6月1日判決[61a]は以下のように述べて差止めの訴えは違法であるとしている。「差止めの訴え（行政事件訴訟法37条の4）は行政庁が一定の処分又は裁決をすることを差し止めるよう求めるものであるから（同法3条7項），その訴訟要件として，行政庁が一定の処分又は裁決をするがい然性が認められることが必要である」とした上で，「本件においては，被告も本件採石権設定契約書が偽造であるという原告の上記主張には相応の根拠があることを認めてお

---

59) LEXDB文献番号25421183。

60) 松本剛「判例評釈」行政判例研究会編『平成19年　行政関係判例解説』（ぎょうせい，2008年）173頁，名倉一成「解説」訟務月報53巻8号（2007年）2429頁。

61a) LEXDB文献番号28131346。

り，青森県知事から権限を委任されている上北地域県民局長においても，現時点においては，Ａに実体法上採取権限がないことをうかがわせる特段の事情があることを認識しているものと推認されるところ，Ａが今後も継続的に本件土地について砂利採取計画の認可申請をしたとしても直ちに認可を得られるということはない旨を被告が明言しているのであるから，上北地域県民局長においても上記認可をするがい然性があるとはいえないものと認めるのが相当である」し，「そうすると，本件訴えのうち，Ａに対する認可の差止めを求める部分については，処分のがい然性を欠くものとして，不適法である」としている。つまり，青森地裁判決は，裁決主義と関わりなく差止めの訴えをその訴訟要件の1つである，一定の処分が行われるがい然性という要件がないことから不適法としたのである。もう1件，砂利採取計画に関する認可や許可の取消しの訴えと差止めの訴えが問題となった事案がある。これは，長崎県知事が壱岐島の沖合のある地域についてＡ会社の砂利採取計画を認可し，同時に条例上の許可を与えたことから，砂利採取が始まると，漁業者が自分たちの漁業ができなくなるとして，認可と許可の取消訴訟と新たに出されるであろう認可と許可の差止めを求めたものである。この事案の場合，長崎地裁平成27年1月20日判決[61b)]は，裁決主義に言及することなく，原告適格がないなどとして訴えを却下している。さらに，土地改良法の土地改良事業計画について，今後予定されている換地処分の差止めの訴えが提起されたが，さいたま地裁平成27年1月28日判決[62)]は，既に換地処分がなされたという理由で，訴えの利益がないとして訴えを却下している。

(2)　裁決取消訴訟における問題点

裁決主義においては，原処分ではなく，原則として原処分に対する不服申立てを棄却する裁決についての取消しの訴えが認められる。この裁決取消訴訟においても，判例では，原告適格，裁決取消訴訟の併合提起に対する緩和及び取消判決の効力が問題とされている。以下検討する。

1)　原告適格，審査請求人と原告との同一性

裁決主義の場合には審査請求と訴えの双方を提起するが，これが同一人でな

61b) LEXDB 文献番号25505755。
62) 判例地方自治403号78頁以下。

ければならないのか，が判例で争点となっている。

　不服申立人と原告との同一性が問題となったのは，多数の者の利害に関わる
土地改良法87条10項の裁決主義である。川辺川利水訴訟事件や永源寺第二ダ
ム事件訴訟である。川辺川利水訴訟事件[63]においては，建設大臣（当時）が1984
（昭和59）年に川辺川ダムを中心とする農業用用排水事業，未整備既耕地の区画
整理事業及び山林原野を対象とする農地造成事業からなる国営の土地改良事業
計画を決定したが，1994（平成6）年に至って，農業情勢が変化したとして，施行
地域，主要工事計画及び事業費の変更を決定した。そして，関係農民がこの計
画に対して，大臣に対して異議申立てを行い，棄却されたことから，その棄却
決定の取消しを求めたものである。1審の熊本地裁平成12年9月8日判決は，
87条10項等は「いわゆる裁決主義を採用している。これは，国営又は都道府県
営の土地改良事業の変更計画において定められる事項が専門的技術的な内容に
わたるため，右異議申立てについての行政庁の判断を経ないで直ちに当該変更
計画の取消訴訟を提起し得るとすることが妥当でないことから当該変更計画に
不服がある者は，まず異議申立てをし，異議申立てを棄却する旨の決定を受け
た後に，右棄却決定の取消訴訟を提起し，右訴訟において当該変更計画の適否
を争うべきこととした趣旨を含むものである。」「このような法の仕組みなどに
かんがみると，ある者が，国営又は都道府県営の土地改良事業の変更計画に対
して異議申立てをし，右異議申立てを棄却する旨の決定を受けた場合において，
当該変更計画に対し異議申立てをしておらず右棄却決定の名宛人となっていな
い者が，右棄却決定の取消しを求める訴えを提起しても，両者が当該変更計画
に対し一体的な利害関係を有し，実質的にみれば，右異議申立てが同時に異議
申立てをせず棄却決定の名宛人となっていないのに訴えを提起した右の者のた
めの異議申立てであるといえるような特段の事情がない限り，右訴えを適法な
訴えと解することはできないというべきである[64]」。この控訴審である福岡高
裁平成15年5月16日判決も，異議申立人と原告との同一性を要求した熊本地裁
判決を踏襲した。ただし，熊本地裁が付した特段の事情の部分は削除してい

63）事案については，久末弥生「公法判例研究」北大法学論集56巻5号（2006年）2349頁以下が詳しい。
64）判例時報1769号31頁。

る[65]。また，2つの判決は，前記61年最判を引用していない。

　前記61年最判を引用して，不服申立人と原告との同一性を求めているのは永源寺第二ダム事件判決である。1994（平成6）年に，農林水産大臣は滋賀県内の愛知川流域地域を施行地域として永源寺第二ダムの新設を中核とする国営愛知川土地改良事業計画を決定したが，これに対して，関係農民を中心にして，決定に対して異議申立てがなされ，棄却決定及び却下決定がなされたことについて，異議申立人を中心に事業計画の決定及び異議申立てに対する決定の取消しが求められた。この永源寺第二ダム事件の1審である大津地裁平成14年10月28日判決も，異議申立人と原告との同一性を求めている。「裁決取消しの訴えは，当該裁決の取消しを求めるにつき法律上の利益を有する者に限り，提起することができる（行政事件訴訟法9条）ところ，法87条10項に基づく訴えは，直接的には同条7項による決定（土地改良事業計画決定についての異議申立てに対する決定）の取消しを求めるものであるから，原則として，訴訟提起者が異議申立ての手続を経ていることが予定されているものと解するのが相当であり，異議申立てを経ておらず，自己を名宛人とする決定がない者については，たまたま他の者が当該処分について同一の理由に基づいて異議申立てを経ていても，両者が当該処分に対して一体的な利害関係を有し，実質的にみれば，その異議申立てがその者のための異議申立てといえるような特段の事情が存しない限り，これらの者は裁決の取消しを求めるにつき法律上の利益を有する者に該当することはできず，これらの者が提起した異議申立てについての決定の取消しを求める訴えは，適法な訴えと解することはできないというべきである（最高裁昭和61年6月10日第三小法廷判決・判例時報1210号51頁参照）[66]」と。また，控訴審である，大阪高裁平成17年12月8日判決も61年最判を引用して，不服申立人と原告との同一性を求めている[67a]。

　ところで，裁決主義の見直しで確認したように，土地改良法87条10項の裁決主義は廃止された。したがって，多人数が関与する裁決主義はなくなったのではないか，と思われ，今後不服申立人と原告との同一性が問題となる事例はな

65）判例時報1839号34頁。
66）判例タイムズ1209号148頁。
67a）LEXDB文献番号28131608。

くなると思われる。

2)　裁決取消訴訟の併合提起と行政事件訴訟法20条の類推適用

裁決取消訴訟の併合提起に関して，行政事件訴訟法20条の緩和規定が類推適用されるのか，という問題があり，前述したように，肯定説と否定説があったが，多くの学説が肯定説を採り，判例もこれを認めていた。しかし，最近では，裁決主義なのに誤って処分取消しの訴えを提起しその後裁決取消しの訴えを併合提起した場合に20条の規定を類推適用することに消極的な否定説が増えている[67b]。行政事件訴訟法の制定時には，20条の類推適用を考える余地があったが，制定時から時間が経過し，裁決主義を間違うこともあまりなくなったことが背景にあると考えられる。とはいえ，部分的裁決主義の固定資産税の争訟手続については，別の考慮が必要と思われ，これについて判例は，明確ではないが，肯定説あるいはそれに代替する説を採っているとみられる。

1件だけ該当するものがある。事案は，固定資産税の裁決主義に関するものであり，原告が所有する家屋について，①被告東京都（代表者都知事）に対して，処分行政庁がした本件家屋に対する平成20年度固定資産税賦課決定処分及び都市計画税賦課決定処分（以下「本件各処分」という）につき，本件家屋に設置された昇降機設備（エレベータ）の所有者は原告でなく別会社のものであるとし，本件各処分の取消しの訴え（A事件）と，②被告東京都（代表者東京都固定資産評価審査委員会）に対し，本件家屋に係る平成20年度固定資産課税台帳の登録価格の見直し（減額）を求めて地方税法432条1項の規定に基づき審査申出（以下「本

67b)　田部井彩は，現在の学説について「多様な立場が存在」（同「訴えの併合・変更と出訴期間」千葉大学法学論集28巻1・2号（2013年）504頁）すると総括している。この点で，磯村篤範，野呂充は，類推適用を肯定すべきである（同「20条の解説」室井力＝芝池義一＝浜川清編『行政事件訴訟法・国家賠償法〔第2版〕』（法律文化社，2006年）244頁）とするが，これに対し，伊東健次は，学説では否定説が有力である（同『ケーススタディ　行政訴訟の実務』（ぎょうせい，2014年）23頁）とし，福渡裕貴も否定説を妥当とする（同「諸種の訴えの併合及び訴えの変更」小早川光郎＝青柳馨編『論点体系　判例行政法2』（第一法規，2017年）216～217頁）。ただし，田部井，伊東及び福渡が否定説として挙げるのは，市村陽典（同「20条解説」南博方＝高橋滋編『条解　行政事件訴訟法〔第3版〕』（弘文堂，2006年）414頁及び同「20条解説」南博方＝高橋滋編『条解　行政事件訴訟法〔第3版補正版〕』（弘文堂，2009年）429頁）であったが，最近では，本文の判例を受けてか，市村陽典は否定説を主張していない（同「20条解説」南博方＝高橋滋編『条解　行政事件訴訟法〔第4版〕』（弘文堂，2014年）449頁）。

件審査申出」という）をしたのに，審査の申出ができる事項でないとして，同委員会がこれを却下する旨の決定（以下「本件決定」という）をしたことが違法である旨主張して，本件決定の取消しを求める訴え（B事件）が選択的に併合された事案である。東京地裁平成22年9月29日判決は，以下のように述べてB事件の提訴は出訴期間を経過していないとした。「行政事件訴訟法20条は，同法19条1項前段の規定により，処分の取消しの訴えをその処分についての審査請求を棄却した裁決の取消しの訴えに併合して提起する場合には，出訴期間の遵守については，処分の取消しの訴えは，裁決の取消しの訴えを提起した時に提起したものとみなす旨定めている。これは，同法10条2項がいわゆる原処分主義を採用し，原処分の違法は原処分の取消しの訴えによってのみ争うべきものとし，原処分を正当として審査請求を棄却した裁決の取消しの訴えにおいては原処分の違法を争うことができず裁決に固有の違法のみを争うべきものとしたが，何が裁決の固有の瑕疵に当たるかが必ずしも明確ではないところから，誤って原処分の違法を理由に裁決の取消しの訴えを提起する者があることが予想され，そのため出訴期間の徒過等により救済を受ける機会が失われることを防止するために設けられた規定であると解される。」「他方，本件は，原告の不服が固定資産課税台帳に登録された価格についてのもの（審査申出事項）に当たるとすれば，地方税法434条2項によりいわゆる裁決主義が採用され，当該不服については委員会の決定の取消しの訴えの方法のみによって争うことができるとされている（逆に，これに当たらないとすれば，当該不服は原処分ともいうべき賦課決定処分（本件各処分）の取消しの訴えによって争われることになる。）場合である。行政事件訴訟法においては原則として原処分主義が採られ，裁決主義は例外とされており，殊に本件のような場合には，賦課決定処分の取消しの訴えを提起すること自体は禁止されておらず，当該不服が固定資産課税台帳に登録された価格についてのものに当たるか否かによって採るべき争訟方法が異なるという特殊性があるところ，登録された価格についての不服に当たるか否かの判断が微妙な事案においては，委員会の決定の理由いかんにより，上記委員会の決定の取消しの訴えによるべきなのに誤って賦課決定処分の取消しの訴えを提起する者が現れることもあり得るところであり，そうした者が救済を受ける機会を保障する必要があることについて行政事件訴訟法20条の場合と変わらない場合も

あるものというべきである。そして，前提事実によれば，原告は，〔1〕委員会に対する本件審査申出と本件各処分の取消しを求める審査請求を相次いで行い，審査請求を棄却する旨の裁決を平成21年3月3日に受け，同月6日には，本件審査申出に対して，審査申出事項に当たらないことを理由にこれを却下する旨の本件決定を受けた（同月10日これを知った）こと，〔2〕このため，同年6月30日に本件各処分の取消しの訴えであるA事件の訴えを提起したところ，その後，被告（代表者東京都知事）から，本件登録価格に対する不服を本件各処分の取消理由として主張していることになる旨の主張がされたことなどもあって，平成22年2月1日に行政事件訴訟法19条1項の規定に基づき本件決定の取消しの訴えであるB事件の訴えをA事件に併合して提起したことが認められる。原告の不服の内容がA事件とB事件とで同一であることも，その主張から明らかである。これらの事実に基づき，上記同法20条の趣旨にもかんがみて検討すれば，B事件の訴えは，平成21年3月10日から6カ月の出訴期間内である同年6月30日に提起されたものと同視すべきであり，少なくとも，出訴期間を遵守することができなかったことにつき『正当な理由』（行政事件訴訟法14条1項ただし書）があるものというべきである[68]」と。この判決は，19条1項にもとづいて併合された裁決取消しの訴えについて出訴期間に問題はないとしたものであり，20条を類推適用したものではない。しかし，判決文の中にみられるように，20条の趣旨を生かして19条を適用したものといえよう。とくに，本論文で指摘した，地方税法が採用する部分的裁決主義の問題について，納税者が争訟手続を誤る場合があるという視点から，出訴期間の遵守を認めたともいえよう[69]。20条の類推適用あるいは19条の緩和的な適用，どちらにしても，納税者の争訟手続上の立場に配慮したものである[70]。

68）判例時報2108号43頁。

69）ただし，本判決について，「このように本件では，本件登録価格を争う意思の有無よりはむしろ，固定資産税訴訟における争訟方法の特殊性や本件における訴訟経緯の特殊性を理由に，行訴法20条の趣旨を考慮して出訴期間の遵守如何を判断したところに特徴がある」（今本啓介「判例評釈」判例時報2130号（判例評論635号）149頁）という指摘も，経緯の特殊性が固定資産評価審査委員会が審査申出を却下したという事実であることから，部分的裁決主義の問題点として捉えることができるのではないかと思う。

70）この点，田部井彩は，20条の類推適用の方が救済の範囲が広いと判断している。参照，田部井彩

3) 裁決取消判決の効果

　裁決主義の下における裁決取消訴訟の取消判決は，原処分に対してどのような効果を持つのであろうか。これは，裁決主義における裁決取消判決の形成力の問題である。

　判例では，行政事件訴訟特例法の規定に基づく裁決取消訴訟についての最高裁昭和50年11月28日第三小法廷判決に関して議論がなされている。事案は，1948（昭和23）年に大阪市東住吉区農地委員会がX所有の農地を自作農創設特別措置法上の小作地に当たるとして買収計画を定め買収処分をしたが，これに対して，Xは，当該小作地に当たらないとして同委員会に対して異議を申立てた後に，大阪府農地委員会に対して訴願を行ったが，これは同委員会から裁決で棄却されたので，大阪地裁に対して，右裁決の取消しの訴えを提起し，同地裁がこの訴えを認容し，同判決は確定した。一方，問題となった農地は，Aへの売渡処分やBへの転売，再転売を経てYの所有となっている。争点となったのは，XがYに対して提起した登記の抹消や土地明渡の請求の訴えの中で，この確定判決の効力，すなわち，裁決を取消す判決によって裁決の原処分である買収処分も取消されたのか，ということである。最高裁は，次のように述べて，裁決取消判決によって原処分である買収処分も取消されたと判示した。「農地買収計画処分についての訴願を棄却した裁決に対して，買収計画処分及び裁決を受けた者から買収計画処分の違法であることを理由に行政事件訴訟特例法（昭和37年法律139号によって廃止）による裁決取消の訴が提起され，右訴について買収計画処分の違法を理由として裁決を取消す判決がされ，右判決が確定したときは，その買収計画処分の違法であることが確定して右処分は効力を失うと解するのが相当である。けだし，原処分の違法を理由として裁決を取消すことができる行政事件訴訟特例法のもとにおいては，原処分の違法を理由とする裁決取消の訴は実質的には原処分の違法を確定してその効力の排除を求める申立てにほかならないのであり，右訴を認容する判決も裁決取消の形によって原処分の違法であることを確定して原処分を取り消し原処分による違法性状態を排除し，右処分により権利を侵害されている者を救済することをその趣旨とし

_____

　「判例評釈」自治研究89巻7号（2013年）136頁。

ていると解することができるのであり，また，これと反対に，このような裁決
取消が原処分の効力に影響を及ぼさず，原処分の失効には原処分の取消の判決
あるいは新たな処分を要すると解すると，違法な処分を受けた者の権利救済に
十分でないのみならず，原処分の取消の訴と裁決取消の訴の重複，その各判決
の抵触，原処分取消の行政処分の遅滞による違法状態の継続，右の新たな行政
処分についての紛争の惹起等，種々不合理な事態を生ずることになるからであ
る[71]」と。この判示は，旧土地改良法87条10項の裁決主義が問題とされた永源
寺第二ダム事件での第1審である大津地裁平成14年10月28日判決[72]と控訴審
である大阪高裁平成17年12月8日判決でも明確に踏襲されている。後者の大
阪高裁判決は次のように述べている。土地改良「法は，国営土地改良事業計画
の決定について行政不服審査法による不服申立てをすることができないものと
する一方，農林大臣のした事業計画の決定に不服のある者は，これに対する異
議申立て及び異議申立てについての決定に対する取消しの訴えを提起すること
ができるとし，しかも，規定の文言からして，行政事件訴訟法10条2項本文の
例外としての裁決主義，すなわち原処分である土地改良事業計画の取消しの訴
えの提起を許さず，裁決である異議申立てについての決定の取消しのみ認めて
いると解するのが相当である（最高裁昭和61年2月13日第1小法廷判決・民集40巻1
号1頁参照）。このような不服申立方法を規定したのは，土地改良事業が，各種
各様の利害関係を有する自治体，個人の意見を集約する手続の必要性と内容に
おける専門性・技術性のため，最終的に事業の内容を定めることとなる土地改
良事業計画の決定について，さらに，専門技術者の意見を踏まえた農林水産大
臣の異議の決定を経た上で審理判断されることとする方がより合理的であると
解される。そして，このような裁決主義が採られている以上，上記の異議申立
てにつきされた決定に対する取消しの訴訟においては，その異議についての決
定の固有の違法事由のみならず，土地改良事業計画の決定自体の違法事由も主
張することができるものと解され（行政事件訴訟法10条2項の反対解釈），土地改
良事業計画の決定自体が違法であることを理由に異議についての決定を取り消

71）民集29巻10号1797頁。
72）判例タイムズ1209号148頁。

す旨の判決が確定したときは，原処分である土地改良事業計画の決定自体も取り消されたものとして，その効力を失うものと解するのが相当である（行政事件訴訟特例法の当時の裁決取消訴訟についての最高裁昭和50年11月28日第三小法廷判決・民集29巻10号1797頁参照）。行政事件訴訟法33条2項の規定は，同法10条2項が適用になるいわゆる原処分主義が妥当する処分の取消訴訟において，裁決がその固有の違法事由によって取り消された場合についての規定であると解すべきであり，裁決主義がとられ，裁決の取消訴訟において原処分に取消事由となる違法があると判断されてその裁決を取り消す判決が確定した場合には，適用がないものと解される。その場合には，原処分に取消事由があるとの司法判断がすでに確定したことにより，処分庁が更に異議申立てについての判断をするまでもなくなると解される[73]」と。以上のように，判例は，昭和50年の最高裁判例に従っているといえる。

　ところで，学説をみると，①原処分の違法を理由に裁決を取消す判決が確定した場合，原処分も効力を失う，②裁決の取消判決の効力は原処分には及ばない，③裁決取消判決の効力が原処分に及ぶかどうかは事案に即して個々に検討すべきである，という3つがあるようである[74]。①は判例の立場である。②は奥津征男がとっている。奥津は，この問題を拘束力の問題として捉えて，まず，①については，裁決取消判決によって判断される原処分の違法性も様々なものがあるとして，一律に原処分の取消しに導く①に反対し，③の個別説については，「訴訟制度の趣旨ないし判決の効力の問題として一義的に決まるべき問題として」反対し，「②により，裁決取消判決によって原処分の効力が自動的に失われるわけでないとした上で，裁決のやり直し過程において拘束力に基づき違法性の是正を図るのが妥当であろう」として，近藤昭三の見解を支持している[75]。③の説が多数説のようであり[76]，私も支持する。ただし，③の説は，固定

73）LEXDB文献番号28131608。ただし，この判旨は，原処分である土地改良事業計画の決定に対する訴えを提起することができないという部分に向けられたものである。

74）正木宏長「判例評釈」行政判例百選Ⅱ〔第7版〕（2017年）383頁。

75）奥津征男「33条の解説」南博方他編『条解　行政事件訴訟法〔第4版〕』（弘文堂，2014年）684頁）。

76）正木宏長・前掲注74）383頁，中込秀樹他・前掲注55）202頁，田尾亮介「不服審査手続との関係」小早川光郎＝青柳馨編『論点体系　判例行政法2　行政訴訟』（第一法規，2017年）165頁。

資産税の裁決主義に関する判決[77]等を参照し，根拠を見出していると思われるが，前述したように，固定資産税の裁決主義は部分的裁決主義であり，しかも，原処分は価格というものであるため，他の裁決主義と異なることから，固定資産税の裁決主義の判決を根拠にすることは問題があるように思われる。

裁決取消判決の既判力も，判例では問題とされている[78]。すなわち，裁決取消判決が確定した場合，当事者が後の訴えでこれに反する主張をすることができるかである。札幌地裁昭和45年4月17日判決は，労働基準監督署長の遺族補償申請棄却処分の違法を理由に労働災害補償保険審査会の訴願棄却裁決の取消しの訴えが提起されたもので，次のように述べて，請求棄却判決が確定した以上，その後の国家賠償請求では，原処分に関する判示を含めてその判決に反する主張はできないとした。「原処分の違法を理由とする裁決取消訴訟にあつては，形式的には裁決の取消しが求められているにすぎないにしても，実質的には原処分の違法事由そのものが取消原因（形成要件）として審理の対象とされるのである。このような場合にも訴訟の対象となつているのはあくまでも裁決の違法性の有無であり，たまたま原処分にも共通する違法原因があるにすぎないとするとらえ方もできなくはないが，行政事件訴訟法10条2項の文言や訴願制

77）根拠として挙げられるのは，最高裁平成17年7月11日第二小法廷判決である。同判決は次のように述べている。「土地課税台帳等に登録された基準年度の土地の価格についての審査決定の取消訴訟においては，審査決定の実体上の適法要件として，固定資産評価審査委員会の認定した価格が基準年度に係る賦課期日における当該土地の適正な時価又は評価基準によって決定される価格（以下，両者を併せて「適正な時価等」という。）を上回るものでないかどうかが，審理され，判断される（最高裁平成10年（行ヒ）第41号同15年6月26日第一小法廷判決・民集57巻6号723頁参照）。このように審査決定の取消訴訟においては固定資産評価審査委員会の認定した価格の適否が問題となるところ，裁判所が，審理の結果，基準年度に係る賦課期日における当該土地の適正な時価等を認定した場合には，当該審査決定が金額的にどの限度で違法となるかを特定することができるのである。そして，上記の場合には，当該審査決定の全部を取り消すのではなく，当該審査決定のうち裁判所が認定した適正な時価等を超える部分に限りこれを取り消すこととしても何ら不都合はなく，むしろ，このような審査決定の一部を取り消す判決をする方が，当該土地の価格をめぐる紛争を早期に解決することができるものである」（民集59巻6号1201～1202頁）。この判決は，一部取消判決を認めたものである。価格に関する，固定資産評価委員会と裁判所の役割分担が問題となっていると解すればよいと考える。裁決主義といっても，他の裁決主義とは異なるのである。
78）高橋新平「判決の効力」小早川光郎＝青柳馨編『論点体系　判例行政法2』（第一法規，2017年）513頁。

度が原処分に対する準司法的な不服審査制度であることからみて，そのような
とらえ方には賛成できず，むしろ原処分の違法性そのものが裁決取消の形成要
件として訴訟の対象とされていると解して差し支えないと考える。それゆえ，
原処分の違法を理由とする裁決取消訴訟の判決は，裁決のみならず，原処分の
違法性の存否についての判断をもその主文中に包含しているものというべく，
したがつて，原処分の違法性の存否についても既判力を生ずるとするのが相当
である[79]」と。ところが，大阪地裁平成15年7月3日判決は，土砂採石不許可処
分や許可の取消処分が違法であるとして国家賠償請求が提起されたものである
が，以下のように述べて上記判決とは異なった判示をしている。「確かに，審査
指針等の定めに則った本件処分を適法とした裁定の判断に原告主張のような違
憲違法はないとした裁判所の判断には実質的に，本件処分について本訴で原告
が主張しているような違法がないと判断している部分も含まれている。しかし，
裁定取消訴訟においては，実質的な証拠があるときに裁定委員会の認定した事
実に拘束されるという制約の下で（鉱業等に係る土地利用の調整手続等に関する法
律52条），同法54条各号に掲げる事項の有無が判断されるのであって，本件処
分の国家賠償法上の違法事由の有無そのものが直接判断の対象とされているの
ではないから，本件処分が実質的に適法であると確定したものとして，違法事
由の主張が既判力によって排斥される場合と同視し得るとまではいえない[80]」
と。後者は，現在通説である違法性二元論に従った判示なのであろうか。

おわりに

本論文では，最初に，裁決主義の分類を試みた。裁決主義といっても，様々
な類型があることが分かったと思われる。とくに，固定資産税の裁決主義は部
分的裁決主義というもので，他のそれとは異なっている。次に，行政不服審査
法の見直しの作業から，裁決主義の見直しの結果を確認し，その作業により土
地改良法の裁決主義のように廃止されたものもあるが，実質的証拠法則などの
準司法的手続や不服申立ての大量性から存続を認められた裁決主義もかなりあ

79）判例時報612号48頁。
80）判例地方自治262号57頁。

る。ただし，裁決主義は当事者の裁判を受ける権利を制約する可能性が高いので，当事者の権利を侵害しないような配慮が必要であることは指摘した通りである。

　次に，救済制度として裁決主義の問題点を行政事件訴訟法の制定当初の議論と最近の判例を踏まえた議論の2つに分けて検討した。その結果，裁決主義に関して，判例は，無効等確認の訴えを認めた判例，さらには不作為の違法確認の訴えを認めた判例にみられるように，個別主義すなわち，裁決主義を定めた個々の法律の解釈から訴えの類型や訴えの変更を認めようとする傾向が顕著になっていると思われる。さらに，差止めの訴えに関する東京地裁判決にみられるように，2004（平成16）年の行政事件訴訟法の改正作業からそれが認められるのかを検討するものもあり，こうした検討方法では，結局訴えが認められない傾向が強いと思われる。ややもすれば，裁決主義に差止めの訴えや義務付けの訴えを認めるには，新たな立法が必要であるということにもなろう。思い付きで申し訳ないが，差止めの訴えや義務付けの訴えを認めることは専門機関の意見を聴くという裁決主義の要めを否定し許されないという考え方については，裁判でその専門機関の鑑定意見を求めることで代替できるのではないかと思うのであるが，どうであろうか。

　それから，部分的裁決主義である，固定資産税にかかる争訟手続について以下の問題点を確認できる。固定資産の価格の不服については，固定資産評価審査委員会への審査の申出とその裁決に対する取消しの訴え（裁決主義）という手続があり，他方，固定資産の非課税などの価格以外の問題については，課税処分に対する市町村長に対する通常の不服申立て（前置）と課税処分の取消しの訴えと裁決の取消しの訴えが認められる。この2つの区別は明確ではあるが，区別の境界に不明な部分もあり，その場合，行政事件訴訟法19条の訴えの追加的併合や20条類推適用の議論にみられるように，納税者の立場を考慮した法解釈が必要であるといえよう。さらに，固定資産評価審査委員会の委員について，小さな市とか町村では適任者を探すことは困難であることから，機関の共同設置（自治252条の7）が主張されている[81]。この提案には首肯できるが，その場合

81）碓井光明・前掲注14）425頁。碓井光明は，不動産取得税に関する不服申立て事務を当該不動産の

には，他方の裁決庁である市町村長との権限の区分についての調整が必要となると思われる。すなわち，一方の裁決事務を共同にし，他方を共同にしないとすれば，共同の事務処理が難しくなるように思われる。

最後に，裁決主義に関する立法論があることを知った。すなわち，行政計画の司法審査に対して裁決主義を導入するもので，2006年に研究報告が出されているとのことである[82]。都市計画に裁決手続を導入し，都市計画について関係する市民から審査請求を出させ，その審査請求の中で審査庁が計画の違法性を判断し，裁決を出し，また，市民からその裁決の取消しの訴えを提起させ，計画が違法と裁判所で判断されても，計画が取り消されないことと裁決の内容及び手続に変更などが認められることの2点が要点のようである[83]。裁決主義の問題点ばかり気にしていたが，裁決主義にも利点もあるのだと感心させられた。

所在地の固定資産評価審査委員会に委託することも提案している。参照，碓井光明「不服申立制度と行政争訟制度の関係に関する総論的考察——租税事件にも留意して」自治研究95巻2号（2019年）17頁。なお，不服申立てに関する審査事務を条例設置機関に委託できるかどうかという問題もある。その問題については，碓井光明「行政不服審査法改正と地方税に関する不服審査」日税研論集71号（2017年）187頁以下が詳しい。

82）大橋洋一『対話型行政法の開拓線』（有斐閣，2019年）324頁。
83）大橋洋一・前掲注82）326頁。

第6章　不明所有者と裁定──土地所有者不明問題から

はじめに

　最近，所有者の不明な農地，森林や土地が社会的に問題とされ，新聞[1]や書籍[2]などで言及されることが多くなった。よく考えてみると，物を捨てる，放棄することがまちづくりや地域づくりの視点から問題とされたのは，放置自転車，放置バイク及び放置自動車問題に始まり，そして，空き地や空き家問題に展開していったように思われる。そして，最近では，所有者の不明な農地や山林，さらには都市における所有者の不明な土地が問題となっている。所有者の不明な農地では，農地の集積の妨げになる，草などが繁茂して隣の農地に悪い影響を与えるというものである。こうした所有者不明の土地，農地や山林について，行政が行う措置について法律で対策がたてられている。

　本稿では，土地等の所有者不明問題について行政が行う施策について掘り下げて検討していきたい。最初に，放置自転車，空き家問題，そして土地等の所有者不明問題の概要を明らかにし，そして，個々の土地等の所有者不明問題について，どのような行政上の措置がなされているのか[3]，を概観する。問題は，

1）例えば，「負動産時代　迫られる対応1〜4」朝日新聞2017年12月5日〜8日の各朝刊を参照されたい。とりわけ，同12月5日の紙面では，土地を国に引き取ってもらう訴訟を起こした司法書士の話を掲載している。

2）吉原祥子『人口減少時代の土地問題──「所有者不明化」と相続，空き家，制度のゆくえ』（中央公論新社，2017年），所有者の所在の把握が難しい土地への対応方策に関する検討会『所有者の所在の把握が難しい土地に関する探索・利活用のためのガイドライン〔第2版〕』（日本加除出版，2017年），飯國芳明＝程明修＝金泰坤＝松本充郎編『土地所有権の空洞化──東アジアからの人口論的展望』（ナカニシヤ出版，2018年）。

3）角松成史の「過少利用時代における所有者不明問題」（土地総合研究25巻2号（2017年））17頁以下も，森林法や農地法の裁定を紹介するものである。

放棄した不明者や放棄された物に対してどのような措置が取られているのか，である。その措置の中の中核的なものと思われる裁定を取り上げ，それが行政法学上，どのように位置づけられるのかを検討し，さらに，その法的論点やその在り方などを検討する。

I　所有者不明問題と行政手法

1　放置自転車問題

　放置自転車の問題[4]とは，昭和50年代頃からみられる通勤，通学に使用する駅やスーパー等の周辺に放置された大量の自転車のことであり，そのことによって，人の交通が妨げられたり，また交通事故の原因となったり，さらには生活環境や美観を害したことである。放置の原因としては，まず，駅前に適当な駐輪場がないために，路上に一時的に駐車することが挙げられる。また，盗まれた自転車が放置される場合とか，老朽化した自転車を放置することが考えられる。そして，こうした放置自転車について，その対策として，交通の妨げにならないように移動し，保管し，所有者が現れた場合には，保管料を取るが，現れない場合には，売却又は廃棄するということが考えられた。しかし，そういう措置とくに売却又は廃棄が憲法の保障する財産権に関わる問題なので，条例だけで対応することができないため，そのような措置ができるよう法律の改正が望まれていた。ようやく，1993（平成5）年に自転車法が改正され，そうした対策が可能となった[5]。すなわち，まず，駅前の良好な環境を確保するため，市町村や鉄道事業者等に放置自転車の撤去努力義務が課される（法5条6項）。そして，条例により，市町村長に放置自転車を撤去，保管する義務を課し（法6条1項），また，保管した場合にはそれを公示する義務を課する。そして，「公示の日から相当の期間を経過してもなお当該自転車等を返還できない場合においてその保管に不相当な費用を要するときは，条例で定めるところにより，当該自転車等を売却し，その売却代金を保管できる」とし，売却できないときは，廃棄などを

4）この問題については阿部泰隆「放置二輪自転車対策の法と政策（上），（下）」自治研究60巻1号（1984年）19頁以下，2号（1984年）16頁以下を参照されたい。

5）法律の改正については，阿部泰隆『政策法学と自治条例』（信山社，1999年）174～179頁を参照されたい。

することができるとした（法6条3項）。そして，公示から6カ月を経過しても引き取り手が居ない場合には所有権が市町村に帰属することになった（法6条4項）。条例では，放置自転車区域の設定，移動や保管の手続，及び保管料などを規定することになる。条例制定の状況をみると，現段階での問題は，「公示から相当の期間」をどのように考えるかである。例えば，福岡市放置自転車対策条例及び施行規則では，1カ月の期間を経過すれば，「その保管に不相当な費用を要するとき」として売却等の処分できることになっている（条例12条，施行規則10条）。なお，放置された自転車等が廃棄物となるのかという問題もあるが，ここではこの問題には触れない[6]。

　法律には駐車対策協議会の設置を規定するが，放置自転車対策の要は駅前に自転車駐車場を設置することであった。とはいえ，駐車場に使う土地や施設が少ないため，必要な駐車場の設置が実現されないことが多い。また，捨てられた自転車もあることから，放置された自転車を除去することも重要となる。それが「公示の日から相当の期間を経過してもなお当該自転車等を返還することができない場合」に売却等の処分ができるというものである[7]。すなわち，公示から設定された期間を経過した後に処分するという措置であった。公示から6月が経過した場合の所有権の移転も同じように考えることができる。

2　空き家問題

　空き家問題とは，所有者が放置した空き家について，①倒壊事故が発生する，とくに，豪雪地帯においては悲惨な事故につながる，②放火による空き家での火災や延焼事故が起きる，③強風による空き家の屋根や外壁等が落下したり，飛散する事故が起こる，④不審者が不法に侵入したり，滞在し，犯罪の温床になりやすい，⑤空き家の敷地にごみが放置・投棄され，異臭や害虫が発生する，⑥空き家敷地内での雑草の繁茂や樹木の越境問題が起こる，⑦空き家があると，地域の活性化に支障をきたす，等である[8]。空き家問題については，2010年に

6）放置自転車等が廃棄物となるのかという問題については，阿部泰隆『廃棄物法制の研究』（信山社，2017年）69頁以下を参照されたい。

7）なお，売却した後に元の所有者の返還請求等との関係については，阿部泰隆『まちづくりと法』（信山社，2017年）149〜165頁が詳しく検討している。

所沢市が空き家対策条例を制定してから，この問題が社会的に関心を呼び，条例で対応する市町村が多かった[9]が，以下のような課題[10]もあった。①所有者の了解を得ないで敷地や家屋内部に入ることは許されるのか，②固定資産税課税台帳の情報を所有者を割り出すために使用すること（個人情報の目的外利用）は許されるのか，③固定資産税の特例措置は空き家について排除できないのか，④代執行について，条例を根拠に執行できるのか，である。こうした問題を認識してか，国会が動き，2014（平成26）年11月19日に，「空家等対策の推進に関する特別措置法」（平成26年法律127号）が成立し，さらに，空き家について「平成27年の地方税法等の一部を改正する法律」で固定資産税及び都市計画税の優遇措置がなくなり[11]，一応の法的整備を終えたようである。

　それでは，空き家について法律で認められた措置を確認してみよう。9条では，「市町村長は，——空家の所在及び当該空家等の所有者等を把握するための調査その他空家に関しこの法律の施行のために必要な調査を行うことができる」と調査権限が認められた。調査を行う場合には「5日前までに，当該空家等の所有者等にその旨を通知」（9条3項）するが，所有者等に連絡を取ることが出来ないときには，通知は除外されている。そして，10条で，固定資産税の情報を空家の所有者を割り出すために使用することが認められている。そして，14条では，「特定空家[12]に対する措置」として，市町村長は，所有者等に対して，第一に，除却，修繕，伐採等の周辺の生活環境の保全を図るために必要な措置をとるよう助言又は指導することができる（1項）。第二に，助言又は指導しても，特定空家等の状態が改善されないときは，市町村長は，同じ措置を勧告するこ

8）北村喜宣＝米山秀隆＝岡田博史編『空き家対策の実務』（有斐閣，2016年）6〜7頁。
9）条例にも，建築基準法施行条例型のものと建築基準法から独立した条例の2つのタイプがあり，対策法律が制定された時点で，401の条例が制定されていたようである。北村喜宣＝米山秀隆＝岡田博史・前掲注8）9頁。
10）北村喜宣＝米山秀隆＝岡田博史・前掲注8）13頁。
11）北村喜宣＝米山秀隆＝岡田博史・前掲注8）46頁。
12）特定空家とは，「そのまま放置すれば倒壊等著しく保安上危険となるおそれのある状態又は著しく衛生上有害となるおそれのある状態，適切な管理が行われていないことにより著しく景観を損なっている状態その他周辺の生活環境の保全を図るために放置することが不適切である状態にあると認められる空家」（法2条2項）である。

とができる（2項）。そして，市町村長は，勧告を受けた者が，正当な理由がなくその措置をとらないときには，「とくに必要があると認めるときは，その者に対し，相当の猶予期限を付けて，勧告に係る措置をとることを命ずることができる」（3項）。ただし，命令をする場合には，その措置の内容と理由を所有者等に通知し，そして，措置を取らなかったことの理由を確認するための意見書の提出や公開の聴聞を実施すことを要求している（4〜8項）。命令した場合には，その旨の標識の設置とその公示を求めている（11項）。そして，市町村長は，最終的な措置として，命令しても「その措置を履行しないとき，履行しても十分でないとき又は履行しても同項の期限までに完了する見込みがないときは，」代執行することができる（9項）。その場合，「過失がなくてその措置を命ぜられるべき者を確知することができないとき」も，「相当の猶予期限を定めて」行うことを公告し，代執行することができる（10項）[13]。

　以上の法律上の規定をみると，この法律の主眼は，空家の所有者を特定し，その所有者に対して，適切な措置，管理を行わせることにあるようである。このことは，立ち入り調査が所有者把握のために認められている（9条1項）ことや所有者の把握のために固定資産税の情報等の利用（10条）に現れている。また，適切な管理を行わせるための過料の設定（16条）もそうであろう。さらに，所有者が不明な場合に行われる代執行でも，「その者の負担」として所有者が発見されることを予定している。不明所有者に対する措置としては，適切な措置をとることの命令の公示と掲示，さらには公告の後に行われる代執行，略式代執行である。

　ところで，空き家問題の最終的な解決を困難にしているのは，土地の所有者が特定できないことのようである。例えば，熊本地震では，所有者に連絡ができないため，地震で傾いた空き家の解体ができなく，復興を遅れさせている要因になっていたようである[14]。

3　所有者不明問題

　次に，いわゆる土地の所有者不明問題の概要とその対策をみることにする。

13）この略式代執行は，2017年現在で，35件行われている。参照，吉原祥子「土地の『所有者不明化』
　と制度の課題」法律のひろば70巻8号（2017年）4頁。
14）吉原祥子・前掲注13）4頁。

土地の所有者不明問題は，とくに相続に際し関係人が登記手続をしないこと等により，現実の所有者が不明であることであろう。このことは，死亡者課税[15]を引き起こしたり，都会では，道路など公共事業を行う際に必要な土地に所有者が不明な土地があるため事業が進まない，農村では，大規模な農業経営をしようにも所有者の不明な農地があるため農地の集約化が進まない，そして，森林については，森林の適正な管理をしようにも所有者が不明のため困難をきたしている，という形で現れている[16]。この問題は，土地制度とくに所有者情報についての整備の遅れが引き起こしたものであるが，他方で，人口が減少し，そのために利用されない土地が増えていることも大きな要因であり[17]，なかなか対応は難しいようである。それでは，以下，農地，森林そして都会における所有者不明問題の概要，それに対する行政上の措置などをみることにする。

(1) 所有者不明の農地

最初に，農地における所有者不明問題の概要をみることにする。農林水産省の2016（平成28）年の実態調査[18]によれば，相続未登記農地は47.7万 ha でそのうち遊休農地は2.7万 ha で，さらに相続未登記のおそれのある農地が45.8万 ha でそのうち遊休農地は2.7万 ha である。その結果，相続未登記で問題となる農地は93.4万 ha で，我が国の農地447万 ha の20.8％であるが，実際には，その14.8％には事実上の管理者が居て耕作されており，いわゆる管理されていない農地は5.4万 ha で，総面積の6％である[19]。

相続未登記農地や利活用されていない農地については，2009（平成21）年に行われた農地法や農業経営基盤強化促進法（平成21年法律57号）により導入された改革が有効であるとされる。2009年の改革は「農地貸借の自由化」と呼ばれ[20]，

---

15) 吉原祥子・前掲注13) 6頁

16) 国土交通省政策統括官付「『所有者の所在の把握が難しい探索・利活用のためのガイドライン』について」法律のひろば70巻8号（2017年）13頁。

17) 「この問題は，人口減少・高齢化という社会の変化と，右肩上がりの経済成長を前提とした現在の土地制度の間の乖離という構造的な課題である」（吉原祥子・前掲注2) 174頁）。

18) 飯塚康太「所有者不明農地（相続未登記農地）その利活用について」法律のひろば70巻8号（2017年）30〜31頁。

19) 飯塚康太・前掲注18) 31頁。

20) 原田純孝「新しい農地制度と『農地貸借の自由化』の意味」ジュリスト1388号（2009年）13頁。

改革内容は，多岐にわたるが，その中の，①共有農地の賃借においては全員の同意が要求されていたが，農業経営基盤強化促進法の改正により，これが共有持分の過半数により認められ（基盤法18条3項3号ただし書），5年の利用権（賃借権）の設定が容易になったこと，②農地法の改正により，所有者不明農地について裁定が導入され，5年間の利用権の設定ができるようになったことが，相続未登記農地や遊休農地の利活用に役に立つとされている[21]。

　以下では，②の手続について概観することにする。裁定は，2005年の農業経営基盤強化法の改正により導入され，それが2009年の法改正により農地法に移され[22]，同時に，所有者不明農地にも拡大されている。それでは，以下では，2009年の改正農地法の規定により，裁定を概観することにする。裁定に関わる手続は「第4章　遊休農地に対する措置」の30条から44条までに規定されている。まず，農業委員会は，農地の利用状況調査を行い（30条1項），耕作されていない又はその見込みのない農地について必要な指導を行う（同条3項）。農業委員会は「遊休農地」である農地について所有者にその旨を通知し，「所有者を確知できないとき」はその旨を公示する（32条）。そして，利用計画の届出義務（33条）者からの届出の内容が適切でないとき，又は届出がないときは，農業委員会は，「相当の期限を定めて，……必要な措置を講ずべきこと」を勧告するものとする（34条）。農業委員会は，勧告に従わない者に対し，所有権の移転等について農地所有合理化法人等と協議することを通知する（35条）。協議が整わないとき又は協議ができないとき，農地所有合理化法人等は知事に対して調停を申請することができる。その申請に対して，知事は，調停案を作成し，所有者等に対して受託を勧告しなければならない（36条）。所有者等が調停案を受諾しないときは，農地所有合理化法人等は，利用権（賃借権）の設定の裁定を知事に対して申請できる（37条）。知事は，申請を受けて，それを公告し，所有者等に意見書の提出を求めることができる（38条）。知事は，「遊休農地の農業上の利用の増進を図るため必要かつ適当である」と認めるときは，特定利用権の設定の裁定をすることができる（39条）。知事は，裁定をしたときは，所有者等及

21）飯塚康太・前掲注18）32頁。
22）2005年の農業基盤法の裁定と2009年の農地法におけるそれについては，島村健「農地法等の改正——行政的規制の仕組みを中心に」ジュリスト1388号（2009年）27頁以下を参照されたい。

び申請者に通知し，その旨を公告しなければならない。右の公告があったとき
は，裁定を申請した者と所有者等との間に特定利用権の設定の契約が締結され
たものとみなす（40条）。そして，所有者を確知することできない場合における
遊休農地の利用については，農地所有合理化法人等は，32条ただし書の公告を
した農地について，利用する権利の設定について知事に裁定を申請することが
できる（43条1項）。知事は，裁定をしたときは，所有者及び申請者に通知し，公
告しなければならない（同条3項）。公告によって，申請者は，裁定の定めるとこ
ろにより，その農地を利用する権利を取得する（同条4項）。そして，申請者は，
補償金を供託しなければならない（同条5項，6項）。そして，病害虫の発生等に
より，遊休農地の周辺について営農条件に著しい支障が生じる場合には，市町
村長は，所有者等に必要な措置をとることを命ずることができる（44条1項）。
さらに，所有者等を確知できないときは，市町村長は，自ら必要な措置をとる
ことができる（同条2項）。裁定に関する不服申立てと訴訟であるが，補償金の
増減についての訴えは，形式的当事者訴訟として位置づけられ，訴えは農地所
有合理化法人又は土地所有者を被告としなければならないし（55条），裁定に関
する審査請求も補償金の額を不服の理由とすることはできない（53条）。

　しかし，この制度には，2つの問題があったようである。1つは，複数の者が
所有する農地について，持分の過半に満たない所有者しか確知できない場合に
は対応できないことであった。もう1つは，「過失なく所有者が確知できない」
という要件について農地法の運用・通知により厳しい要件が課せられたことであ
る。そのため，所有者不明農地について裁定が利用されたのは，2013（平成25）
年10月の群馬県の1件のみであったようである[23]。そこで，2013年に農地法等
を改正して裁定の充実を図っている。

　2013年の農地法等の改正は，農業規模の拡大や効率性を重視し[24]，今後10年
間で認定農家等農業の担い手に農地の約8割を集積することを目標にされたよ
うである[25]。まず，農地中間管理機構関連法を制定し，従来あった農地集約法

23）飯塚康太・前掲注18）33頁。

24）御厨敷寛「農地中間管理事業の推進に関する法律の制定と農地法の改正」市民と法87号（2014
　　年）27頁。

25）農林水産省経営局農地政策課「農地中間管理機構（農地集積バンク）とその活用」月報司法書士

人は売買中心であり，また，地域を主体とするものではなかったので，そこで，都道府県に1つの農地中間管理機構を設け，賃貸の方法で農地を集約させることとした。都道府県知事が農地中間管理機構を指定し（4条），中間管理機構は，事業を行う前に事業規程を定め知事の認可を受け（8条），また，中間管理機構は，事業年度毎に，事業計画と収支予算を作成し，知事の認可を受けることになった（9条）。そして，農地の出し手には地域集積協力金，経営協力金や耕作者集積協力金が出されることとなった[26]。そして，農地法の改正（農業経営基盤強化促進法の一部を改正する法律，平成25年法律102号）では，裁定の手続を6段階から3段階に簡素化し利用しやすくした。すなわち，32条の「遊休農地」の通知，33条の利用計画の届出義務及び36条の知事の調停案の勧告を廃止した。また，協議の相手方と裁定の申請を前述の中間管理機構に一本化し，農地の使用権も「農地中間管理権」に代わっている。さらに，利用意向調査において，共有農地について持分の過半所有者が確知できないときも，所有者を確知できない場合と同じように，公示することとした（32条3項）。そして，農業委員会が，農地の所有者を把握するため，農地基本台帳を整備し公表し（52条の2），さらに農地に関する地図を作成し，公表する（52条の3）こととなった。以上の改善策により，とりわけ，所有者を確知できないという公示をし，そして知事の裁定により機構が農地中間管理権を設定したのが2017年に2件あるとのことである[27]。しかしながら，公示・裁定については，中間管理権の設定期間（5年）が短いこと，使用貸借権の設定の検討や土地の改変行為の制約などの問題点が指摘されている[28]。なお，最近国会に提出された農業経営基盤強化法の改正では，20年の利用権の設定が企図されていることを付け加えておきたい[29]。

524号（2015年）14頁。なお，2013（平成25）年では，集積は5割となっていた。

26）農林水産省経営局農地政策課・前掲注25）17〜18頁。

27）飯塚康太・前掲注18）34頁。具体的には，静岡県東伊豆町の遊休農地の静岡県知事による裁定（2017（平成29）年2月）と青森県五戸町の遊休農地の青森県知事による裁定（2017（平成29）年3月）であり，双方とも，登記関係さらには聞き取り調査を行い相続人をさがしたが不明，そして，公告をし6カ月を経過しても応答がなかったので，裁定をし，その結果，農地中間管理機構が使用権を取得している。参照，農林水産省ホームページ（経営局農地政策課）。

28）飯塚康太・前掲注18）34〜35頁。

29）農林水産省ホームページの「森林経営管理法の概要について」を参照されたい。

⑵　所有者不明な森林

　次に，森林の所有者不明問題の概要をみることとする。2015年の統計では，家族経営体の森林の経営者の平均年齢が67.3歳，不在村者の保有山林面積は，私有林面積の24％を占め，相続時に不動産登記等を行っていない人は17.9％であり，「地籍調査」の進捗率も森林については44％で全国平均の51％を大きく下回っている[30]。森林は国土の保全や水源の涵養，木材の供給など重要な役割を担っており，適正な整備は必要である。森林の所有者不明問題もかなり重要であり，農地と同じような措置がなされている。なお，森林については，所有者不明問題とともに境界の不明問題も，森林の整備や集約化を妨げる要因となっている[31]ようである。

　2011（平成23）年の森林法の改正（法律20号）では，以下の措置がなされている。①地域森林計画の対象となっている民有林の土地所有者となった者の届出義務が課せられており（10条の7の2），届出をしない者又は虚偽の届出をした者には10万円以下の過料が科せられている（214条）。②1991（平成3）年の森林法の改正（法律38号）で，間伐が必要な森林について，市町村長が間伐実施の勧告を行い，これに従わない者について，知事の調停，そして裁定により，所有者に代わり間伐を実施できることとなっていたが，2011年の改正では，これを確知できない所有者に拡張する。すなわち，所有者が不明な要間伐林である場合には，市町村の事務所に，要間伐林であること，間伐を実施する時期や方法等を掲示することにより，相手方に到達したとみなされる（189条）日から6カ月以内に，「当該特定所有権及び使用権の取得」について都道府県知事に対し裁定を申請することができる（10条の11の6第1項）。知事の裁定によって，申請をした者は使用権等を取得し，その代わり補償金を供託することになる（同条3，4項）。③木材等を搬出する場合に，他人の土地を使用する必要があることがあるが，この場合，都道府県知事の認可を受けて，土地の所有者等と協議し（50条），協議が整わないとき又は協議ができないときには，知事は裁定で使用権を設定すること

30）林野庁森林整備部計画課森林計画始動班「森林における所有者不明土地問題とその対応について」法律のひろば70巻8号（2017年）37～38頁。

31）松本充郎「土地所有権の細分化及び空洞化に対する法的対応について――私有林の所有・利用・管理に関する考察」飯國芳明＝程明修＝金泰坤＝松本充郎・前掲注2）42頁。

ができた（53条）が，2011年の改正で，この手続を改善し，従来の個別に意見を聞く制度から，公開による意見聴取や所有者不明の場合には掲示等による代替手続によることになった（50条3項）。さらに，2016（平成28）年の改正（法律44号）では，①所有者の把握が十分でないとして，一筆の土地毎の所有者，土地の所在・地目などを整理した林地台帳を整備し（191条の4），これを森林の土地に関する地図とともに公表することとした（191条の5第2項）。⑪数人の共有者が居る森林について，共有者の一人が森林を処分する場合には全員の同意が必要であり，この同意手続が共有者が不明な共有林についての間伐などの事業の実施を妨げていた。そこで，共有者不確知森林に関する規定を設け，確知共有者が不確知共有者の立木持分又は土地使用権の取得に関して知事の裁定を設け，裁定によって確知共有者が立木持分又は使用権を取得できるようになった（10条の12の4～10条の12の8）。もちろん，立木持分や使用権を設定することから，その補償金について訴えを提起することができ，これは，形式的当事者訴訟となっており，裁定を申請をした者又は森林の土地の所有者を被告として訴えを提起することになる（10条の11の7）。なお，2011年改正で導入された，所有者が不明の森林の間伐実施の裁定については2017（平成29）年に至っても活動実績がない状況にある[32]。なお，最近制定された森林経営管理法（平成30年法律35号，平成31年4月施行）では，50年の経営管理権（使用権）の設定が可能となっていることを付け加えておきたい[33]。

(3) 所有者不明住宅地

　次に，住宅地の所有者不明土地問題について考察する。大都市とその郊外，土地の取引のある地域と取引のない地域との区別で，問題の状況が異なるようである[34]。また，住宅地の所有者不明問題は，空き家・空き地問題とも重なる[35]。東日本大震災では，復興予定地に所有者不明土地が見つかり，用地取得に膨大な時間がかかったようである[36]。こうした住宅地の所有者不明問題については，

32）林野庁森林整備部計画課森林計画始動班・前掲注30）41〜42頁。
33）農林水産省ホームページの「森林経営管理法の概要について」を参照されたい。
34）佐々木晶二は，5つのタイプに分析し検討する。参照，同「住宅地と不明土地」法律のひろば70巻8号（2017年）21頁。
35）佐々木晶二・前掲注34）23頁。

農地や森林とは異なり，適切な法制度は構築されていない[37]。ところで，住宅地の所有者不明問題は，公共事業のための土地所有者不明問題と良好な住宅市街地の保全のための土地所有者不明問題に区別されるようである。それで，前者について，土地収用法で認められている「不明裁決」という手続の改善と「公共用地の取得に関する特別措置法」の緊急裁決や裁決の代行手続の対象拡大で対処すべきであるという意見[38]が主張されている。また，後者について，現在適切な制度は存在しないが，農地法の裁定に準じた制度を構築すること[39]が主張されている。

　それでは，土地収用法における不明裁決と緊急裁決や裁決の代行について概観しよう。土地収用法に基づく裁決制度は，いわゆる裁定であり，その本家本元である。道路や河川，飛行場など公共のために必要な施設を設置するために必要な土地を所有者から，土地収用委員会の判断により，所有権又は賃借権を得て土地を使用する制度である。土地収用法で認められた制度で，事業認定（15条の2〜30条の2），裁決手続（39条〜46条），裁決（47条〜50条）及び損失の補償（68条〜90条の4）という項目で規定された手続は，どの裁定手続よりも重厚であり，また財産権の保障を重視するものである。また，収用される土地の所有者が不明な場合に備えて，不明裁決という制度がある。収用の対象となる土地の所有者等について「起業者が過失なく知ることができない」ときには記載しないで手続を行うものである（40条2項）。ただし，「起業者が過失がなくて知ることができないものがあるときは，過失がないことを証明しなければならない」（同法施行規則17条2号イ）。そして，権利取得裁決や明渡裁決をする場合には，土地の所有者等の氏名や住所を通常は明らかにするが，それをしないですることになる（法48条4項，49条2項）。また，土地所有者を確知できないので，補償金は供託することになる（法95条2項3号）。さらに，明渡裁決の履行が期待されない場合，市町村長による土地等の引き渡しや物件の移転の代行も規定されている

36）西日本新聞2017年12月6日朝刊3面。
37）国土交通省は，農地と同じような利用権の設定を考えているようである。参照，西日本新聞
　　2017年12月6日朝刊3面。
38）佐々木晶二・前掲注34）22頁。
39）佐々木晶二・前掲注34）22〜28頁。

（法102条の2第1項2号）。また，公共用地取得に関する特別措置法の緊急裁決は，とくに公共の利益に関わる都市計画事業について，国土交通大臣に「特定公共事業」の認定を受け告示されたものについて，起業者からの申立てに基づいて，収用委員会が，「事業の施行に支障を及ぼすおそれがある場合」には損失補償の審理が終わっていない段階でも権利取得裁決や明渡裁決をするものである（法20条）。また，裁決の代行は，緊急裁決を収用委員会が期限までしない場合に，起業者の申立てを受けて収用委員会が国土交通大臣に事件を移送し，移送を受けて，国土交通大臣が裁決を行うものである（法38条の2，38条の3）。緊急裁決や裁決の代行は，特例的な収用裁決制度であり，裁定である。こうした制度について不明裁決という制度はないようである。

（4）その他の裁定など

ところで，他の実定法においても裁定は多くみられる。以下ではそれを概観する。最初は，漁業法における「入漁権の設定，変更及び消滅」についての裁定（45条）である。漁業協同組合又は同連合会（42条の2）が，漁業権者から入漁権の設定を「不当に拒否」されたり，入漁権の内容が適正でないことの変更を求めた場合に「不当に拒否」された場合に，海区漁業調整委員会に裁定を申請することができる。同委員会が裁定をしたときは，その旨を相手方に通知し，公示しなければならない（45条7項）。裁定の定めるところにより当事者間に協議がととのったものとみなされる（45条8項）。入漁権は，漁業権者との契約によって発生する[40]ので，裁定は契約の締結等とみなされるようである。

また，種苗法においても裁定がある。すなわち，「登録されている品種が2年以上継続して利用されていない」とき，又は「その品種の利用が公共の利益のためにとくに必要である」ときに，その品種を利用しようとする者は，当該品種の育成権者又は専利用権者に対し通常利用権の許諾について協議を求めることができる（28条1項）。この協議が成立しないときとか，協議をすることができないときには，その品種を利用しようとする者は，農林水産大臣の裁定を申請することができる（同条2項）。農林水産大臣は，裁定をする場合，育成権者な

40）漁業組織研究会編著『水協法・漁業法の解説〔21訂版〕』（漁協経営センター出版部，2015年）383〜384頁。

どの関係者に意見を述べる機会を与え（同条3項），農業資材審議会の意見を聞く必要がある（同条5項）。なお，裁定による通常利用権は，農林水産大臣の職権で品種登録簿に登録される[41]。

　さらに，採石法における，採石権の強制設定に関する経済産業局長（公害等調整委員会の承認）による決定（12条），鉱業法における，鉱業権の設定などに関する公害等調整委員会への裁定（133条），特許法における，通常実施権の強制設定に関する特許庁長官（工業所有権審議会の意見の聴取）による裁定（83条～93条），意匠法における，通常実施権設定に関する特許庁長官（工業所有権審議会の意見の聴取）の裁定（33条），著作権法における，著作物の利用に関する文化庁長官（文化審議会の諮問）の裁定（67条～74条）がある。

　一方，不明所有者に対するその他の手続としては，以下のものがある。不明墓の処分である。民事上の問題はさて置き，墓地埋葬に関する法律により，市町村長に対して改葬の許可を得る必要がある（5条）。不明墓の改葬の許可については，関係者に対して申し出るべき旨を官報と墓地周辺での立て札による公告を行い，1年間にその申出のないことが要求されている（墓地埋葬に関する法律施行規則3条）。また，土地区画整理事業や再開発事業において，権利を有する者への通知は，公告によって行うことになっている（土地区画整理法133条，都市再開発法135条）。

　裁定ではなく，公告によって土地所有権が移転されることもある。それは，地方自治法が認める，認可地縁団体が所有する不動産の登記の特例という制度である。これは，2014（平成26）年に成立した改正地方自治法260条の38及び260条の39により（2015年4月1日施行）導入されたものである。いわゆる認可地縁団体が一定の手続を経て，以下の内容について市町村に公告を求め，その公告に対して登記名義人等から異議がなければ，認可地縁団体の登記の申請を認めるものである。その要件は，①当該地縁団体が当該不動産を所有していること（1項1号），②当該不動産を認可地縁団体が10年以上平穏かつ公然と所有していること，（同2号），③当該不動産の名義人等のすべてが当該地縁団体の構成員又はかつて構成員であった者であること（同3号），④当該不動産の登記関係

41）農林水産省生産局知的財産課編著『最新逐条解説　種苗法』（ぎょうせい，2009年）132頁。

者の全部又は一部の所在が不明であること（同4号）の4点について，疎明資料を添付して市町村長に対して公告を求める。これに対し，市町村長は，認可地縁団体が当該不動産の所有権の保存又は移転の登記について登記関係人からの「異議を述べるべき旨」を3カ月以上公告する。これに対して，異議がなければ，地縁団体等の登記申請について「登記関係者の承諾があったものとみなす」（260条の38第3項）ものである。異議がなかったことの情報の提供を受け，地縁団体は，登記を申請することができる（260条の39第1項）。ただし，これには以下のような制限がある。そもそも地縁団体が存在しない場合とか，登記関係者の中に地縁団体の構成員又は構成員であった者以外の者が含まれる場合又は当該不動産が共有として登記されている場合については当てはまらない[42]。

(5) 小括

以上，放置自転車，空家や土地の所有者不明問題等を概観した結果，不明所有者に対する行政上の措置については，以下のように纏められる。放置自転車については，公告による所有権の移転による措置，空家の対策では，空家の情報等の整理も重要であるが，建物の除去などの略式代執行，そして，農地や森林の土地所有者不明問題では，裁定を使用した使用権の設定制度が措置されている。この中でも重要なのが裁定である。ただし，森林法の共有者不確知の場合の裁定は，持分取得という一種の権利取得までを都道府県知事の裁定で行っているので，さらに，農地法よりも大胆な制度ということができる[43]。

ところで，土地所有者不明問題の対策について，吉原祥子は，①相続登記，②受け皿及び③土地情報基盤の在り方の3点について整理している[44]。まず①について，所有者不明問題の最大の原因が相続時に関係者が登記をしないことであることが分かっている[45]。登記が法的な義務ではなく任意であるために相続

42）山本桂史「用地取得における認可地縁団体の登記の特例の活用と限界」判例地方自治421号（2017年）9頁。

43）佐々木晶二・前掲注34）25頁。

44）吉原祥子・前掲注13）8頁以下。

45）最後に登記されてから90年が経過している土地が大都市で0.4％，中小都市・中山間地で7.0％，最後に登記されてから70年以上経過しているものが大都市で1.1％，中小都市・中山間地で12.0％，50年以上経過しているものが大都市で6.6％，中小都市・中山間地で26.6％に及んでおり（音田剛明「相続登記の促進について」法律のひろば70巻8号（2017年）49〜50頁），未登記の原因として，

時に登記をしないのである。したがって，任意を前提に相続時に関係者に登記をさせることが問題の根本的な解決方法であるといえる。この点では，2017年5月から導入された法定相続情報証明制度が有効であるといわれる。これは，相続が発生した場合に，相続人の1人が相続人全員の氏名や続柄など戸籍情報一覧図を作成し，法務局に提出し，法務局がその内容を確認し証明書を発行するものである。これまで相続人が法務局や銀行で手続きを行う場合には，書類一式が必要であったが，この証明書1通でできることとなった。さらに，相続手続が簡素化され，被相続人の同一性が住民票や戸籍の附票などで証明できる場合で，3代まで相続がなされている場合，第1代から直接第3代まで相続することができることとなった。不在者財産管理制度という制度も有効であるが，これは，家庭裁判所を通じて，複数いる相続人の一部が不明な場合に有効である。ただし，不在者に関する戸籍謄本や財産証明書など膨大な書類と数十万円の費用が必要であるという欠点がある。次に②については，使われていない土地を使う受け皿を作ることである。これが，前述した農地法や森林法で導入された使用権の設定の裁定である。さらに，③については，不動産登記制度を補う土地所有者情報制度を構築することが求められている。その1つが，不動産登記簿にマイナンバーを登録するという提言である。また，前述した農地や森林について導入された農地台帳や林地台帳の整備とその公開システム[46]もその例である。

　以下では，土地所有者不明問題に対する受け皿と位置付けられ，今後，注目される行政上の措置である，農地法や森林法の裁定について検討することにする。

Ⅱ　裁定と行政法学

　裁定は，以下のような手続になっている。①当該土地等の利活用について，当事者の協議が行われるが，これが不調又はできない。とくに所有者が不明な場合には，協議ができない。②しかし，当該土地の利活用等について，公益上

---

①土地の財産価値が低い，②手数料が問題及び③相続関係が複雑，が挙げられている。

46）林地台帳については，小澤英明＝横手聡＝山本真彦＝大塚朝久「林地台帳の法的性格について」自治研究94巻6号（2018年）83頁以下を参照されたい。

必要がある。③利用者が利活用の裁定を行政機関に申請し，これが公示される。④利活用について関係者の意見の提出等が行われる。⑤行政機関が申請者に利活用を認める裁定を行い，これを関係者に通知し，そして公示する。この裁定には，使用権を設定するという収用の部分と補償金を定めるという損失補償の部分の2つが含まれている。⑥行政機関が定めた補償金等を供託する。そして，⑦補償金等に不服がある場合には，形式的当事者訴訟で争うことになる。

　こうした裁定・裁決については，行政法学上どのように位置付けられ，議論されるのであろうか。最初に，過去において議論されていた，裁決の申請と代理行為をみることにする。そして，現行法の規定から裁定の位置付けをみることにする。手続としては，行政手続法や行政不服審査法との関係が問題となるので，そのことも問題とされなければならない。そして，形式的当事者訴訟が問題となることから，形式的当事者訴訟の事前手続としても議論されよう。そして，行政法学説では，当該土地の強制的な利用とそれに対する補償金の支払いが問題となることから，損失補償の手続として，問題とされ，議論される。

1　裁決の申請と代理行為

　現在の教科書にはないが，戦前において，美濃部達吉は，彼の1936（昭和11）年の『日本行政法　上』（有斐閣）の中の"行政争訟法"の中で「裁決の申請」という項目を設けて，次のように述べている。「裁決の申請とは，公法上の法律関係に付き当事者双方の間に争い又は意見の不一致ある場合に，当事者の何れか一方又は時としては行政庁から，第1審として，権限ある行政機関の判断を求むる行為を謂ふ[47]」。そして，美濃部は，裁決の申請について，始審的争訟という性格を認めている。「争訟の提起あるを待つて，始めて公定力ある国家行為に依り其の争いを判断し，以つて当該法律関係を決定し得べきものとして居ることが有る。裁決の申請は即ち此の場合の争訟の提起であつて，即ち行政上の始審的争訟である。訴願や行政訴訟が行政行為の当否を争訟の目的を為し，随つて行政行為の存在を前提条件と為すものであるのに反して，裁決の申請は行政行為の存在を前提と為さず，争訟の手続を以つて新たに第一次的の行政行為

47）美濃部達吉『日本行政法　上』（有斐閣，1936年）806〜807頁。

を請求するものに外ならぬ[48]」。そして，美濃部は，裁決の申請の手続については通則的な定めはないとし，個別法の規定を除いては，「行政争訟と同様の原則の適用を受くる」として，以下の4点を挙げる[49]。①適法な申請とは，法令により申請できる者が適法な形式を備えた書面をもって権限ある機関に差し出すこと，②審理権を有する機関は一般の行政機関であったり，市町村会又は都道府県議会，特別に設けられた合議制の機関，さらには行政裁判所であることもある，③書面審理を原則として，申請書や意見書並びに添付書類を審理の材料とするが，審理庁は職権によって他の証拠を検証することができる，④審理の結果，与えられるのは決定，裁決又は裁定であり，これに対しては訴願又は行政訴訟を提起したり，金銭上の権利については通常裁判所に出訴できる場合もあるとする。以上のことからすれば，裁定は，行政争訟すなわち行政機関が行う紛争解決制度と位置付けられる。しかも，行政処分を前提としない争訟制度である。

　裁決の申請に関する戦後行政法学の扱いは，かなり貧弱である。雄川一郎の『法律学全集9　行政争訟法』（有斐閣，1957年）では，「裁決の申請」というタイトルで，美濃部の論述を当時の法体系に当てはめて纏めた記述がある[50]。また，田中二郎の『新版行政法　上〔訂正第1版〕』（弘文堂，1964年）では，「当事者争訟」というタイトルで，雄川一郎の「裁決の申請」手続をさらにコンパクトに纏めている[51]。最近では，宇賀克也が行政審判手続の中で，「収用委員会が行う裁決手続（土地収用法39条以下，公用地の取得に関する特別措置法19条以下），公害等調整委員会が行う公害紛争処理手続（公害紛争処理法23条の2以下）のように，当事者間の争訟を第三者機関が慎重な手続で裁定する場合（始審的争訟）である[52]」と述べているが，宇賀が使用する始審的争訟は，行政審判手続に限定されており，農地法や森林法の裁定手続は含まれないようである。

　次に問題とするのは行政行為の種別の代理行為である。この代理行為という

48）美濃部達吉・前掲注47）807〜808頁。美濃部は，恩給権者が内閣恩給局長に対して裁定の申請をするのは，たんなる行政行為の出願としている。参照，同808頁。

49）美濃部達吉・前掲注47）809〜810頁。

50）雄川一郎『法律学全集9　行政争訟法』（有斐閣，1957年）230〜233頁。

51）田中二郎『新版行政法　上〔訂正第1版〕』（弘文堂，1959年）262〜263頁。

52）宇賀克也『行政法概説Ⅰ〔第6版〕』（有斐閣，2017年）459頁。

言葉も，裁決の申請と同じように，現在では，死語になっているか，消極的にしか紹介されないものとなっている。例えば，1957（昭和32）年に出された田中二郎『法律学全集6　行政法総論』（有斐閣）では，「代理」は特許（剥権行為を含む），認可と並んで形成的行為として位置づけられ，以下のように定義されている。「第三者のなすべき行為を国又は地方公共団体等の行政主体が代わってなすことにより，第三者が自らなしたのと同じ効果を生ずる行為をいう。例えば，地方公共団体の長等の職務を行う者がない場合に内閣総理大臣又は府県知事が行う臨時代理の選任（地方自治法247条2項），当事者間の協議で定めるべきものとしている場合において協議がなすことができず又は協議が不調に帰したときに行政庁がこれに代わってなす裁定（土地収用法41条，道路法54条等），租税滞納処分としての差押えた財産の公売処分（国税徴収法25条・26条）等がその例である。法律上の根拠ある場合にのみ認められる[53]」と。田中二郎の定義に従うと，農地法や森林法の裁定は，当事者間の協議でなすべきものが協議が不調であることから，行政庁が当事者（所有者）に代わって使用権等の設定を行う行為，裁定，すなわち代理行為である。

　代理行為が学説上使われなくなった大きな理由は，代理行為を形成的行為とする位置付けについて否定的な意見が出たためであろうか。藤田宙靖は以下のように述べていた。

　　「伝統的な"系統的分類"において『形成的行為』の中の一類型として『特許』・『認可』と並び設定されている『代理』というカテゴリーが果たして他の諸類型と同一の観点に立った，有意味な分類に基づくものと言えるか否かは疑問である。『代理』とは通常"第三者のすべき行為を国が代わってした場合に第三者自らがしたのと同じ効果を生ずる場合"であって，例えば日本国有鉄道の総裁の任命が内閣によって行われたり（日本国有鉄道法19条1項），日本銀行総裁及び副総裁の任命が内閣によって行われる（日本銀行法16条1項）のが，その例である，とされる（参照，田中・前掲123～124頁，今村『行政法入門』新版79頁，原田『行政法要論』117頁等）。しかし，この観点は，あくまでも，当該行為を行う主体は誰か，という観点に過ぎないのであって，行為自体の法的効果の問題とは無関係であるように思われる。すなわち理論

53）田中二郎『法律学全集6　行政法総論』（有斐閣，1957年）309頁。同旨，田中二郎『行政法　上（全訂第1版）』（有斐閣，1954年）108～110頁。

的にいうならば，法的効果の見地からして『特許（設権）』とか『剥権』とかの性質を持つ，とされるものの中に"本来第三者がすべきもの"と考えられるものとそうでないものが区別され得るか否か，が，（全く別の観点に立つ分類として）問題となり得る，ということだけのことなのであって，『代理』なる類型を，他の『特許』・『認可』等と同次元において並列することは，そもそも不可能なのではないか，と思われる。"法的効果の違い"という観点に立って一貫して考えるならば，通常『代理』とされている国鉄総裁や日銀総裁の任命行為は，通常の公務員の任命行為と同様『特許（設権）』とすれば充分であるし，又，収用裁決（参照，今村前掲79頁）は，『設権』と『剥権』の合体行為と考えれば，それで充分であろう[54]」と。

　この藤田意見については，遠藤博也から，田中学説への批判であり，美濃部達吉の学説に当てはまるのかどうかは問題であるという反対の意見のようなものがあり，代理を行政行為として否定すべきどうかについて慎重な意見があった[55]。

　ただし，代理行為には，私見によれば，その対象にも問題があるように思われる。すなわち，当初，代理行為の代表的な行為としては，自治体などに対する国家の監督上の行為が考えられていた[56]ようであるが，これは，国家監督の問題として別に扱うべきであろう。さらに，公売処分は，滞納処分手続の1つとして論じればよいのではないか，と思う。一方，代理行為は，行政法学上で

54）藤田宙靖「行政行為の分類学」『行政行為の思考形式〔増補版〕』（木鐸社，2002年）127頁注4。

55）遠藤博也は次のように述べる。「藤田論文などによる伝統的な分類批判が，田中説に対しては十分成り立つとしても，美濃部説に対してはかならずしもあてはまらないところが，基本的な点でみられることは注目に値することだといわなくてはならない。極論すると，美濃部説が田中説を批判しているかの観さえある。このように，美濃部行政法と田中行政法とは，実は，部分的現象的な類似性にもかかわらず，相当にちがったところが存在するのである。ここでは，そのひとつだけを指摘すれば，美濃部説にあって明確に区別されていたところが，田中説において総合されているものが散見されることである」（遠藤博也『行政法スケッチ』（有斐閣，1987年）158頁）とし，結論として「美濃部学説にさかのぼって，再検討し，かつ再構成の途をさぐることが必要であろう」（同161頁）と。美濃部達吉は，行政行為を命令行為，形成的行為及び第三者の為にする行政行為の3つに区分し，認可及び代理を第三者の為にする行政行為として位置付けていた（美濃部・前掲注47）220頁）。遠藤はこのことをいっているのである。

56）市町村の配置分合，境界変更及びこれに伴う財産処分を内務大臣又は府知事が定める（市制3条，4条，町村制3条）こと，市町村会の議決が違法な場合に市町村長が府県参事会に申請し，府県参事会がその議決に代わる裁決をする（市90条，町74条）ことも，代理行為とされていた。参照，美濃部達吉『行政法撮要　上〔第4版〕』（有斐閣，1933年）152頁。

はその対象が財産的行為だけに限定されていた。しかし，財産的行為以外の身体の自由の制限についても代理行為は問題とされ得る。例えば，精神病患者の強制入院の代理同意[57]や，強制不妊手術の代理同意である。

2 裁定と行政手続法，行政不服審査法，行政事件訴訟法

裁定は，形式的当事者訴訟で争うなど特殊性のある手続であるため，一般の手続とは切り離されて，位置付けられてきたといえる。その最初が，不服申立との関係である。不服申立制度の一般法として1962（昭和37）年に制定された行政不服審査法（法律160号）が明文を持って適用除外とした。すなわち，同法4条1項5号である。「当事者間の法律関係を確認し，又は形成する処分で，法令の規定により当該処分に関する訴えにおいてその法律関係の当事者の一方を被告とすべきものと定められているもの」については，審査請求又は異議申立てをすることができないのである。その趣旨は，当事者訴訟が認められる「場合に不服申立てを認めることは，当該処分または裁決につき抗告訴訟を認める結果となるので，『当事者訴訟』によって争うべきものとした法条と矛盾することになる。『当事者訴訟』の認められる処分を除外事項として掲げたのは，このような趣旨である[58]」と。「各法律により，通常の不服申立手続によるよりもいっそう慎重な裁判手続による処分が適当とされる処分[59]」という理由も同じであろう。ところで，裁定・処分の中には，一部不服申立てが認められるものがあり，不服申立てができないのは，裁定の私益的部分の補償金の額についてであり，裁定の公益的部分については，不服申立てができる。

さらに，2014（平成26）年の行政不服審査（法律68号）でも，以上の考えは継

57）旧優生保護法は，優性手術について，本人の同意と配偶者の同意を得て行う「任意の優性手術」（3条）とともに，都道府県優性保護委員会が決定して実施する「強制優性手術」を規定する。後者は，第一に診察した医師が，別表に掲げる遺伝性精神病など一定の病気にり患しており，「優性手術を行うことが公益上必要であると認めて」都道府県優性保護委員会に対して申請し（4条），そして，委員会が審査決定し実施するものである（5条）。人工妊娠中絶についても同様の規定がある（14条，15条）。

58）田中真次＝加藤泰守『行政不服審査法〔第3版改訂版〕』（日本評論社，1977年）59頁。同旨，南博方＝小高剛『注釈行政不服審査法』（第一法規，1975年）62頁。

59）田中館照橘＝外間寛＝小高剛『判例コンメンタール　行政不服審査法』（三省堂，1982年）76頁。

承されている。すなわち，同法7条1項5号として，同じ文言で適用除外されている。そして，新しい注釈書でも，「このような形式的当事者訴訟の対象となっている処分については，法に基づく審査請求の対象となってしまうと，当該処分又は裁決について抗告訴訟の途を開くことになるので，適用除外とされている[60]」と説明されている。

　それでは，行政手続の一般法として1993（平成5）年に制定された行政手続法は裁定をどのように扱っているのであろうか。やはり，適用除外としている。が，しかし，条文の文言は行政不服審査法と異なっている。それは，行政手続法3条1項12号の規定である。すなわち「相反する利害を有する者の間の調整を目的として法令の規定に基づいてされる裁定その他の処分（その双方を名宛人とするものに限る。）及び行政指導」に対しては，行政手続法の申請に対する処分手続，不利益処分手続，届出手続及び行政指導は適用されないのである。行政手続法の規定を適用しないこととした理由であるが，次のようになっている。「私人間の行為について，両者間で協議をすることができず，あるいは協議が整わないときなど，両当事者だけでは利害の調整が困難な場合に，行政庁がその間に立って，公益上の要請を考慮しつつ両者間の利害を調整し，紛争の解決を目指して両当事者を名宛人として処分を行い，権利を設定する仲裁的な性質を有する処分[61]」であることから，「これらについては，多くの場合，両当事者の一方の申請に基づき手続が開始されるが，裁定手続のほとんどは，両当事者から意見を聞き，それを総合的に判断して処分する仕組みとなっていること，行政庁とその相手方との二面関係的な構造を前提に手続の共通化を図ろうとしている本法の諸規定の適用になじまない点があることなどから適用除外とするものである[62]」とされている。すなわち，裁定の手続は行政機関が両当事者間の紛争を解決する手続であること，そして，行政手続法が意図するのは行政庁とそ

60）小早川光郎＝高橋滋編著『条解　行政不服審査法』（弘文堂，2016年）57頁。

61）総務庁行政管理局編集『逐条解説　行政手続法〔増補〕』（ぎょうせい，1994年）60頁，行政管理センター編集『逐条解説　行政手続法〔27年改訂版〕』（ぎょうせい，2015年）74頁，行政管理センター編集『逐条解説　行政手続法〔改正行審法対応版〕』（ぎょうせい，2016年）74～75頁

62）総務庁行政管理局・前掲注61）60頁，行政管理センター・前掲注61）『行政手続法〔27年改訂版〕』74頁，行政管理センター・前掲注61）『行政手続法〔改正行審法対応版〕』75頁。

の相手方の二面的な手続であることから，2つの制度が馴染まないことである。

　実は，行政手続法の制定過程，第3次行革審手続法部会での審議過程をみると，裁定を行政手続法の適用除外とすることは，各省庁のヒアリングなどを受けて決まっていたようである[63]。しかし，当初の除外案では，いわゆる裁定手続は，①行政審判手続として除外されるもの，②形式的当事者訴訟の手続として除外されるもの，これは行政不服審査法の文言と同じものであった，③工業所有権関係法令に基づき行われる手続として除外されるもの，の3つに分かれていた[64]。しかし，どうやらその後の小委員会での，次の高木光と宇賀克也の発言などを受けて現行の除外規定の文言にほぼ変わったようである。

　高木教授　一つよろしいでしょうか。気になっていたところがございまして，(10)なんですけれども，「被告とすべきものと定められている処分」ということで，事後に訴訟がある場合には適用除外というのは，これは行政不服審査法の定め方にならっていると思いますけれども，これは行政不服審査は事後手続ですので，より慎重な訴訟という事後手続であれば不要であるということはストレートに分かるんですけれども，事前の手続を外す理由として，事後の手続があるということを使うというのは，ほかの部分とのバランスとしてはうまくないような気もいたします。仮に，例えば土地収用法というふうに考えるとすれば，先ほどから出ております個別法に適用除外というのが「ヘ」にありますので，字(10)？がなくても，「ヘ」の方で受けられるという気がするんですけれども，その点はいかがでしょうか[65]。

　　　──略──

　宇賀助教授　ちょっと1点よろしいでしょうか。(10)のところなんですけれども，「当事者間の法律関係を確認し又は形成する処分」のところですけれども，著作権法の文化庁の長官の裁定の場合であっても，当事者の一方を被告とするのは補償金の部分だけであって，それ以外の部分は行政庁を相手取る訳ですよね。したが

63）省庁のヒアリングの中で興味深いのは，文科省から著作権の裁定について，所有者不明の著作権について，弁明又は聴聞ができないことから適用除外が申し立てられていることである。参照，第8回小委員会（平成3年6月28日）の議事録（塩野宏＝小早川光郎編『行政手続法制定資料（平成5年）(2)議事録編II』（信山社，2012年）874頁以下。

64）例えば，行政手続法（案）（平成3年5月10日）3条。参照，塩野宏＝小早川光郎編『行政手続法制定資料（平成5年）(4)要綱案関係資料I』（信山社，2012年）180～181頁。ただし，行政審判は，その後個別法で適用が除外される扱いとなっているようである。

65）塩野宏＝小早川光郎・前掲注63）988頁。

って，処分であることが確実なのは，裁定のうち，補償金以外の部分のみです。そして，補償金の部分についての裁定は，そもそも処分ではないという説があります。土地収用の裁決も公益的裁決事項と私益的裁決事項を分けて考えて，後者は処分ではないという学説もあります。もしそういうふうに公益的裁決事項についての処分と私益的事項についての処分でない判断との2つが一緒になされているんだという解釈を採ると，(10)は，その全体を適用除外にしたことになります。実益のない問題ですが，(10)を立案されるにあたっては，その点については，判例・学説に委ね，立ち入っていないと理解してよろしいですね[66]。

　すなわち，2人の発言を受けて，裁定手続が不服申立て以前の手続を持っていること，また，裁定の中に処分的な部分があるが，現在の要綱案の規定では，これらについて形式的当事者訴訟が妥当するという理由だけで行政手続法の規定が適用されないことになるが，これには問題があるということで，行政審判手続等を除いて，現行の文言にほぼ落ち着いたようである。ところで，行政手続法で宣言された，手続による行政運営における公正さと透明性の確保や当事者の権利利益の保護という考えは，行政手続法が適用除外されても，個別法でそれが実現されることが求められる。しかしながら，現状は，「損失補償につき，行政庁が第三者として処分を行う場合には，大別して，収用委員会が裁決を行う場合と，収用委員会以外の行政庁が裁定を行う場合がある。前者については，手続が相当整備されているが，後者については，不備が多い。行政手続法3条1項12号が，かかる場合を適用除外にしたため，その手続の改善は，将来の課題として残されることとなった[67]」ということであろうか。

　裁定について，行政事件訴訟法は，4条で形式的当事者訴訟を置いたという点だけが問題となるだけであろうか。ただし，2004（平成16）年の行政事件訴訟法の改正で，形式的当事者訴訟については，被告とすべき者と出訴期間について，処分をした行政庁に教示義務が課せられている（46条3項）[68]。

66）塩野宏＝小早川光郎・前掲注63）993頁。

67）宇賀克也『行政手続法の解説〔第4次改訂版〕』（学陽書房，2003年）。同旨，宇賀克也「損失補償の行政手続（1）」自治研究69巻1号（1993年）31～34頁。

68）なお，この教示については，行政事件訴訟法の改正前から建設省の通達で同じことが要請されていたようである。参照，宇賀克也『法律学大系　国家補償法』（有斐閣，1997年）489頁。

3 裁定と損失補償の手続

　ところで，農地法や森林法の裁定では，土地所有権が制限されることから損失補償がなされる。こうした側面から，これらの裁定は，損失補償の手続[69]として論じられてきた。

　損失補償手続の問題を最初に検討したのは，村上敬一であろう。村上は，損失補償の確定手続を概観し，以下の5類型を区別する[70]。①確定手続に法令の定めがない場合（消防法29条など），②行政主体の決定された補償金額について，事業主体を被告として訴えを提起して増額を請求する場合（文化財保護法41条など），③事業主体と損失を受けた者が協議し，協議が成立しないときに，行政庁が裁定し，この裁定に対して訴えで増減を請求する場合（航空法49条等），④収用委員会の裁決により補償額が決定され，その裁決に対する訴えで増減を請求する場合（収用法133条），⑤事業主体と損失を受けた者が協議し，その協議が成立しないときに，収用委員会に裁決を申請し，裁決により補償金額が確定し，その裁決の訴えで増減を請求する場合（道路法59条等）である。しかし，村上は，損失補償確定手続を，結局，㋑実定法上，何らの定めのない場合，と㋺補償額について，第一次的に行政庁や収用委員会の裁定等により定まるが，これに不服がある場合には，当事者間の訴訟で請求を行うもの，の2つに区別する[71]。そして，㋑の場合については，「実定法の定める補償原因事実があれば，それだけで当然に具体的な損失補償請求権が発生するのであって，請求権者は，事業主体を被告とするいわゆる実質的当事者訴訟により直ちに給付の訴えを提起することができるものと解されることになる[72]」。また，㋺については，「所定の決定ないし裁決は行政処分性を有し，損失補償請求権はこれらの決定ないし裁決によって始めて具体的請求権として確定され行使することができるに至るものと解するのが相当であり，前記㋑の類型の場合とは基本的に異なるものというべ

69）現在では，損失補償の手続は一般化している。参照，宇賀克也・前掲注68）478頁以下，西埜章『国家補償法概説』（勁草書房，2008年）244頁以下。ただし，宇賀克也は「損失補償の行政手続」という用語を使用し，西埜章は「損失補償の手続」を使用する。

70）村上敬一「損失補償関係訴訟の諸問題」『新・実務民事訴訟講座⑩』（日本評論社，1982年）138～139頁。

71）村上敬一・前掲注70）140頁。

72）村上敬一・前掲注70）141頁。

きである$^{73)}$」。結局，2つの区別は，訴訟形式さらには訴訟の性質をどのように捉えるのか，という視点で意味を持つものであり，とりわけ，形式的当事者訴訟を形成訴訟と解する自説の主張の根拠となっている$^{74)}$。

　次に，大場民雄が損失補償請求訴訟を分類する中で，手続を1つの基準にして分類している。大場は，以下の4つの視点から手続を分類している。1つは，「法令の規定により，――法律関係の――一方を被告とする」（当事者訴訟を認める）法令の規定があるもの，とないものの区別，2つには，前者について土地収用法133条による収用委員会の裁決を経由するもの，とそうでないものの区別，3つには，後者を監督機関による「裁定」によるもの，と当事者の一方の「決定」によるものの区別，4つには，これらの裁決，裁定又は決定が損失発生前に行われるものと発生後に行われるもの，の区別である$^{75)}$。そして，この区別に基づいて，次の9つの類型を区別する。①収用委員会の権利取得裁決又は明渡裁決による「損失補償部分」について133条の損失補償請求訴訟を認めているが，損失が裁決時では発生してないもの（収用法47条，48条），②事業者の土地立ち入り等により生じた損失について，土地収用法94条による補償裁決により133条による損失補償請求訴訟が認められたもの（収用法94条，河川法21条等），③企業施設の買収等による損失について主務大臣等の第三者機関が「裁定」を行い，個別法が損失補償請求訴訟を認めるもの（軌道法21条，水道法42条，著作権法72条），④当事者の立入等による損失について，知事等の第三者機関が「裁定」をし，個別法が損失補償請求訴訟を認めるもの（ガス法45条，道路運送法69条），⑤国が地方鉄道を買収し，国が価格を決め，これについて損失補償請求訴訟を認めるもの（旧地方鉄道法36条），⑥知事等が相手方に権利の変更・消滅・作為命令を発したことにより損失が発生し，知事等が損失額を「決定」し，個別法が損失補償請求訴訟を認めるもの（海岸法22条，漁業法39条，港湾法41条），⑦災害時における使用や権利制限について損失が生じたことに損失を補償する規定はあるが，損失補償手続や損失補償請求訴訟について規定がないもの（災害対策基本

73）村上敬一・前掲注70）143頁。

74）村上敬一・前掲注70）147～152頁。

75）大場民雄「損失補償請求訴訟の諸問題」『国家補償法大系4　損失補償法の課題』（日本評論社，1987年）193～196頁。

法82条，消防法29条），⑧損失を予定しているが，損失を補償する実体規定と手続規定がないもの（文化財保護法69条），⑨損害ないし損失の発生があり，請求手続を経たときに給付と損害の調整が問題となるもの（予防接種法，労働者災害補償保険法）である。そして，大場によれば，①〜⑥は形式的当事者訴訟であり，⑦〜⑨は実質的当事者訴訟に該当する[76]ことになり，この点は村上に通ずる。しかし，形式的当事者訴訟について，給付訴訟又は形成訴訟にするかどうかについては，個別法の規定や制度を重視しており，②を除いて，①〜⑥の区別は意味を持たないようである。例えば，③に属する河川法42条5項の例では，「訴えをもって〔裁定〕の変更を請求することができる」ということから，形成訴訟と解し，⑥に属する海岸法22条の例について，「増額を請求することができる」として，給付訴訟を認めている。本稿が問題とする，農地法や森林法の裁定は⑥に属するといえようか。村上敬一と大場民雄が行う損失補償の確定手続の区別は，やはり損失補償の訴訟形式を基礎にしているといえよう。

　裁定を本格的に手続の問題として扱ったのは，小澤道一と宇賀克也であろう。小澤道一は実務家の視点から損失補償手続を整理している[77]。まず，小澤は，補償手続を①決定機関は誰か（補償義務者又は第三者），②決定された内容が何か（補償に関する事項又は収用，買収，命令を含む）の2つの視点[78]から，㋑補償義務者が補償決定を行う型，㋺補償義務者が補償及び収用等の決定を行う型，㋩補償原因である行政処分を行った第三者である行政庁が補償についての裁定を行う型，㋥補償原因である行政処分を行った第三者である行政庁が補償及び収用等についての裁定を行う型，㋭補償義務者の行為を原因とする損失について，第三者である行政庁が裁定を行う型に分類し[79]，個々の問題点を指摘する。農地法や森林法の裁定は㋥に該当するといえる。㋥の個々の問題点から，重要な指摘を挙げると以下のようになる。まず，収用と補償が一体化している手続においては，関係者の協議が重要であり，協議なしに申請することはあり得ないと

76）大場民雄・前掲注75）196〜197頁。
77）小澤道一「損失補償手続と救済手続——その不統一と問題点（1）〜（4完）」自治研究64巻5号（1988年）43〜67頁，7号（1988年）59〜87頁，9号（1988年）32〜50頁，10号（1988年）27〜42頁。
78）小澤道一・前掲注77）「損失補償の手続と救済手続（1）」43〜44頁。
79）小澤道一・前掲注77）「損失補償の手続と救済手続（1）」44頁の表−1。

する[80]。所有者不明の場合に補償金を供託すべきであるとする裁定があった場合，この補償金に不服の補償義務者の争い方としては，著作権法73条ただし書にみられるように，不服申立てと抗告訴訟が認められるべきとする[81]。さらに，損失補償手続を総括して，小澤道一は，以下の指摘をしている。第一に，損失補償手続に統一性がなく，バラバラである[82]。第二に，補償手続として，裁定の事前手続として協議手続を置き，当事者双方に意見を述べ反論する機会を与え，そして，除斥期間は廃止すべきである[83]。第三に，補償義務者が決定を行う型は公正性に問題があり，また，第三者であるとしても，独任制の行政庁が裁定を行う型も改めるべきである[84]。第四に，土地収用委員会が行う裁決を除いて，独任制の行政庁の裁定については，公正・中立性や手続の慎重さが求められていないこともあり，不服申立てとくに当事者争訟を認めるべきである[85]。

　それでは，次に，宇賀克也の論文[86]を検討してみよう。宇賀は，最初に，3つの視点から損失補償手続における手続の重要性を指摘する。第一に，訴訟コストから，費用のかからない手続による補償を確保することが重要であること，第二に，通説，判例において，行政手続が法定されている場合，それを経ることなく訴えを提起することはできないという解釈がとられていること，第三に，現行の損失補償手続には，不服申立てが認められていないことから，事前手続が重要になる[87]，である。そして，宇賀の論文がほぼ行政手続法案が定まった時期に書かれ，また，裁定などの損失補償手続にはその規定の適用が除外されることもあることから，審査基準や標準処理期間の手続等の整備の遅れを指摘し，その積極的な推進を主張している箇所がある[88]。さらに，宇賀は，現行の手

---

80) 小澤道一・前掲注77)「損失補償の手続と救済手続 (2)」79頁。

81) 小澤道一・前掲注77)「損失補償の手続と救済手続 (2)」83頁。

82) 小澤道一・前掲注77)「損失補償の手続と救済手続 (3)」41〜42頁。

83) 小澤道一・前掲注77)「損失補償の手続と救済手続 (3)」45頁。

84) 小澤道一・前掲注77)「損失補償の手続と救済手続 (3)」44頁。

85) 小澤道一・前掲注77)「損失補償の手続と救済手続 (3)」47〜48頁。

86) 宇賀克也「損失補償の行政手続 (1)〜(3完)」自治研究69巻1号 (1993年) 28〜48頁，2号 (1993年) 33〜49頁，3号 (1993年) 32〜44頁。

87) 宇賀克也・前掲注86)「損失補償の行政手続 (1)」28〜30頁。

88) 宇賀克也・前掲注86)「損失補償の行政手続 (1)」32頁。

続について以下の問題点を指摘する。まず第一に、損失補償手続における用語の不統一を指摘する[89]。これは、小澤道一が指摘していたところである。第二に、裁決の申請について、教示制度を導入し、①裁決の申請ができる旨、②裁決の申請をすべき行政庁、③裁決申請期間、④裁決の申請が訴訟に前置されていることが教示されることが望ましいとする[90]。第三に、収用委員会以外の行政庁が第三者として裁定を行う場合、手続として、補償請求権者の意見書の提出権と口頭意見陳述権を認めるのが重要であるとする[91]。そして、第四に、理由附記の重要性を指摘する[92]。最後に、手続に特化した損失補償手続法を制定すること[93]を主張している。この宇賀の考え方は、5年後に出された『法律学大系　国家補償法』の「補償の行政手続[94]」でもほぼ継承されている。

裁定については、行政審判手続とそうでない手続の区別もなされているようである。収用委員会が行う裁決手続は、独立した行政委員会が行う審判手続であり、これに対して、農地法や森林法に基づき都道府県知事により行われる裁定手続は、審判手続ではない。こうした区別もあるが、本稿の問題意識においては重要ではない。

小括

最後に、この論文を締めくくりとして、農地法及び森林法の裁定及びその手続は行政法学においてどのように位置づけるべきなのか、とくに、損失補償の手続として捉えることができるのか、という問題を検討し、そして、次に、所有者が不明である場合の裁定手続のあり方について検討する。

農地法や森林法の裁定では、不明所有者の農地や森林について裁定により農地中間管理機構や森林組合に利用権を設定しその代わりに補償金（借賃）を決め、そして、裁定機関は、必要な事項を公告し、補償義務者は補償金を供託するこ

89）宇賀克也・前掲注86）「損失補償の行政手続（1）」35～38頁。
90）宇賀克也・前掲注86）「損失補償の行政手続（1）」46～47頁。
91）宇賀克也・前掲注86）「損失補償の行政手続（2）」48頁。
92）宇賀克也・前掲注86）「損失補償の行政手続（3完）」32頁。
93）宇賀克也・前掲注86）「損失補償の行政手続（3完）」44頁。
94）宇賀克也・前掲注68）478～487頁。

とになっている。補償金を決めそして供託することは確かに損失補償制度の手続の一過程として考えることができる。村上敬一，大場民雄さらには小澤道一，宇賀克也の考えに依拠しても，損失補償手続として位置付けられると思われる。しかし，これらの裁定及びその手続を損失補償の手続と考えることは妥当なのであろうか。「損失補償は，国家の適法な侵害に対して，公平負担の理念からその損失を補填する制度であるから，その損失が公平に反する場合であることを要する。そして，それは，その損失が特別の犠牲に当たるときである，とするのが一般的見解である[95]」。しかし，農地法や森林法の裁定は，利用されていない又は管理されていない，そして登記されていない農地や森林を農地の管理機構や森林組合などに利用権を設定し，利用するものである。そこには損失＝財産権の制約という言葉が当てはまらないように思われる。さらに，その裁定の目的も，地域の農業の発展又は地域の森林の適切な管理を目指すものである。それは農地又は森林という土地所有権の内在的な制約という用語と重なるように思われる。そして，このことは，さらに特別の犠牲ともいえないように思われる。特別の犠牲に当たるかどうかは，「利用規制の態様，原因，社会通念（時代により，処によって可変的である）を総合的に判断することになる[96]」とされる。例えば，塩野宏は，「財産権の側に規制を受ける原因が存する場合には補償を要しない[97]」とか「財産であっても，価値が消滅しているときには，その剥奪に際しても，補償を必要としない[98]」という基準を設定しているが，農地法や森林法の裁定による利用，とりわけ所有者不明の農地や森林の利用又は管理は，これらに該当するのではないか，と思われる。さらに，森林法の裁定と農地法の裁定について，角松成史は，前者の裁定が「要間伐森林制度における裁定の要件が近隣にもたらす外部不経済に焦点を当てるものであった」のに対し，後者のそれが「資源の有効利用に焦点を当てたものとなっている」という相違を指

95）塩野宏『行政法Ⅱ〔第5版補訂版〕』（有斐閣，2013年）361頁。

96）塩野宏・前掲注95）362頁。なお，宇賀克也は，損失補償の要否の基準として，①侵害行為の特殊性，②侵害行為の強度，③侵害の目的の3つを総合考慮することを主張する（宇賀克也『行政法概説Ⅱ〔第6版〕』（有斐閣，2018年）505頁）が，その内容が塩野説と同じと考えられる。

97）塩野宏・前掲注90）362頁。

98）塩野宏・前掲注90）362頁。

摘する[99]。こうした相違はあるにしても，特別の犠牲とはいえないであろう。

　いままで，行政庁の裁定による損失補償の規定については，ほぼ利用されることが少なく問題が出てこなかったようで，裁定及びその手続が問題とされることはなかったといえよう。しかし，人口が減少し，所有者が不明の農地，森林や宅地が増大することが予想される。したがって，不明所有者の農地や森林などについて農地法や森林法が規定する裁定が利用されることが予想される。また，農地法の裁定は現に利用されている。したがって，行政法学においてこれらの裁定を適切に位置付けることが求められると考えるものである。そこで，所有者不明問題に対処する裁定をどのように位置付けるべきなのであろうか。そこで，考えてみるに，公用収用や公用制限の手続として考えることも可能である。農地法や森林法の裁定には，損失補償の手続と公用収用の手続という2つの側面を有していたので，前者ではなくて後者を強調したといえるかもしれない。

　さらに，美濃部法学において使われていた裁決の申請又は代理行為として，裁定を位置付けることも考えられないわけでもない。裁定は，いままでみたように，使われていない農地であれば，都道府県知事が裁定により，「公共の福祉」のために必要と判断して，農地中間管理機構に使用権を認めるものである。放置している者とこれを使用したいという者との間に立って，後者に使用権を与え，前者には，補償金などを与えるものであり，一種の仲裁のような行為である。ただしかし，裁定は，行政救済ではない。というのは，処分によって権利又は利益を侵害された者がその回復を求める手続ではないからである。この意味で，始審的争訟と呼ばれてきたのである。もし，裁決の申請という手続で整理すると，仲裁手続ということになろうか。これは，行政手続法の適用除外で議論されてきた用語でもある。

　次に，裁定を代理行為として整理することも考えられる。ただし，代理行為を使う場合には，代理行為の対象となる行為の純化が必要となろう。国が監督行為として行う団体の長の任命は，団体に対する監督行為として捉えればよいし，また，課税処分により差押えた財産を公売して換価代金を税に充当する行

99）角松成史・前掲注3) 27頁。

為は，国税滞納処分手続の中で論じれば，よいと考える。なお，不明所有者に対する裁定について「所有者の意思に反しても利用を認めるべき高い公共性が認められるとは必ずしも言えない場合であっても，『所有者の明示の意思に反する場合は利用できないが，所有者不明の場合は上のような推定的意思を根拠に利用できるようにする制度』を創設することも検討に値するのではないだろうか[100]」という意見は，代理行為を黙示的に示唆しているものと考えられるのである。

　次に，裁定手続とりわけ所有者が不明な場合のその手続のあり方について検討しておきたい。この問題では，先行研究である小澤道一と宇賀克也の指摘が参考になる。ただし，2人の研究は，不明所有者を念頭に置いたものではないという制約がある。前述したように，農地法や森林法の裁定手続には行政手続法の適用は除外されている。しかし，裁定の申請については，行政手続法の申請による処分手続に倣い，審査基準や標準処理期間の設定が求められる。さらに，宇賀が指摘する教示手続も導入されるべきであろう。公正さや中立性の確保という点で，小澤と宇賀の意見は違うようである。小澤は，独任制の行政庁による裁定については，公正・中立性や手続の慎重さが不足しているとして，不服申立て制度とりわけ当事者争訟の創設を主張する。これに対し，宇賀は当事者の意見の表明，理由の提示さらには，第三者の意見の聴取，鑑定人の評価を入れた手続を重視している[101]ようである。

　所有者が確知できる場合と確知できない場合とでは，その手続のあり方は当然変わってくる。審査基準にしても，不明所有者を前提にして定める必要があるし，教示にしても，公告による教示になる。また，土地収用法が定める手続が関係人の権利，利益に手厚いことから，裁定手続を土地収用法が定める手続で整備すると決めた場合でも，土地収用法が定める手続がすべて当てはまるわけではない。土地収用法は当事者主義[102]を採用し，例えば同法48条3項では，収用委員会は当事者が「申し立てた範囲をこえて裁決してはならない」と規定する。土地所有者が不明なのであるから，当然，この当事者主義も後退せざる

100）角松成史・前掲注3）29頁。

101）宇賀克也・前掲注86）「損失補償の行政手続（3完）」39〜41頁。

102）小澤道一『土地収用法〔第3次改訂版〕』（ぎょうせい，2012年）697〜708頁。

をえない。そして，土地所有者がいないことを前提として，公正で透明な手続が求められる。この点で，土地の評価については，第三者の評価が求められる。例えば，収用委員会に認められている鑑定人による鑑定評価（65条1項2号）は必要であろうし，複数の鑑定評価が揃うならばよりベターであろう。ただし，前述したように，補償が必要かどうかは問題となろう。また，相手方が確知できない場合には，補償義務者が裁定の補償金額に不服があっても当事者訴訟を提起することはできない。この場合には，小澤道一がいうように，補償義務者は裁定に対する不服申立てや取消訴訟で補償金額を争うことになる。こうした手当は，農地法（53条1項ただし書）や森林法（10条の11の7第3項ただし書）にみられるが，森林法の一部（190条3項）にはないようである。

　農地法や森林法が定める裁定について，その手続を履践せずに裁定をした場合の行為の有効，無効についてどのように考えるかという問題がある。例えば，農地の裁定について，「遊休農地」である旨の公告をしなかった場合とか，裁定をしたが公告手続を怠った場合である。宇賀克也のいうように，裁定の効力には問題が生じる。すなわち，裁定手続が「利害関係人の利益の保護を直接の目的とする手続」であることから，最高裁昭和46年1月22日第二小法廷判決，民集25巻1号45頁の趣旨に従い，無効原因になる場合もあることになる。

　以上，農地法や森林法が定める，不明所有者への措置とくに裁定について検討し，不十分ながら問題提起を行った。これらの問題について研究が進むことを祈って，この論文を終わることにする。

事項索引

判例索引

著者紹介

小林博志（こばやし　ひろし）

1950年，岡山県倉敷市に生まれる。
早稲田大学大学院法学研究科博士後期課程単位取得退学，博士（法学，早稲田大学）
大分大学教育学部教授，東洋大学法学部教授，東洋大学法科大学院教授を経て，東洋大学法科大学院長及び西南学院大学法学研究科長を歴任，2021年3月，西南学院大学法学部教授を退職。

主要著書

『行政組織と行政訴訟』（成文堂，2000年）
『行政法講義』（成文堂，2003年）
『自治体の出訴の歴史的研究』（中川書店，2018年）

現代行政法を問う

2021年7月30日　初版第1刷発行

著者ⓒ　小 林 博 志

発行者　苧 野 圭 太
発行所　尚 学 社

〒113-0033　東京都文京区本郷1-25-7　電話(03)3818-8784　FAX(03)3818-9737
http://www.shogaku.com/　verlag@shogaku.com
ISBN978-4-86031-166-7　C3032

印刷・TOP印刷／製本・三栄社